고신신학
25호

본 호는 고신대 목사동문회 후원으로 제작되었습니다.

인쇄	2023년 9월 9일 1판 1쇄
발행일	2023년 9월 15일 1판 1쇄

발행인	손수경
편집인	주기철
발행처	고신신학회(고신대학교 기독교사상연구소)
연락처	051) 990-2187
이메일	doulosjoo.kc@kosin.ac.kr

펴낸곳	더프로클러메이션
주소	부산 부산진구 성지로 94번길 85, 101-702
디자인	고영권
총판	기독교출판유통(031-906-9191)
출판등록	2021년 7월 8일(2021-000015)
ISBN	979-11-975631-1-9(93230)
가격	13,000원

인공지능(AI)
기독교적 눈으로 보기

PROC.

목차

| 편집자 서문 | 주기철 | 7 |

신약학

| ChatGPT와 신약신학 연구 | 송영목 | 9 |
| AI의 발전과 기독교적 대응 방향 고찰: 로마서를 중심으로 | 주기철 | 29 |

교의학

| 챗GPT와 기독교 윤리: 인공지능 윤리에 대한 기독교 윤리학적 비판 | 이신열 | 57 |
| 4차 산업혁명 시대에 새롭게 생각하는 인간과 미래 | 우병훈 | 83 |

기독교교육학		
포스트 코로나시대 교회교육 내 에듀테크(edutech)의 활용 가능성과 한계점	이현철	115
인공지능 시대 인간과 기계의 관계에 대한 기독교교육적 성찰	홍성수	133

일반논문		
교부들의 성경 해석과 설교	배정훈	159

고신신학 서문

지금 우리는 '초연결성'과 '초지능'을 특징으로 하는 4차 산업혁명 시대를 살고 있다. 인공지능, 사물 인터넷(IoT), 빅 데이터 등의 발전은 인류 사회에 획기적인 변화를 일으키고 있다. 이러한 변화가 한편으로는 인간의 삶에 편리와 유익을 제공할 것이라고 기대하지만, 또 다른 한편으로는 예상하지 못한 불편 및 위험을 초래할 것이라고 염려하기도 한다.

이번 호는 특별히 인공지능을 신학적으로 어떻게 볼 것인지에 대하여 신학의 다양한 분과에서 활동하는 학자들의 견해를 실었다. 이 글을 읽는 기독인은 이러한 학문적 분석을 통해 제시된 대안을 토대로 인공지능에 대한 올바른 기독교적 관점을 정립할 수 있으리라 기대한다.

2023년 8월 영도에서
편집장 **주 기 철**

ChatGPT와 신약신학 연구

송영목(고신대학교, 교수, 신약학)

[초록]

2022년 11월에 선보인 ChatGPT는 Open AI가 개발한 대화적 인공지능 모델이다. 이것은 GPT-3 architecture에 기반하는데, Generative Pre-trained Transformer 3의 약자이다. 이 기술은 제4차 산업혁명의 일부이다. 최근 한 설문 조사에 따르면, 목회자들은 ChatGPT를 설교 준비에 활용하는데 대체로 긍정적이다. ChatGPT는 신약신학 연구에도 활용될 수 있는가? 이 글은 ChatGPT의 유용성과 문제점, ChatGPT와 신약신학 연구, 그리고 신약신학 연구에 ChatGPT의 활용 방안을 차례로 연구한다.

키워드: ChatGPT, 신약 연구, 주요 주제들, 가능성, 문제

들어가면서

2022년 11월 말에 처음으로 선보인 ChatGPT는 단기간에 엄청난 사용자를 확보했다. 이것은 제4차 산업혁명의 일부로서, Open AI(공개 인공지능)가 개발한 대화적 인공지능 모델이다.[1] ChatGPT는 'Generative Pre-trained Transformer 3'(미리 훈련된 생성형 트랜스포머)의 약자이다. 이 기술은 인터넷 빅데이터를 활용하여 사용자의 질문에 신속히 정보를 제공한다.

최근 한 설문 조사에 따르면, 목회자들은 ChatGPT를 설교 준비에 활용할 것이라고 대체로 긍정적으로 반응했다. 그렇다면 ChatGPT는 신약신학 연구에도 활용될 수 있는가? 이 글은 ChatGPT의 유용성과 문제점, ChatGPT와 신약신학 연구, 그리고 신약신학 연구에 ChatGPT의 활용 방안을 차례로 연구한다.

1. ChatGPT의 유용성과 문제점

1.1. 유용성

ChatGPT는 인간처럼 모방을 통하여 창조적 학습 능력을 갖추고 있으며, 교회와 개인과 기업과 학교와 정부에서 활용할 수 있다.[2] 이처럼 ChatGPT가 유용하게 사용될 여지는 적지 않다. 한 예로, 복잡한 언어 체계를 이해하기 어려워하면서 의사소통 장애를 겪는 사람이 목소리로 명령하는 방식 등을 활용하여 장애를 극복하여 더 독립적으로 생활하는 데 도움을 줄 수 있다.[3] ChatGPT에서 광범위한 언어나 대화가 아니라 대화의 목적과 초점을 구체화하여 언어를 활용할수록, 효능은 높아진다.[4]

---

[1] 로봇과 같은 기계가 인간의 능력을 초월하는 업무를 수행하고 문제를 해결한다고 해서 그것에 참 지능(true intelligence)이 있다고 볼 수 있는지 의문이 제기된다. 그리고 기술이 종교가 되는 (techno-religion) 시대가 도래하면, 인공지능이 인간의 세부 삶을 결정하는 '예정의 세속화'와 데이터의 신격화에 대한 경고도 제기된다. 그리고 초인공지능이 사물에 의식을 심는 의식물질주의(conscious materialism)와 물질에 영적 차원을 부여하는 영적물질주의(spiritual materialism)를 추진할 여지가 있기에 대비해야 한다는 논의가 있다. C. W. du Toit, "Artificial Intelligence and the Question of Being," *HTS Teologiese Studies* 75/1 (2019), 2-5, 9.
[2] AI는 오늘날 최고의 우상이지만 상담과 교회 교육 등에 기회가 된다. 장보철, 『인공지능시대 그리스도인이 꼭 알아야 할 28가지 질문』 (서울: 세움북스, 2023), 97, 258; 장민, 『챗GPT: 기회를 잡는 사람들』 (서울: 알투스, 2023), 18-22.
[3] M. Wicker, "A Q&A with ChatGPT about Inclusivity," *Information Today* 40/3 (2023), 15-16.
[4] 장민, 『챗GPT: 기회를 잡는 사람들』, 251.

그런데 인터넷의 정보로부터 학습하는 ChatGPT는 옳고 그름을 판단할 수 없다. 그렇다면 어떻게 ChatGPT를 유용하게 활용할 수 있는가? 이에 대해 공정식의 설명을 들어보자.

> 우리들 스스로 우리가 원하는 미래 사회에 적합한 올바른 사회적 가치관을 가지고 바르게 행동하려 노력하고 그렇게 얻어진 결과들이 아주 많이 그리고 지속적으로 생성되어 AI의 학습을 위한 정보로 쌓이게 만들어야만 한다. 그래서 AI들이 그것이 참이라 믿고 학습하게 해야 한다. 그렇게 된다면 AI는 보다 나은 사회를 위한 솔루션을 제안할 것이고, 우리 사회는 그것을 수용하여 보다 나은 결과를 만들고, 또 새로운 정보로 축적하는 선순환 과정이 만들어질 수 있다.[5]

이처럼 ChatGPT와 AI는 우리 앞에 도전과 기회를 동시에 둔다. 하지만 이것이 초래할 문제점을 예상하며 우려하는 목소리가 적지 않은 형편이다.

1.2. 문제점

M. Salvagno 연구팀은 ChatGPT의 여러 문제점을 지적했다. 먼저 ChatGPT는 자료의 출처를 밝히지 않기에 표절을 범하기 쉬우며(AIgiarism), 문장을 유사한 표현으로 다시 작성하도록 명령하면 의도적으로 표절을 줄일 수도 있다.[6] 그리고 인공지능의 도움으로 그 연구 분야에 실제로 수준 높은 연구와 경험이 없이도 출판물이 크게 증가할 수 있다. 또한 인간의 비평적 사고가 결여된다면 기존 자료에 나타난 편견과 부정확성을 확대함으로써, 학문의 발전을 저해하게 된다. 전문적 지식과 비평적 능력이 결여된 연구자들이 ChatGPT에게 동일한 주제에 관해 묻는다면 동일한 내용을 얻어 활용함으로써 학문 연구의 수준은 퇴보할 수 있다.[7] 그리고 ChatGPT가 유료화된다면, 부국과 빈국 간에, 그리고 경제적으로 차이가 나는 연구자 간의 연구에 양극화를 초래할 것이다.[8] 그리고 현재 ChatGPT를 통해 2022년 이후의 최신 자료는 활

---

[5] 공정식, "인공지능 ChatGPT와의 대화에서 엿본 미래의 희망," 『대한토목학회지』 71/3 (2023), 15.
[6] 이 이유로 LA, 뉴욕, 시애틀의 일부 학교는 2023년 1월부터 ChatGPT의 사용을 금한다고 밝혔다. Wicker, "A Q&A with ChatGPT about Inclusivity," 14.
[7] L. Pophal, "ChatGPT: Opportunities and Risks Related to AI-Generated Content," *Information Today* 40/2 (2023), 37.
[8] P. Bradley, "The Future of Search is Intelligent," *Computers in Libraries* 43/3 (2023), 40; M. Salvagno, ChatGPT, F. S. Taccone, and A. G. Gerli, "Can Artificial Intelligence

용할 수 없다. 또한 ChatGPT가 초지능이 됨으로써 인간에게 실존적 위협이 된다는 취지로 신조어 'chatbotpocalypse'(A. Newits의 용어)가 등장했다. 하지만 ChatGPT의 기술은 더 발전하여, 사용자의 필요를 더 신속하고 정확하게 충족시킬 것으로 전망된다.

1.3. 요약

ChatGPT는 인간이 제기하는 질문에 답을 주지만, 스스로 질문을 제기하지는 않는다.[9] 그리고 그 답이 정당하게 도출되었으며 정확한지는 결국 사용자가 분별력을 가지고 판단할 수밖에 없다.

2. ChatGPT와 신약신학 연구

ChatGPT에 신약신학 연구를 위한 자료가 어느 정도로 그리고 어떤 성향으로 축적되어 있는가? 이 질문에 대답하기 위해, 신약신학에서 몇 가지 중요한 주제를 검색한 후 소개하고 평가한다.

2.1. 성경의 영감성[10]

> 성경의 영감이란 신학 개념으로서, 성경이 독특하게 하나님에 의해 영감되었다는 신념을 가리킨다. 그 결과 성경은 권위 있고 신뢰할 수 있는 하나님의 뜻과 성품과 교훈을 계시한다. 이것은 많은 종교 전통에 있어서 근본 신념인데, 특히 기독교와 유대교 안에서 성문서인 성경을 이해하는 방식을 형성한다. 다른 종교의 전통은 성경 영감의 특징과 정도에 관해 상이한 입장을 견지한다. 그러나 대체로 영감 개념은 하나님께서 성경의 인간 저자들이 기록할

---

help for Scientific Writing?" *Critical Care* 27/1 (2023), 3-4. ChatGPT는 이 논문의 공동 저자 중 하나이다.
9) ChatGPT에 "How can chatGPT choose good question?"을 검색하면, ChatGPT는 인공지능 언어 모델로서 개인 의견 혹은 주관적 판단을 가지고 있지 않지만, 좋은 질문을 선택할 때 몇 가지 기준을 제안할 수 있다고 설명한다. 그 기준들은 명료성, 특정성, 적합성, 열린 결론, 가정이나 편견을 피함, 맥락을 인식함이다. 덧붙여, ChatGPT는 스스로의 한계도 인정한다. 특정 주제의 뉘앙스나 복합성을 늘 완전히 이해할 수 있지 않기에, 사용자는 제공받은 정보를 비평적으로 활용하거나, 다른 복수의 자료를 참고함으로써 더 나은 이해를 추구할 것을 제안한다.
10) 본 논문의 ChatGPT 자료는 https://chat.openai.com에서 검색한 것이다(2023년 4월 20일 접속).

> 때 인도하셔서 특별한 권위를 가진 영감된 본문이 되었다고 본다.
> 예를 들어, 그리스도인은 전형적으로 만전영감을 믿는데, 구약과 신약 전체 성경의 글자 하나 하나와 세부 사항 모두 하나님에 의해 영감되었다는 주장이다. 이 주장은 성경의 인간 저자들은 글을 쓸 때, 오류로부터 보호하시며 최종 본문의 정확성과 신뢰성을 보증하시는 성령의 인도를 받았다.
> 또한 영감 개념은 다양한 이론과 모델을 포함하는데, 하나님께서 어떻게 성경을 기록한 인간 저자들을 영감하신 과정을 설명하려는 시도이다. 이런 모델들 가운데 몇 가지를 소개하면, 하나님께서 인간 저자에게 성경의 단어를 불러주셨다는 구술론, 성경 영감을 하나님과 사람들의 협력 과정으로 보면서 사람들의 인격과 경험과 문화적 상황이 연관되어 있다는 역동적 혹은 유기적 영감론, 그리고 정확한 단어라기보다 성경의 사상이나 개념이 영감되었다는 사상 영감론이다.
> 종교 전통, 교파, 그리고 개별 그리스도인 간에 성경의 영감론이 다양하다는 사실을 인지하는 것이 중요하다. 혹자는 영감 개념을 더 은유적이거나 상징적으로 해석하지만, 다른 사람은 더 문자적 혹은 보수적으로 이해한다. 성경의 영감은 종교 공동체들 안에서 지속적인 학적 연구, 신학적 반성, 그리고 다양한 해석의 주제이다.

평가해보면, 긍정적 평가가 있다. 영감론에 관한 복잡한 논의 대신에, 만전 영감론, 구술론, 역동적 혹은 유기적 영감론, 사상 영감론으로 나누어 간명하게 설명한다.

부정적 평가도 피할 수 없다. 성경 영감성에 관한 다양한 견해를 소개하지만, 특정한 하나를 지지하지 않기에 열린 결론이다. 그리고 설명이 간단하다 보니 자세한 설명이 부족하다.

성경의 유기적 영감성(inspirationality)과 관련하여 크리스 쿠찌에(J. C. Coetzee) 교수의 말을 들어보자. "정경은 100% 하나님으로부터(from God)인 동시에, 100% 사람에 의해서(by man)이다. 여기서 100% 사람에 의해서라는 말을 할 때 주의해야 할 것은 성령 하나님은 그들의 실제 상황 속에서 인간 저자의 인간성 전체(100%)로 저자들을 사용하셨다는 사실이다. 그러나 여전히 그들은 죄인이기에, 성경을 기록할 때 하나님께서 말씀하시기 원하셨던 100%를 기록하기 위해서 그들의 죄된 생각을 비추기 위한 신적 영감을 필요로 했다."[11]

유기적-만전-축자영감설은 그릇된 이론이 아닌데, 문제가 되는 것은 기계적 축자영감설 곧 구술-만전영감설이다. 유기적인 축자영감설은 성경을 하나님께서 영감을 주

---

11) J. C. Coetzee, *The Canon of the New Testament* (Potchefstroom: EFJS Drukkers, 1995), 13-14.

신 모든 세부적인 조각-부분들의 집합으로 본다. 축자영감설은 두 가지 차원을 강조한다. 하나는 작은(micro) 즉 본문의 좀 더 작은 단위의 차원이고, 다른 하나는 큰(macro) 곧 본문의 더 큰 단위의 차원이다. 전자에서, 영감설은 본문의 세밀한 표현에 초점을 둔다. 후자에서의 영감설은 보다 더 큰 주제와 사고의 흐름 또는 문장과 단락 사이의 관례에 초점을 둔다. 이 두 차원은 상호 보완적이다. 성경의 모든 범위에서 그리고 모든 부분에서 완전히(plenarily) 영감된 것을 부인할 수 없다.12)

ChatGPT가 혼동하는 역동적 영감론과 유기적 영감론은 적절히 구분되어야 한다. 이 점을 신약신학이 아니라 개혁주의 신앙고백서의 도움을 받아 설명해 보자. 벨직신앙고백서(1561)의 작성자인 귀도 드 브레는 성경에 기록된 '모든 것'을 믿으며(제5조), 성경이 하나님께로부터 왔음을 성령님께서 증거하시며(제5조), 성경을 진리와 하나님의 말씀으로 부르고(제8조), 성경을 거룩한 사람의 글과도 비교할 수 없다고 진술한다(제7조). 따라서 귀도는 성경 내용 자체가 영감된 것이 아니라, 하나님을 잘 아는 인간 기록자만 영감을 받았다는 '동력적(dynamic) 영감설'을 배격했다.13)

2.2. 역사적 예수님 탐구

> 역사적 예수님 탐구는 '역사적 예수를 위한 탐구'라 불리는데, 신약학의 연구 분야로서 나사렛 예수님이라는 역사적 인물을 기독교 신학 안에 표현된 신앙의 그리스도와 분리하여 재구성하려는 시도이다.
> 역사적 예수님 탐구는 활용이 가능한 역사-문학-문화적 증거를 비평적으로 분석함으로써, 가장 개연성과 신뢰성 있는 역사적 인물로서 예수님을 이해하려는 시도이다.
> 역사적 예수님 탐구의 역사는 긴데, 학자들이 사용한 다양한 접근과 방법으로 발전을 거듭했다. 역사적 예수님 탐구에 있어 몇 가지 주요 시기와 접근은 다음과 같다.
> 제1탐구(18-19세기): 이 시기는 예수님의 삶과 가르침을 역사비평적으로 탐구했다. Hermann Samuel Reimarus와 David Friedrich Strauss는 복음서 내용을 비평적 안목으로 이해하면서,

---

12) 이 단락은 김상훈, "개혁주의 해석학을 세우기 위한 영감 해석의 제안," 『신학지남』 278 (2004), 251-52에서 요약함. 참고로 ChatGPT에서 'Majority Text of the New Testament'를 검색하면, 결론 단락에 다음과 같이 외교적으로 두루뭉술하게 설명한다. "While the Majority Text has its proponents, modern translations and critical editions of the New Testament typically consider a broader range of manuscript evidence to reconstruct the original text."

13) C. Bouwman, 『벨직신앙고백해설』, Notes on the Belgic Confession, 손정원 역 (부산: 신언, 2007), 57; 이남규, 이남규. "벨직신앙고백서의 성경론에 나타난 칼빈주의적 성격," 『장로교회와 신학』 13 (2017), 90.

> 신학적으로 윤색된 너머에 있는 역사적 예수님을 발견하려 시도했다.
> 제2탐구(20세기 초중반): 이 시기에 양식비평이 일어나 예수님의 '참된' 말씀과 사역을 찾았는데, Rudolf Bultmann과 C. H. Dodd 같은 학자는 예수님 당시의 문화적이며 문학적인 상황에 초점을 맞추어 주님의 역사적 메시지와 사역을 재구성했다.
> 제3탐구(20세기 후반-21세기): 이 시기에는 E. P. Sanders, John P. Meier 그리고 N. T. Wright와 같은 학자들이 사회-과학적, 문화적, 역사적 해석과 같은 다양한 간학제적 방식을 활용하여 역사적 예수님의 삶, 가르침, 그리고 역사적 상황에 관한 새로운 통찰을 얻기 위해 탐구했다.
> 역사적 예수님 탐구에서 몇몇 주요 주제와 질문은 예수님의 유대적 배경, 1세기 팔레스타인 안에서 주님의 문화적-역사적 맥락, 주님의 윤리와 도덕에 대한 교훈, 주님과 유대교와 로마제국의 관계, 주님의 메시아적 주장, 주님의 하나님 아버지에 대한 이해와 자신의 정체성 이해, 그리고 복음서의 역사적 신뢰성 등이다.
> 역사적 예수님 탐구는 진행형이며 역동적 분야라는 것을 인지하는 것이 중요하며, 학자들은 이용할 수 있는 증거에 기반하여 지속적으로 학적 토론을 통하여 상이한 결론과 해석을 검토하고 있다.

긍정적으로 평가해보면, 역사적 예수님 탐구(Historical Jesus Quest)를 3시기로 나누어 간명하게 설명한다. 하지만 부정적 평가도 적지 않다. 역사적 예수님 탐구의 세 단계를 평가하지 않고 열린 결론을 내린다. 그리고 ChatGPT는 각 탐구마다 자세한 설명을 제공하지 않는다. 예를 들어, 제1차 탐구(1778-1906)에서 파울루스(H. E. G. Paulus, 1761-1851), 브루노 바우어(Bruno Bauer, 1809-1882), 페르디난드 크리스티안 바우르(Ferdinand Christian Baur, 1792-1860)를 언급하지 않는다.[14] 그리고 제2차 탐구의 별명인 '신 탐구'라는 말은 James M. Robinson의 A New Quest of the Historical Jesus (1959)에서 유래했으며, 이 탐구에는 케제만, 푹스, 보른캄, 에두아르드 슈바이처, 에두아르드 쉴레비엑스, 콘첼만 등이 대표적 인물인 것도 언급하지 않는다.[15] 그리고 제3차 탐구에서 주조된 예수님은 아래와 같이 다양한데, ChatGPT는 역시 설명하지 않는다.[16] (1) 예수님을 단지 헬라의 유랑 견유 철학자이다. 이것은 미국 De Paul대학교의 J. Dominic Crossan, Vernon Robins의 제자로서 수사학에 능통한 Burton Mack, 그리고 F. G. Downing 등의 주장이다. (2)

---

14) 참고. J. B. Green et als (ed), *Dictionary of Jesus and the Gospels* (Leicester: IVP, 1992), 326-33.
15) Green et als (ed), *Dictionary of Jesus and the Gospels*, 336.
16) Green et als (ed), *Dictionary of Jesus and the Gospels*, 337-40.

성령의 사람 혹은 (축사와 같은 기적을 행하는) 은사주의적 유대의 '거룩한 사람'은 Marcus Borg, Geza Vermes, G. H. Twelftree의 견해이다. (3) 예수님을 이스라엘의 회개와 회복을 외친 종말론적 선지자로 본 경우이다(Maurice Casey). 바울의 새 관점을 주장한 E. P. Sanders는 예수님이 임박한 종말을 믿었다고 생각하며, 크로산과는 달리 복음서의 신뢰성을 다소 강조한다. (4) 예수님을 급진적인 사회변혁을 외친 예언자로 본 학자는 Gerd Theissen, Richard A. Horsley, R. David Kaylor 등이다. 이들에게 있어서 예수님의 천국 이해는 사회-정치적이지 신학적이거나 종교적이지 않다. 이들의 주장 중 많은 부분은 갈릴리의 사회적 상황에 대한 왜곡된 재구축에 기인한 것으로 보인다. 예수님 당시의 인식은 종교와 사회-정치적인 면이 서로 얽혀 있다. (5) 예수님이 유대 메시아 혹은 소외된 유대인이라는 주장은 J. P. Meier, 튀빙겐의 Peter Stuhlmacher, James D. G. Dunn, Marinus de Jonge, Markus Bockmuel, 그리고 Nicholas T. Wright 등이다. 대체로 이들은 대체로 낮은 계층에 속하셨던 예수님은 소외된 자들의 친구이며 로마제국의 변방에서 활동하신 분으로 본다. (6) 하나님의 지혜로서의 현자(sage)로만 보는 여성신학의 대표주자인 E. Schüssler Fiorenza는 하나님의 선지자인 예수님이 하나님을 아버지가 아닌 소피아 즉 지혜로 보았다고 주장한다. 그리고 예수님은 유대의 가부장적인 체제를 옹호하지 않고 혁신 운동 특별히 평등주의 운동을 추구했다고 본다. 예수 세미나 회원들처럼 쉬슬러 피오렌자도 Q와 도마복음을 역사적 예수 탐구의 주요 자료로 높이 평가한다. 다른 주창자는 에즈베리신학교의 Ben Witherington 3세이다. 그는 제3차 탐구의 몇 몇 견해를 종합하면 예수님의 모습을 더욱 완벽하게 구축할 수 있다고 본다.17) 신 탐구와 구별되는 제3차 탐구의 특징은 다음과 같다.18) (1) 예수님과 초대교회의 유대주의적 특성에 대한 강조가 두드러진다. 불트만 시대의 학자들은 초대교회의 신학의 맥락에서 예수님을 이해하려고 했던 반면, 제3차 탐구를 수행하는 학자들은 1세기 유대교의 관점에서 연구하려고 한다. (2) 예수님의 메시지는 '종말론적'이라는 사실에 대부분 일치한다. 예수님의 사역 목표라 할 수 있는 하나님 나라는 평등주의적인 유토피아(an egalitarian utopia)가 아니라 유대묵시적 경험이라는 모체(matrix)를 통해서 이해해야 한다. (3) 사복음서에 묘사된 예수님에 관한 기록의 역사적인 신뢰성을

---

17) B. Witherington 3. *The Paul Quest: The Renewed Search for the Jew of Tarsus* (Leicester: IVP, 1998).
18) M. Bird, "Shouldn't Evangelicals participate in the 'Third Quest for the Historical Jesus'?" *Themelios*, 29/2 (2004), 7-8.

강조한다.

역사적 예수님 탐구에 있어 주님께서 '역사적으로 중요하지 않은 인물'임에 먼저 주목한 색다른 연구가 있다. 이에 따르면, 예수님의 성육신의 관점에서 보면, 주님은 초월적인 슈퍼맨과 같은 구주로 세상에 들어오신 것이 아니라 죄로 실패한 사람들과 자신을 동일시하셨고(고후 13:4), 주님의 제자들은 그분의 가르침을 종종 오해했으며 가장 중요한 순간에는 그들의 랍비를 비겁하게 버렸고, 이전의 선지자들처럼 주님은 거절당하고 죽으신 선지자와 같았다.[19] 그러나 부활의 관점에서 보면, 주님은 결코 실패한 메시아가 아니시다. 부활하신 예수님은 시간과 공간에서 일어나는 역사적 사건으로만 파악할 수 없는 분이신 것은 미래 종말의 새 창조를 현 시대 종말 안으로 가지고 오셨기 때문이다.[20] 이처럼 역사적 예수님 탐구를 성육신(저기독론)과 부활(고기독론)이라는 두 가지 안경을 쓴 채 하나님 나라와 더불어 진행하는 연구는 합당한가? 이런 연구는 역사적이라기보다 신학적이지 않는가? 아니다. 왜냐하면 복음서 기자는 역사가이자 신학자로서 구속사적 역사를 기술하기 때문이다.

2.3. 바울의 새 관점

바울의 새 관점은 20세기 중반에 출현했는데, 신약 서신 중에서 바울서신을 이해하는 학문적인 틀이자 접근이다. 이 해석은 바울서신에서 특히 '칭의'와 '율법의 행위'에 관한 전통적 이해에 도전했다. 새 관점은 현대 바울신학 논의에 영향을 미쳤고, 신약 학자들과 신학 학계에 논쟁의 불을 지폈다.

바울에 관한 전통적 이해는 종종 종교개혁 시기의 마틴 루터와 같은 인물과 연결되는데, 바울신학의 중심에 이신칭의를 둔다. 전통적 관점에 따르면, 바울은 사람이 의롭게 되어 하나님과 올바른 관계를 맺는 것은 오직 예수 그리스도를 믿음으로 가능하다고 가르쳤다. 그리고 이 해석은 '율법의 행위'를 의와 하나님 앞에 공로가 되려는 불충분한 인간적 노력이라 본다.

그러나 새 관점은 전통적 해석의 몇 가지 면에 도전하는데, 바울서신의 역사 및 유대적 배경에서 신선한 접근을 제공하려고 시도한다. E. P. Sanders, James D. G. Dunn, 그리고 N. T. Wright와 같은 새 관점주의자들은 바울에 관한 전통적 해석이 특히 '율법의 행위'와 같은 바울의 개념을 오해했다고 주장한다. 새 관점에 의하면, '율법의 행위'는 유대인의 정체성을 가리킨다.

새 관점에 따르면, '율법의 행위'는 공로를 획득하려는 인간의 일반적인 노력이 아니라. 할례, 음식법, 그리고 안식일 준수와 같이 유대인을 하나님의 언약 백성으로 나타내는 유대교의 경계

---

[19] A. van Oudtshoorn, "The Insignificant Impact of the Historical Jesus," *In die Skriflig* 55/1 (2021), 6.
[20] Van Oudtshoorn, "The Insignificant Impact of the Historical Jesus," 7.

> 표지이다. 새 관점에서 바울의 관심은 의를 얻으려는 인간의 노력이 아니라, 이방인 신자를 유대인의 신분이나 경계선의 표지와 상관없이 하나님의 백성 안으로 받아들이는 것이었다.
> 또한 새 관점은 바울 사상의 유대적 맥락을 강조하면서, 바울이 예수 그리스도의 메시지를 믿었지만 유대주의 신학 틀 안에 머물렀다고 주장한다. 새 관점은 바울이 믿음을 강조한 것은 유대 율법 준수와 상치되지 않는다고 본다. 오히려 믿음을 율법 준수를 통하여 하나님과의 언약적 관계가 유지된다는 언약적 율법주의라는 특정한 유대적 이해와 상충한다고 본다.
> 새 관점은 믿음과 행위, 바울의 구원론, 바울서신 해석, 그리고 바울의 역사 및 문화적 맥락에서 바울신학을 이해하는 현대 논의에 중요한 함의를 제공한다. 그리고 새 관점은 학자들, 신학자들, 그리고 기독교 공동체들 안에서 새 관점의 통찰과 도전에 관한 다양한 해석과 반응에 연관된 논쟁과 토론을 촉발했다.

긍정적으로 평가해보면, 칭의, 율법의 행위, 바울의 새 관점(the New Perspective on Paul)의 삼두마차인 샌더스, 던, 라이트를 중심으로 간명하게 설명한다. 그러나 부정적 평가도 만만하지 않다. 바울에 관한 새 관점과 옛 관점을 비교하지만, 평가 없이 열린 결론으로 마친다. 그리고 새 관점이 출현하는 데 영향을 준 인물(W. D. Davies, K. Stendahl 등)이나 배경은 거의 언급하지 않는다.[21] 새 관점주의자들은 바울을 유대교 안의 인물로 위치시키면서, AD 1세기 유대교를 언약적 율법주의라고 보았다.[22] 그리고 그들은 바울신학의 중심을 이신칭의와 같은 구원론이 아니라 이방인과 유대인의 화합이라는 교회론으로 파악하기 위해 제2성전시기 유대문헌을 크게 의존했다.[23]

바울의 새 관점에 대한 개혁주의 관점에서 비평이 필요하다. 샌더스는 유대교를 언약적 율법주의로 재구성하지만, 이는 제2성전시기 유대문헌 전체의 지지를 받지 못한다.[24] 라이트는 포로에서 귀환이라는 틀로 바울신학과 다른 신약신학을 축소하며, 최종 칭의는 사람의 순종에 달려있다고 본다.[25] 그리고 던은 '율법의 행위'를 행위구원을 위한 노력이 아니라 유대인의 신분 표지(identity markers)로 제한한다. 그리고

---

21) 참고. G. P. Waters, 『바울에 관한 새 관점: 기원·역사·비판』, *Justification and the New Perspectives on Paul*, 배종열 역 (서울: P&R, 2012), 47, 69.
22) 참고. Waters, 『바울에 관한 새 관점: 기원·역사·비판』, 77, 198.
23) Waters, 『바울에 관한 새 관점: 기원·역사·비판』, 70.
24) Waters, 『바울에 관한 새 관점: 기원·역사·비판』, 249.
25) 바울신학에서 신인협력적 구원은 제임스 던도 인정하는 바인데, 바울의 새 관점은 칭의와 성화를 구분하는 데 실패했다. J. D. G. Dunn, 『바울에 관한 새 관점』, *The New Perspective on Paul: Whence, What, Whither?* 최현만 역 (서울: 에클레시아북스, 2012), 103, 111. 참고. Waters, 『바울에 관한 새 관점: 기원·역사·비판』, 251.

새 관점은 목회서신 등을 '제2 바울서신'으로 간주하면서 자신의 논의에 고려하지 않는다. 결과적으로 바울의 새 관점은 정경을 축소하고, 바울이 신빙성 있게 다루지 않은 유대문헌과 같은 비정경 자료를 매우 존중한 점은 비판받아 마땅하다.

2.4. 일반서신의 연구 경향

공동서신 즉 일반서신은 신약성경 중 7권인데, 야고보서, 베드로전후서, 요한일이삼서, 유다서이다. 이 서신들은 특정 개인이나 교회가 아니라 광범위한 독자들을 대상으로 삼으며, 그리스도인의 삶에 관한 다양한 실제적이며 윤리적인 문제를 다룬다. 일반서신의 해석 경향은 특정 서신과 사용된 해석법에 따라 다양하지만 몇 가지 공통점이 있다.

윤리 및 실천적 강조: 일반서신은 믿음, 사랑, 그리스도인의 삶, 고난, 환대, 그리고 사회 정의와 같은 주제들에 대하여 실천적이며 윤리적 교훈으로 알려진다. 일반서신의 해석 경향은 종종 신자의 삶에 대한 이런 교훈들을 실제로 적용하는 것을 강조한다. 일반서신은 일상에서 기독교 신앙을 어떻게 표현하고 기독교적 원칙을 적용할 수 있는가에 관한 지침을 제시한다.

권면과 격려: 일반서신은 종종 독자를 권면하고 격려하는 말을 제시한다. 해석 경향은 본문의 목회적이고 권면적 특성을 강조하는데, 이를 위해 수신자를 도덕적이며 영적으로 격려하는 방식에 주의한다. 일반서신은 그리스도인들에게 지침, 권면, 그리고 격려를 제공하여, 기독교 가치를 따라 인내하면서 믿음으로 살도록 돕는다.

상황적 해석: 일반서신은 종종 독자들의 역사적이며 문화적 상황에 따라 해석된다. 일반서신은 특정한 도전에 직면한 특정한 공동체들을 위해 기록되었는데, 독자들의 역사, 사회, 문화적 배경을 고려하여 해석해야 한다. 주해할 때, 1차 독자들인 초기 기독교 공동체들이 직면한 특정한 도전들과 이슈들을 포함해야 하며, 일반서신 안에 주어진 교훈들이 그런 도전들에게 어떤 실마리가 되는가도 살펴야 한다.

신학과 교리적 해석: 일반서신은 기독론, 구원론, 종말론, 그리고 하나님의 속성과 같은 신학적이며 교리적 교훈을 담아낸다. 일반서신의 가르침에 나타난 신학적이고 교리적인 함의를 살펴야 하며, 그런 함의가 더 넓은 성경적이고 기독교 신학의 틀에 부합하는지도 탐구해야 한다. 일반서신은 초기 기독교 신학과 교리의 발전에 기여하다.

실천적 지혜와 도덕적 교훈: 일반서신은 그리스도인의 삶에 관하여 실천적 지혜와 도덕적 교훈을 담아낸다. 해석 경향은 서신들의 격려되거나 거부되어야 할 덕이나 가치나 행위를 강조하면서 도덕적이고 윤리적 교훈을 강조한다. 일반서신은 기독교 원칙에 맞추어 그리스도인이 경건하고 올바르게 사는 지침을 제시한다.

개인 및 목회적 관점: 일반서신은 초기 기독교 공동체의 지도자들인 개개인들에 의해 기록되었기에 종종 개인적이며 목회적 어조를 담는다. 해석 경향은 서신의 의도된 독자는 물론 저자의 개인적 관점과 목회적 관심도 고려한다. 이것은 저자들이 직면함 목회적 도전과 관심 사항을 이해하는 것도 포함하는데, 저자들의 교훈이 그런 관심을 설명하는 의도를 파악하는 것도 중요하다.

일반서신의 해석 경향은 해석 방법에 따라 다르며, 다양한 학자들과 주석가들은 자신의 신학

> 적, 역사적, 상황적 관점에 따라 일반서신의 다른 측면들을 강조한다. 일반서신은 오늘날 학자들과 기독교 공동체가 계속 연구해야 하는 중요한 본문이다.

긍정적으로 평가해보면, 일반서신을 해석하는 데 있어, 윤리, 권면, 상황, 신학과 교리, 실천적 지혜, 목회적 배려로 나누어 간명하게 설명한다. 따라서 ChatGPT는 상당히 실천적인 해석을 강조하기에, 상황과 목회적 배려의 중요성을 잘 부각한다. 그리고 이 설명은 바울서신과 비교하면 신약신학에서 서자(庶子)처럼 취급을 받아온 일반서신에 관한 주해와 해석에 유용한 지침이 된다.

그러나 위의 설명에는 아쉬운 점이나 문제점도 있다. ChatGPT의 설명은 일반서신에서 히브리서를 제외하는 오류를 범한다. 그리고 무엇보다 일반서신을 통합적으로 이해하지 못한다.[26] 그리고 그레코-로마제국의 서신과 대비되는 일반서신만의 구조와 특징, 수신자에게 미친 유대인과 로마제국의 영향력, 각 서신의 기록 목적과 주요 신학에 비춘 주해 등에 대한 상세한 정보와 통찰력은 제공하지 못한다.[27] 또한 일반서신은 구약 간본문과 신약 간본문, 그리고 로마제국의 수사학적 기법은 물론, 명예와 수치와 후견인과 피후견인 그리고 정결과 부정과 같은 문화적 틀 속에서 해석해야 한다(예. Jerome Neyrey). 그리고 ChatGPT는 서신 자체의 서론(letter opening)과 더불어 특별히 해석학상 상당히 간과되어 온 서신의 결론(letter closing)의 단어와 메시지에 집중하면서, 서신 전체에서 저자의 사고 흐름을 파악하는 '서신적 해석'도 언급하지 않는다.[28]

---

26) 일반서신의 구약 사용을 통한 이신칭의를 통합적으로 이해하려고 시도했으나, 아쉽게도 베드로후서를 통해서 결론을 내려버린 경우가 있다. M. E. Taylor, "Righteousness and the Use of the Old Testament in James, 1 Peter, 2 Peter, and Jude," *Southwestern Journal of Theology* 64/1 (2021), 126.

27) H. W. Bateman IV, *Interpreting the General Letters* (Grand Rapids: Kregel, 2013), 19-84.

28) 바울이 헬라의 수사학을 연마했을 가능성을 거의 부정하고 초대교회의 교부들이 고전 수사학에 부정적이었음을 염두에 둔 채로 바울서신의 수사학적 해석을 반대하면서 서신적 분석(epistolary analysis)만 지지하는 경우는 J. A. D. Weima, 『고대의 편지 저술가, 바울: 서신 분석을 위한 개론』, *Paul the Ancient Letter Writer: An Introduction to Epistolary Analysis*, 조호영 역 (서울: 그리심, 2017); "What does Aristotle have to do with Paul: An Evaluation of Rhetorical Criticism," *Calvin Theological Journal* 32/2 (1997), 465-68을 보라. 하지만 대다수 신약전공자들은 신약 저자들이 수사학적 기법을 활용한 것은 일반적인 사실이라는 데 동의한다.

2.5. 요한계시록을 해석하는 방법

요한의 묵시록으로도 알려진 계시록은 기독교 성경의 신약 중 복잡하며 매우 상징적인 본문이다. 이 책의 해석은 많은 학적 논의와 토론 주제가 되어 왔으며, 본문의 의미를 파악하기 위해 다양한 방법과 접근이 동원되어왔다. 다음과 같이 계시록을 위한 몇 가지 대중적인 해석 방법들을 소개한다.

역사적 해석: 이 해석은 계시록을 계시록이 기록된 당시의 역사적 맥락, 특히 정치, 사회, 종교 상황에서 이해하려는 시도이다. 이 해석은 본문 안의 주요 역사적 인물들, 사건들 그리고 상징들이 무엇인지 규명하려고 시도하는데, 계시록이 기록된 주후 1세기 후반의 역사적 배경에서 해석한다. 종종 이 접근은 로마제국과 초대 기독교 공동체에 관한 역사 및 문화적 배경을 잘 이해할 것을 요청한다.

문학적 해석: 이 접근은 계시록의 문학 장르, 구조, 스타일에 초점을 맞춘다. 이 해석은 상징주의, 이미지, 알레고리, 그리고 다른 문학적 장치들을 분석하며, 그런 요소들을 전체 내러티브와 신학적 메시지에 맞추어 해석한다. 또한 이 해석은 묵시문헌의 문학 및 수사학적 장치도 고려하는데, 묵시는 고대 유대교와 기독교의 일반적인 장르이다.

상징적 해석: 계시록은 풍성하고 복잡한 상징으로 유명한데, 이 해석은 그런 본문의 상징적 환상과 이미지를 해석한다. 이 해석은 다양한 상징, 숫자, 색의 의미를 파악하며, 그것들의 의미를 계시록이 기록된 당시의 문화, 종교, 그리고 성경의 의미에 근거하여 해석한다. 또한 상징적 해석은 본문의 상징들에 담긴 신학적이고 영적 차원도 살핀다.

신학적 해석: 이 해석은 계시록의 신학적 메시지와 주제를 탐구한다. 이 해석은 계시록의 신학적 틀에 따라 해석하는데, 하나님, 예수 그리스도, 구원, 심판, (마지막 때에 관한 연구인) 종말론을 다룬다. 그리고 이 해석은 신학 개념과 주제를 연구하며, 그것들을 더 넓은 성경 및 신학적 맥락의 빛에서 해석한다.

미래적 해석: 이 접근은 계시록을 주로 아직 성취되지 않은 미래 사건들에 대한 예언으로 파악한다. 이 해석은 환상과 상징을 종말이나 그리스도의 재림, 그리고 최후 심판과 같은 미래 사건이나 기간으로 이해한다. 그리고 이 해석은 종종 세대주의와 전천년주의와 같은 기독교 종말론 견해와 접맥된다.

과거적 해석: 이 접근은 계시록을 주로 계시록이 기록된 주후 1세기라는 과거에 성취된 사건을 묘사하는 것으로 이해한다. 이 해석은 본문에 나타난 환상과 상징을 주후 70년 시건 혹은 로마제국에서 박해받던 그리스도인에 대한 상황으로 이해한다. 종종 이 해석은 예언이 과거에 대부분 성취되었다는 부분적 과거론 혹은 모든 예언이 성취되었다는 완전 과거론과 연결된다.

이런 해석법들은 상호 배타적이지 않음을 기억하는 것이 중요한데, 다른 학자들과 해석가들은 이런 방법론들을 결합하거나 다른 해석법을 차용하기도 한다. 계시록은 매우 상징적이고 복잡한 본문이며, 학자들은 해석 방법에 관해 지속적으로 논의하고 있고, 기독교 공동체 안에서 다양한 신학적 관점이 존재한다.

위의 설명을 긍정석으로 평가해보던, 요한계시록을 역사적, 문학적, 상징적, 신학적, 미래적, 과거적 해석으로 나누어 간명하게 설명한다. 하지만 부정적인 면도 적지 않다. 역사-문학-신학적 해석은 전통적으로 교회가 성경을 해석해 온 방식이다. 그렇다면 상징-미래-과거적 해석은 어떻게 서로 묶을 수 있는지 의문이다. 그리고 ChatGPT가 설명하는 '역사적 해석'은 요한계시록의 전통적 4가지 해석 방식 중 하나인 '세상-교회 역사적 해석'과 다르다. 그리고 역사적 해석을 위해 계시록의 기록 연대를 후기 연대(도미티안 황제 치하)로 제시하는 것은 계시록의 내증 상 문제가 있는 주장이다(참고. 계 17:10의 바다짐승의 여섯째 머리).29) 또한 ChatGPT는 네로 황제 치하에서 요한계시록이 기록되었다는 이른 연대에 관한 정보를 제대로 반영하지 못한다. 그리고 과거론을 부분적 과거론과 완전 과거론으로만 나누기에, 부분적 과거론의 더 세부적인 해석 방식인 '전환적 부분적 과거론'과 '철저 부분적 과거론'을 소개하지 않는다.30) 그리고 ChatGPT는 이상적 해석 즉 영적 해석도 소개하지 않는다. 또한 ChatGPT는 방법론의 통합으로 해설을 마치면서, 상징적 해석과 문자적 해석의 통합이 가능한 것처럼 언급한다. 더 나아가 과거적 해석과 미래적 해석의 결합이 가능한 것처럼 여지를 두는데, 이는 양극의 이질적이고 화학적 결합이므로 성립되기란 사실상 불가능하다.

또한 계시록의 중심 주제인 세상 나라를 하나님 나라로 바꾸는 그리스도인의 선교적 삶에 대한 언급도 없다(계 11:15). 다시 말해, 음녀 바벨론이라는 거대한 도시의 거리를 어린양의 신부로서 어떻게 걸어가야 할지, 그리고 예수님께서 새 창조 사역을 진행하고 계시는데 교회가 어떻게 참여할 것인가에 대한 선교적 해석도 부재한다.31)

---

29) 요한계시록의 이른 연대를 지지하면서 예루살렘과 로마에 임할 조속한 심판을 찾은 David H. Chilton(d. 1994)이 '회복된 낙원'이라는 주제로 승리의 천년설을 주장하자, 정교분리 원칙을 위험하게 여겼다고 탈문맥적으로 비판한 경우는 댈러스신학교의 R. P. Lightner, "Review: Paradise Restored-An Eschatology of Dominion," *Bibliotheca Sacra* 570 (1986), 174를 보라.

30) 참고. 송영목, 『요한계시록 주석』 (서울: SFC출판부, 2023).

31) D. E. Flemming, "Revelation in Focus: For a Clearer Picture of This Mysterious Book, try Trading a Prediction Lens for a Missional Lens," *Christianity Today* 66/6 (2022), 66-69. 참고로 ChatGPT에서 후천년설에 해당하는 'eschatology of victory'를 검색하면, "It is important to note that while the eschatology of victory emphasizes the ultimate triumph of God, the specific details and timing of these events may vary among different theological traditions and interpretations of Scripture. Eschatological perspectives can range from premillennialism, postmillennialism, amillennialism, and other nuanced positions that provide different understandings of the timing and nature of these final events."라고 불필요하게 전천년설과 무천년설을 언급하면서 결론을 맺는

2.6. 개혁주의 신약신학

개혁주의 성경신학 혹은 개혁주의 해석학으로 알려진 개혁주의 신약신학은 개혁주의 신학 전통의 영향을 따라 신약성경을 해석하고 이해하는 방식이다. 개혁신학은 하나님의 주권, 성경의 권위, 인간의 타락, 그리스도의 구속 사역을 강조한다. 개혁주의 신약신학은 신약성경을 이런 신학 원리들에 따라 해석하지만, 본문의 역사적, 문법적, 상황적 측면도 고려한다. 몇 가지 개혁주의 신약신학의 주요 측면은 다음과 같다.

언약적 틀: 개혁주의 신학은 하나님과 인류 사이의 언약 관계를 강조하며, 개혁주의 신약신학은 종종 하나님과 그분의 백성 사이의 언약 빛에서 신약성경을 이해한다. 이 해석은 신약성경을 구약 언약들의 성취로 이해하며, 특히 예수 그리스도 안에서 세워진 은혜 언약으로 이해한다.

구속사적 맥락: 개혁주의 신약신학은 신약성경을 구속사적 맥락을 인지하면서, 역사에 걸쳐 점진적으로 계시되어 온 하나님의 구원계획의 절정으로 이해한다. 이 해석은 신약성경을 AD 1세기 유대 및 그레코-로마세계의 문화, 사회, 종교적 배경에서 이해한다.

그리스도 중심적 해석: 개혁주의 신약신학은 예수 그리스도를 해석의 중심으로 두면서, 그분을 하나님의 구원 사역의 초점으로 간주한다. 이 해석은 신약성경에 나타난 예수님의 존재와 성육신, 삶, 죽음, 부활, 승천, 재림과 같은 사역을 강조한다. 예수님은 구약 예언, 모형 그리고 약속의 성취이시다.

복음중심적 해석: 개혁주의 신약신학은 신약성경의 중심 메시지인 복음을 강조한다. 이 해석은 예수 그리스도를 믿음으로 말미암은 구원의 복음으로 신약성경을 해석한다. 그리고 신약성경의 모든 가르침과 내러티브와 사건은 하나님의 구원 계획이 펼쳐지는 데 기여한다고 본다.

교리적 통합: 개혁주의 신약신학은 신약성경의 교리적 교훈들을 하나의 응집력 있고 조직신학적인 틀로 통합하려고 시도한다. 이 해석은 성경신학의 조직적이며 상호 연결된 특성을 강조한다. 신약성경의 상이한 주제들과 모티브들과 교리들이 상호 접맥되어 신약성경의 전체 메시지에 어떻게 기여하는지 연구한다.

성경 의존성: 개혁주의 신약신학은 영감되어 무오한 말씀인 성경의 권위를 매우 존중한다. 이 해석은 구약과 신약의 계시의 통일성과 응집성을 인식하면서 성경 전체의 통일성을 강조한다

개혁주의 신약신학은 신약성경을 해석하는 한 가지 접근임을 기억하는 게 중요하다. 따라서 다른 전통을 따르는 학자들은 다른 타당한 신학적 관점들과 해석 방법들을 사용한다. 성경해석의 열쇠는 겸손, 주의 깊은 연구, 그리고 성령을 의존하면서 신약성경의 의미와 메시지를 원래 문맥에서 파악하여 오늘날 삶에 적용하는 것이다.

긍정적으로 평가해보면, 개혁주의 신약신학을 문법-역사적 해석에 기반을 둔 언약, 구속사, 그리스도 중심, 복음 중심, 교리적 통합, 그리고 성경 의존성이라는 적절한

다.

주제어들로 범주를 정하여 간명하게 설명한다. 이 주제어들 예수 그리스도의 복음과 맞물린 구속사는 초대교회의 문화-역사적 상황 안에 적절히 위치시킨다. 이처럼 개혁주의 신약신학은 본문의 삶의 정황(Sitz im Leben)을 역사적 상황 속에서 살펴야 하고, 성경 메시지가 점진적으로 발전하면서 통일성을 갖추는 예수님 중심의 구원 이야기를 찾아야 하며, 만유 안에서 하나님께서 하시는 일을 찾아야 한다.32)

그런데 '교리적 통합'에서 신약신학이 마치 조직신학적 연구라는 오해를 살만하다. ChatGPT는 개혁주의 신약신학의 특징 중 '언약적 틀'을 설명하면서 교의학적 용어인 '은혜언약'을 언급하므로, 여기에 웨스트민스터 신앙고백서 제7장의 영향을 반영한다. 성경주해에서 성경신학이 형성되고, 그 위에서 조직신학이 열매를 맺는다. 하지만 조직신학이 성경신학에서 독립하여 높은 자리에 앉아 군림한다면 그것의 기초는 사라지고 말 것이다. 예를 들어, 조직신학자들이 천년왕국(계 20)을 논하지만, 계시록 19-21장의 문맥과 계시록의 기록 목적은 거의 언급하지 않는 경우가 종종 있다. 그리고 ChatGPT는 선교적 교회와 그리스도 중심의 공공신학과 같은 발전된 개혁신학에 대해서는 침묵한다.

ChatGPT의 개혁주의 신약신학에 관한 설명은 복음주의 신약신학과 별반 다르지 않다. 하지만 16세기 종교개혁과 신칼빈주의에 뿌리를 두는 개혁주의는 20세기 초 자유주의를 거스르며 본격화된 근본주의는 물론 18세기 미국의 대각성 운동으로 활성화된 복음주의와도 구분된다.33) 마지막으로 ChatGPT는 간과하지만, 개혁주의 신약신학의 해석 방법론은 다양하고 통합적으로 발전해 가고 있다.34) 그리고 개혁주의 신

---

32) E. W. Klink III and D. R. Lockett, 『성경신학의 5가지 유형』, Understanding Biblical Theology, 신윤수 역 (서울: 부흥과 개혁사, 2015), 56, 98-99, 145, 261.
33) S. B. Ferguson (ed), New Dictionary of Theology (Leicester: IVP, 1988), 239-41, 266-68, 569-72.
34) 한 예로, 프레토리아대학교(DRC, Section B) 신학부 분과의 경우 신학적 주제에 관한 연구는 물론, 사회수사학, 70인 역과 신약 본문의 비교, 문예적 해석, 사회과학적 해석 등을 아우르면서도 경건성을 강조해 왔다는 해설은 J. G. van der Watt, A. B. du Toit, and S. Joubert, "The Department of New Testament Studies, University of Pretoria (Dutch Reformed Church), 1938-2008," Verbum et Ecclesia 30/3 (2009), 2-6을 보라. 그런데 남아공 화란개혁교회(DRC) 총회는 1986년부터 동성애를 두고 논의해 왔다. 그 교단은 성경의 문자주의적 해석을 거부하면서, 한 본문에 대한 다양한 해석을 인정하고 소외된 자들에 대한 사랑을 강조하면서 결국 동성애를 허용하고 말았다. 그 교단은 성령의 인도를 받는 성경해석을 줄기차게 강조해 왔지만, 정작 성경 저자들도 선입견을 가지고 있었다고 주장함으로써, 성경의 무오성과 영감성에 대해 의문을 사실상 제기하고 말았다. H. van der Westhuizen, "Die Nederduitse Gereformeerde Kerk, Hermeneutiek en Etiek? (1986-2019)," Stellenbosch Theological

약신학은 교회와 세상을 섬기는 실천적인 학문이어야 함도 간과할 수 없다.

2.7. 요약

ChatGPT는 특정 주제에 관하여 간명하게 범주화시켜 설명하기에 사용자의 이해를 일정 부분 돕는다. 하지만 그런 범주화가 정밀하지 못하고 허술한 경우에, 부정확하고 편향된 정보를 제공하기 십상이다. 개혁주의 신약학자들의 연구가 더 확산해야 빅 데이트 구축에 기여할 수 있다. 다시 말해, ChatGPT에게 올바르게 개혁주의 관점으로 학습시켜야 한다.35)

3. 신약신학 연구에 ChatGPT의 활용 방안

ChatGPT는 가능성과 기회 그리고 한계와 도전을 동시에 우리 앞에 둔다. 개혁주의 신약신학자들의 탁월한 학문성이 더 활발하게 학술지와 단행본으로 표현될 때, 개혁주의 신학생들과 목회자들은 ChatGPT를 안심하고 활용할 수 있을 것이다. 이를 위해 한국 신약학자들이 영어로 저술을 꾸준히 발표해야 할 숙제를 떠안게 된다. 물론 신학적 통찰력을 가지고 연구하는 목회자들이 빅데이터에 기여할 여지도 적지 않다.36)

그런데 개혁신학을 추구하는 목회자들이 출처가 불분명한 ChatGPT의 정보를 활용하기 이전에, 건전한 성경주석과 사전류, 그리고 최신 정보를 소개하는 인터넷 신학 정보 사이트를 충실하게 활용하기를 추천한다.

Journal 6/3 (2020), 83-96.
35) 공정식, "인공지능 ChatGPT와의 대화에서 엿본 미래의 희망," 『대한토목학회지』 71/3 (2023), 15.
36) 하나님과의 인격적 교제와 영혼이 없는 AI가 만든 설교는 인정할 수 없다. 왜냐하면 "기독교설교는 설교의 내용을 결정하는 '진리'도 중시하지만, 그 진리를 회중들에게 전달하는 설교자의 '인격' 역시 중요하게 생각하기 때문이다. …… 쳇GPT를 통해서 설교 전체를 만들어 설교하는 것은 신학적으로나 윤리적으로 받아들일 수 없다. 쳇GPT가 제공하는 설교문 안에는 설교자의 고민이나 하나님과 교제가 담겨 있지 않다." 이승우, "인공지능의 설교 활용에 관한 연구: 쳇GPT를 중심으로," 『개혁논총』 64 (2023), 239, 241.

[참고문헌]

공정식. "인공지능 ChatGPT와의 대화에서 엿본 미래의 희망."『대한토목학회지』 71/3 (2023): 12-15.
김상훈. "개혁주의 해석학을 세우기 위한 영감 해석의 제안."『신학지남』 278 (2004): 243-58.
송영목.『요한계시록 주석』. 서울: SFC출판부, 2023.
이남규. "벨직신앙고백서의 성경론에 나타난 칼빈주의적 성격."『장로교회와 신학』 13 (2017): 79-98.
이승우. "인공지능의 설교 활용에 관한 연구: 챗GPT를 중심으로."『개혁논총』 64 (2023): 233-57.
장민.『챗GPT: 기회를 잡는 사람들』. 서울: 알투스, 2023.
장보철.『인공지능시대 그리스도인이 꼭 알아야 할 28가지 질문』. 서울: 세움북스, 2023.
정한민·박정훈. "ChatGPT를 이용한 문헌 작성 설계 및 이슈."『한국지식정보기술학회 논문지』 18/1 (2023): 31-40.
Bateman IV, H. W. *Interpreting the General Letters*. Grand Rapids: Kregel, 2013.
Bird, M. "Shouldn't Evangelicals participate in the 'Third Quest for the Historical Jesus'?" *Themelios*, 29/2 (2004): 5-14.
Bouwman, C.『벨직신앙고백해설』. *Notes on the Belgic Confession*. 손정원 역. 부산: 신언, 2007.
Bradley, P. "The Future of Search is Intelligent." *Computers in Libraries* 43/3 (2023): 36-40.
Coetzee, J. C. *The Canon of the New Testament*. Potchefstroom: EFJS Drukkers, 1995.
Dunn, J. D. G.『바울에 관한 새 관점』. *The New Perspective on Paul: Whence, What, Whither?* 최현만 역. 서울: 에클레시아북스, 2012.
Du Toit, C. W. "Artificial Intelligence and the Question of Being." *HTS Teologiese Studies* 75/1 (2019): 1-9.
Ferguson, S. B. (ed). *New Dictionary of Theology*. Leicester: IVP, 1988.

Flemming, D. E. "Revelation in Focus: For a Clearer Picture of This Mysterious Book, try Trading a Prediction Lens for a Missional Lens." *Christianity Today* 66/6 (2022): 64-69.

Green, J. B. et als (ed). *Dictionary of Jesus and the Gospels*. Leicester: IVP, 1992.

https://chat.openai.com

Klink III, E. W. and Lockett, D. R. 『성경신학의 5가지 유형』. *Understanding Biblical Theology*. 신윤수 역. 서울: 부흥과 개혁사, 2015.

Lightner, R. P. "Review: Paradise Restored-An Eschatology of Dominion." *Bibliotheca Sacra* 570 (1986): 173-74.

Lund, B. D. et als. "Papers and the Ethics of the Large Language Models in Scholarly Publishing." *Journal of the Association for Information Science and Technology* 74/5 (2023): 570-81.

Pophal, L. "ChatGPT: Opportunities and Risks Related to AI-Generated Content." *Information Today* 40/2 (2023): 36-38.

Salvagno, M, ChatGPT, Taccone, F. S, and Gerli, A. G. "Can Artificial Intelligence help for Scientific Writing?" *Critical Care* 27/1 (2023): 1-5.

Taylor, M. E. "Righteousness and the Use of the Old Testament in James, 1 Peter, 2 Peter, and Jude." *Southwestern Journal of Theology* 64/1 (2021): 107-126.

Van der Watt, J. G., Du Toit, A. B., and Joubert, S. "The Department of New Testament Studies, University of Pretoria (Dutch Reformed Church), 1938-2008." *Verbum et Ecclesia* 30/3 (2009): 1-6.

Van der Westhuizen, H. "Die Nederduitse Gereformeerde Kerk, Hermeneutiek en Etiek? (1986-2019)." *Stellenbosch Theological Journal* 6/3 (2020): 79-109.

Van Oudtshoorn, A. "The Insignificant Impact of the Historical Jesus." *In die Skriflig* 55/1 (2021): 1-10.

Waters, G. P. 『바울에 관한 새 관점: 기원·역사·비판』. *Justification and the New Perspectives on Paul*. 배종열 역. 서울: P&R, 2012.

Weima, J. A. D. 『고대의 편지 저술가, 바울: 서신 분석을 위한 개론』. *Paul the Ancient Letter Writer: An Introduction to Epistolary Analysis*. 조호영 역. 서울: 그리심, 2017.

_____. "What does Aristotle have to do with Paul: An Evaluation of Rhetorical Criticism." *Calvin Theological Journal* 32/2 (1997): 458-68.

Wicker, M. "A Q&A with ChatGPT about Inclusivity." *Information Today* 40/3 (2023): 14-16.

Witherington 3, B. *The Jesus Quest: The Third Search for the Jew of Nazareth*. Carlisle: Paternoster, 1995.

[Abstract]

ChatGPT and the Research on the New Testament Theology

Prof. Dr. Youngmog Song
(Faculty of Theology)

Introduced at the end of November in 2022, ChatGPT is a conversational artificial intelligence model developed by Open AI. It is based on the GPT-3 architecture. ChatGPT is short for 'Generative Pre-trained Transformer 3.' This technology is part of the Fourth Industrial Revolution. according to a recent questionnaire survey, Korean Pastors are generally positive about utilizing ChatGPT for their sermon preparation. Can ChatGPT be used for the research of the New Testament theology? This article examines the usefulness and problems of ChatGPT, ChatGPT and the New Testament theology, and the possible usage of ChatGPT in the study of the New Testament theology in turn.

Keywords
ChatGPT, the New Testament Theology, main themes, possibility, problem

AI의 발전과 기독교적 대응 방향 고찰: 로마서를 중심으로

주기철(고신대학교, 조교수, 신약학)

[초록]

본 논문은 인공지능의 발전 속도에 비해서 이에 대한 기독교적 대안이 부족한 사실을 지적하면서, 인공지능이 인간을 지배할 수도 있는 미래 일을 미리 방지하는 차원에서 이를 통제할 수 있는 기독교적 규정 필요성 강조를 목적으로 한다. 이를 위해 먼저 인공지능의 발전 단계를 간략하게 살핀다. 인간은 고대로부터 자율적으로 생각하고 움직이는 오토마타를 상상하며 신화나 문학작품에 표현했다. 이러한 인간의 상상이 단계적으로 실현되었고 약한 AI의 개발로 상당한 유익을 끼치기도 하지만, 인간의 욕망은 이에 머물지 않고 강한 AI를 통해 또 다른 인간을 지배하려고 한다. 그러나 통제를 상실한 개발은 인간을 파멸에 이르게 할 수 있다. 이것이 분명한 것은 AI가 죄성을 가진 인간에 의해 만들어지기 때문이다. 이러한 발전에 비해서 기독교학자들은 여전히 인공지능의 유용성 및 해악성을 논하면서 도움이 되는 방향으로 활용해야 한다거나, 인공지능은 영성을 지니지 못했기 때문에 인간의 역할을 대신할 수 없다는 식의 안일한 대안만 제시할 뿐이다. 이러한 대안은 인공지능의 초보적 단계에는 유용할지 몰라도 이후 인공지능을 위한 대안이 되지는 못한다. 이를 인지한 몇몇 학자들은 인공지능을 규제할 수 있는 법규나 윤리를 급히 제정해야 한다고 제시한다. 이러한 시대적 요청에 발맞추어 기독교학자들 역시 인공지능을 제어할 수 있는 기독교적 규정이나 법규를 만들어야 한다.

키워드: 인공지능, 인공지능의 역사, 하나님의 왜곡된 형상, 성경적 규칙, 약한 인공지능과 강한 인공지능

1. 들어가는 말

2016년 3월 구글의 딥마인드가 개발한 인공지능 바둑 프로그램인 알파고(AlphaGo)가 세계 최상위급 프로기사 중 한 명인 이세돌 9단과 5번의 대국을 벌여서 4대 1로 승리해 세계를 놀라게 했다. 이 사건이 세계를 놀라게 한 이유는 바둑의 경우 상대가 돌을 놓는 것에 대응하는 정해진 답이 없고, 가로 19줄과 세로 19줄이 만드는 361개의 착점(着點)에서 나올 수 있는 경우의 수(2×10^{170})가 우주 전체의 원자 수(약 12×10^{78})보다 많기 때문이다. 이는 알파고의 인공지능이 단순히 기계적인 대응 수준을 넘어섰음을 보여준다.[1] 2023년 3월 14일 공개된 생성형 인공지능인 챗Gpt(ChatGPT)가 또 한 번 세상을 놀라게 했다. 왜냐하면 챗Gpt는 사람과 유사한 수준의 일상 대화를 나누고 다양한 주제에 대해 수준 높은 답을 줄 수 있을 뿐 아니라 작문, 논문작성, 번역, 시험, 코딩 작업 등 수많은 분야에 활용될 수 있기 때문이다.[2]

인공지능의 발달은 인류에게 다양한 유익을 준다. 인간이 하던 단순노동이나 감정 노동을 대체하거나 인간의 일상생활을 편리하게 만들어 준다. 또한 산업 현장의 자동화를 통해 업무 효율성을 향상시켜 생산성을 높일 수 있다. 또한 인간의 사고와 판단에 보조적 역할을 하여 효율적인 결정을 할 수 있도록 하는 등 많은 유익을 준다. 그럼에도 불구하고 인공지능의 발달이 인류에게 주는 폐해도 있다. 왜냐하면 인공지능이 인간의 노동을 대체할 때 실업자가 증가할 수 있고, 인간에게 잘못된 정보를 제공하거나 타인의 정보를 오용하는 윤리적인 문제를 일으킬 수도 있기 때문이다.[3] 어떤 이들은 인공지능의 위험성을 지적하면서 인공지능 사용을 늦춘 뒤 통제 방법을 찾아야 한다고 경고하기도 한다.[4]

사회 각계각층에서 인공지능의 발달이 인류에게 주는 유익과 위험성에 대한 논의가 활발한 가운데, 기독교 내에서도 인공지능이 일으킬 변화와 영향을 예의 주시하면서 어떻게 대처할 것인지에 대해 논의가 활발하다. 그런데, 엄청난 인공지능의 발전 속도

---

[1] 김동환, "AI(인공지능)에 대한 신학적 담론의 형성 및 방향 모색," 신학연구 68(2016), 35-36. 참고. "바둑' 가로세로 19줄... 우주보다 큰 세계," 조선일보 2014년 12월 11일.
[2] 이승종, "두 달 만에 전 세계가 놀랐다…챗GPT의 위력"(KBS뉴스 2023.02.02).
[3] 참고. 인터넷 자료(https://6u2ni.tistory.com/37, 2023년 6월 29일 접속).
[4] 역사학자이면서 세계적인 작가 유발 노아 하라리(Yuval Noah Harari)는 뉴욕타임스(NYT)에 기고한 글에서 "AI의 언어 습득은 AI가 문명의 운영 체제를 해킹하고 조작할 수 있게 됐음을 뜻한다."라고 말하면서 AI의 위험성을 지적한다.

에 비해서 이에 대한 기독교학자들의 대응책은 그 발전 속도를 못 따라 가거나 그 속도에 맞지 않게 이전의 주장을 반복하는 수준에 머무르는 듯하다. 이를테면, "인간이 인공지능을 잘 활용하여 목회의 보조 수단으로 활용할 수 있다"라는 식의 결론을 말한다.5) 따라서 본 글에서는 그동안 인공지능이 어떻게 발전했고 발전할 것인지에 대해 간략하게 서술하고, 기독교학자들은 이에 대해 어떤 대응책을 제시했는지 살펴볼 것이다. 그런 후, 인간의 타락과 회복을 다루는 로마서 1장과 8장, 그리고 12장을 근거로 타락한 인간이 만들어낸 인공지능 역시 타락한 인간의 모습을 반영하기에 선행적인 규제가 필요함에 대해서 말할 것이다. 앞서 언급한 것처럼 인공지능이 어떻게 발전할 것인지 예측할 수 없으므로 본 글에서는 구체적인 대안보다는 방향성만 제시하는 것으로 만족하려 한다.

1. 인공지능의 발달

상상 속의 인공지능의 역사

인공지능의 역사는 생각보다 오래된 듯하다. 현대 기술의 발달이 마치 공상과학 소설이나 영화에서 묘사된 상상 속의 기술문명을 좇아가듯이 비록 실현된 기술은 아니더라도 인공지능에 관한 생각이나 상상은 우리가 생각하는 것보다 훨씬 이전부터 있었다.6) 학자들에 의하면 인공지능이나 기계화된 사고를 하는 존재와 관련된 최초의 이야기는 기원전 8세기경에 기록된 호메로스의 『일리아드』에 나타난다. 이 책 18권에 황금으로 만든 하녀들이 등장하는데, 이들은 오토마타(automata)로서 현대인이 말하는 인공지능을 지닌 로봇과 같은 존재다.

"그러고 나서 그는 해면으로 얼굴과 손과 튼튼한 목과 털이 많은 가슴을 닦고
옷을 입더니 단단한 지팡이를 들고 절룩거리며 걸어 나왔다. 그러자 황금으로

---

5) 현재 사회적 이슈로 떠오르는 인공지능에 관한 논의는 인공지능이 대부분의 분야에서 인간을 능가하기 때문에 일어날 수 있는 위험성에 대한 것이다. 따라서 이를 보조수단으로 활용하면 된다는 식의 논의는 어쩌면 시대에 뒤떨어진 논의일 수 있다.
6) 박소영, "인공지능의 역사: 서사적 허구, 문화상품, 그리고 과학적 사실로," 『인간·환경·미래』 22호 (2019), 91-118. 박소영은 인공지능의 역사에 관한 본인의 글에서 세 가지 측면의 초점에 대해 말하면서 그 첫 번째 것을 다음과 같이 기술한다. "첫째, 인공지능의 역사를 인간의 자기 복제 노력 혹은 신이라는 존재를 상정하려는 서사적 허구로부터 시작되어 그것을 현실로 실현되어 가는 역사로 보고자 한다." 이는 현재의 인공지능 기술의 시발점이 서사적 허구나 상상으로부터 시작되었다는 말이다.

만든 하녀들이 주인을 부축해주었다. 이들은 살아 있는 소녀들과 똑같아 보였는데 가슴 속에 이해력과 음성과 힘도 가졌으며 불사신들에게 수공예도 배워 알고 있었다."[7]

기원전 3세기에 기록된 것으로 알려진 아폴로니우스의 『아르고 원정대 이야기』에도 오토마타가 등장한다. 이 이야기에서 저자는 제우스(Zeus)가 크레타 섬을 수호할 수 있는 청동 인간인 탈루스(Talus)를 오이로파(Europa)에게 선물로 제공했다고 묘사한다.[8] 탈루스와 관련된 내용은 아폴로도로스(Apollodoros)의 『신화집』에도 나타난다.

> 크레테에서는 탈로스가 접근을 막았다. 이 자를 두고 어떤 이들은 청동 종족에 속한다고 말하고, 어떤 이들은 헤파이스토스에 의해 미노스에게 선물로 주어졌다고 말한다. 그는 청동으로 된 사내로서... 목에서 발목까지 뻗어가는 하나의 혈관을 갖고 있는데, 그 혈관의 끝부분은 청동 못이 막고 있다. 이 탈로스는 날마다 세 번 섬을 돌아 달리며 지켰다. 그래서 그때도 아르고호가 다가오는 것을 보고는 돌을 들어 던져댔다. 그러나 그는 메데이아에게 속아서 죽게 되었다.[9]

그리스 신화에 나오는 기술의 신인 헤파이스토스(Hephaestus)는 제우스의 명령을 따라 인간들에게 벌을 줄 생각으로 판도라라는 여성과 혼수로 보내질 상자를 만들었다.

> 곧바로 제우스는 불에 대한 벌로 인간에게 내릴 재앙 하나를 생각해 냈다. 그리하여 영광스러운 절름발이 신 헤파이스토스가 제우스의 계획에 따라 흙으로 정숙한 처녀의 상을 하나 빚어냈다. 그리고 눈이 빛나는 아테나 여신은 그 상에 광택이 나는 옷을 입혀준 다음 허리띠를 둘러주고, 머리에 자기 손으로 직접 공들여 수를 놓은 면사포를 드리웠다. 정말 그냥 보기에도 아까운 모습이었다.[10]

---

7) 호메로스(Homeros), 『일리아스』, (천병희 역; 서울: 숲, 2015), 515~516. 이뿐 아니라 호메로스는 제사를 위해서 자동으로 움직이는 솥에 관해서도 언급한다. 말하자면 자동화 시스템이다(참고. 514).
8) 참고. J. Douglas Bruce, "Human Automata in Classical Tradition and Mediaeval Romance", 『Modern Philology』, 10(4): 512-514.
9) 아폴로도로스, 『신화집』 (강대진 역; 서울: 민음사, 2005), 82.
10) 헤시오도스, 『신통기』, (김원익 역; 서울: 민음사, 2003), 66쪽

이상에서 살펴본 것처럼 실제로 실현된 것은 아니지만 고대 그리스 때부터 인류는 어떤 물체를 만들어 자율적으로 생각하고 행동하도록 하려는 욕구가 있었던 것 같다.11) 박소영은 그리스뿐 아니라 유대교에도 이러한 현상이 나타난다고 주장한다. 그는 십계명의 첫 두 계명이 인공지능이나 그와 유사한 존재에 대한 가능성을 짐작하도록 한다고 지적하면서, "우상, 혹은 어떤 형상을 만들어 섬기는 것을 금지하는 두 번째 조항은 하느님 이외에 다른 신들을 섬기지 말라는 첫 번째 조항과 함께 배열되어, 당시에 특정한 인공물에 대해 신적 속성을 부여했던 풍습이 있었음을 짐작하게 한다."라고 말한다.12) 그는 멕코덕(Pamela McCorduck)의 말을 인용하여 고대 인공지능은 "신을 위조해 내려는 고대의 기원"으로부터 유래한다고 주장한다. 그리고 "마법과 신화 그리고 종교에서 인간의 한계를 넘어서려는 바람은 신을 만들어 내려는 소망 혹은 초인을 향한 동경으로 구체화 되었던 것이다."라고 결론을 내린다.13)

고대뿐 아니라 그 이후에도 이러한 시도는 계속되었다. 15세기경의 교황이었던 실베스터 2세(Pope Sylvester II), 크로세테스 주교(Bishop Grosseteste)의 마법사였던 로저 베이큰(Roger Bacon) 등은 오토마타인 '놋쇠머리'(Bronze Head)를 가지고 있었다고 한다. 또한 19세기의 영국 작가인 메리 셸리(Mary Shelley)의 소설인 "Frankenstein or The Modern Prometheus"에는 신과 같은 존재를 만들려는 것을 넘어 인간이 신이 되고자 하는 욕망이 나타난다. 또한 20세기 체코의 극작가인 카렐 차페크(Karel Capek)는 그가 쓴 희곡 R.U.R.(Rossum's Universal Robots)에서 현재 우리가 사용하는 로봇(robot)의 개념을 사용했다.14)

인공지능의 기계화 역사15)

앞서 서술한 것처럼 인공지능은 고대로부터 인간의 상상 속에 있었고, 그 상상이 신화나 문학작품에 나타났다. 인간은 이러한 상상을 실현하기 위해서 끊임없이 노력

---

11) 이상원, "인공지능에 대한 비판적 고찰," 『신학지남』 84(2017), 130-32.
12) 박소영, "인공지능의 역사", 99.
13) 박소영, "인공지능의 역사", 99. 참고. 전귀천, "AI 시대의 인간, 신 그리고 종교에 대한 이해 변화와 미래 목회적 대안," (서울: 2018 웨슬리 목회 컨퍼런스 IWMC[International Wesleyan Ministry Conference]), 1-13.
14) 박소영, "인공지능의 역사," 99-101; 이상원, "인공지능에 대한 비판적 고찰," 130-33.
15) 짧은 지면에 인공지능의 모든 역사를 다 기술할 수 없으므로, 여기서는 학자들이 이미 연구한 것을 토대로 간략하게 요약하려 한다.

했다. 박소영은 그의 글 "인공지능의 역사: 서사적 허구, 문화상품, 그리고 과학적 사실로"에서 1세기부터 시작해서 18세기 전후까지 많은 사람이 기계화된 인공지능, 곧 자동인형이나 로봇을 만들기 위해서 어떤 노력을 했는지 표로 제시한다.16)

인공지능의 본격적 발전은 18세기 고전 철학자들이나 과학자들이 인간의 이성, 혹은 사고 과정은 기계화될 수 있다고 믿었던 것에서 출발한다. 합리주의자들 역시 인간 이성이 기계적 계산으로 환원될 수 있다고 믿었다. 이는 기계적 발전만 이루어낼 수 있다면 인간의 이성은 언제든지 구현될 수 있다고 생각했다는 말이다. 이런 의미에서 인공지능의 발전은 컴퓨터의 발전과 같이한다고 볼 수 있고, 이를 제일 처음 구현해낸 자는 학자이면서 발명가였던 베비지(Charles Babbage)라고 할 수 있다.17) 이와 함께 컴퓨터의 원리를 제공해 준 수학적 논리적 기본체계를 구성한 자로 버트런트 러셀(Bertrand Arthur William Russell)을 꼽기도 한다.18)

인간과 같은 지능을 가지면서 인간 뇌의 사고방식과 같이 사고하는 인공지능이 구체화 될 수 있도록 한 데는 앨런 튜링의 논문인 "계산 기계와 지능"(Computing Machinery and Intelligence)과 여기서 제시된 '튜링 테스트'(Turing test)가 큰 역할을 했다.19) '인공지능'(Artificial Intelligence)이라는 말이 본격적으로 사용된 것은 1956년 다트머스 대학에서 10인이 두 달간 진행했던 다트머스 워크샵(Dartmouth Workshop)에서였다.

> 이 연구는 학습의 모든 측면 또는 지능의 다른 모든 특징이 이론상으로 매우 정확하게 설명되어 기계가 이를 모방해서 만들 수 있다는 추측에 근거하여 진행된다. 기계가 어떻게 언어를 사용하고, 관념과 개념을 형성하고, 현재 인간에게만 국한된 문제를 해결하고, 자신을 스스로 개선하는지 찾으려 한다. 엄선된

---

16) 박소영, "인공지능의 역사," 108-109에 제시된 [표-2] '초기의 인공지능 기계 혹은 자동인형'을 참고하라.
17) 박소영, "인공지능의 역사," 110.
18) 참고. 안영혁, "인공지능 시대 공공성의 기독교 교육적 이해,"『한국기독교교육정보학회』(2021), 47-48.
19) 김동환, "AI(인공지능)에 대한 신학적 담론의 형성 및 방향 모색,"『신학연구』68(2016), 39. '튜링 테스트'(Turing test)는 사람이 어떤 질문을 했을 때 컴퓨터가 제시한 답이 인간에 의한 것인지 기계에 의한 것인지 분별할 수 없는 수준이 될 때, 그 기계는 인간의 지능 수준을 가진 것으로 인정할 수 있다고 말한다. 참고. 안영혁, "인공지능 시대 공공성의 기독교 교육적 이해." 46-52. 박소영, "인공지능의 역사", 111. 박소영은 튜링이 '배우는 기계'에 대한 논의를 도입했으며, 이는 인공지능의 중요한 기능 중 하나인 딥 러닝(Deep Learning)의 개념적 원류를 제공했다고 본다.

과학자 그룹이 여름 동안 함께 작업한다면 이러한 문제 중 하나 이상에서 상당한 진전이 이루어질 거로 생각한다.[20]

이후 세상의 일반 지식을 내장하는 범용 인공지능이 개발되었고, 더 나아가서 논리와 비논리가 통합된 인공지능이 만들어졌다. 1980년대까지 인공지능에 있어서 괄목할 만한 성장이 이루어지지는 않았지만, 앞서 개발된 인공지능의 기술이 축적되어서 산업의 각 분야에서 활용되기 시작했다. 1986년 이후에는 어떤 것을 반복 시도한 후 가장 효과적인 결과를 기억할 수 있도록 하는 인공지능의 신경망이 중요하다는 사실을 인식하고, 이를 발전시키기 시작했다. 그리고 1995년 이후에는 광범위한 지식을 의미하는 '범용성'과 전문적 지식을 의미하는 '전문성'을 갖춘 인공지능을 가진 대리자(agent)가 개발되기 시작했다. 안영혁은 이러한 인공지능의 발전을 통해서 "인공지능은 결국 튜링 머신의 기계적 계산의 원리와 데이터로 이루어지는 것"이라고 결론을 내린다.[21]

인공지능의 발달과 관련하여 이를 긍정적으로 보는 이들이 있는가 하면 또 다른 이들은 부정적으로 보기도 한다. 그 이유를 인공지능의 유형에서 살펴볼 수 있을 듯하다. 인공지능은 크게 두 부류로 구분한다. 첫째, 약한 인공지능(Weak AI)으로 특정 목적을 위해서 개발되어서 그 영역에서 뛰어난 능력을 보이고, 인간이 요구하는 수준의 지능과 능력을 지녀서 인간에게 유용한 도구로 사용되는 인공지능을 말한다. 둘째, 강한 인공지능(Strong AI)으로 스스로 이치에 맞게 판단하거나 위협적인 상황에서 그 위협을 물리칠 수 있는 자아를 가진 사고를 하는 인공지능을 말한다.[22] 앞서 제시된 것처럼, 첫 번째 약한 인공지능은 부작용이 없을 수는 없겠지만 전체적으로 인류의 삶에 위협보다는 오히려 도움이 되기 때문에 긍정적인 역할을 기대할 수 있다. 그러나 후자는 지능의 관점에서뿐 아니라 신체적인 측면에서도 인간을 능가하여 마침내 인간 위에 군림하게 될 수도 있으므로, 모든 사람이 그런 것은 아니지만 일반적으로 강한 인공지능에 대해서는 부정적인 시각을 가지게 된다.[23]

---

20) J. McCarthy 외, "A Proposal for the Dartmouth Summer Research Project on Artificial Intelligence," Dartmouth Workshop(1955), 1. 참고. 박소영, "인공지능의 역사," 111; 안영혁, "인공지능 시대 공공성의 기독교 교육적 이해," 50-51.
21) 안영혁, "인공지능 시대 공공성의 기독교 교육적 이해," 51-52, 특히 52.
22) 김동환, "AI(인공지능)에 대한 신학적 담론의 형성 및 방향 모색," 44-46; 박소영, "인공지능의 역사," 112-13; 이상원, "인공지능에 대한 비판적 고찰," 116-18;
23) 이상원, "인공지능에 대한 비판적 고찰,"117-18. 모두가 강한 인공지능에 대해 부정적인 시각으

인공지능에 대한 염려는 인공지능에 인간 형상의 기계를 결합하려는 상황을 직시할 때 더 몸에 와 닿는다. 전대경이 말한 것처럼 "인공지능이 점점 더 발전함에 따라, 기계는 점점 더 인간과 비슷해지려고 하고, 지성적 능력을 요구하는 기계장치도 인간 뇌의 기능을 점점 더 닮는 방향으로 가고 있다."24) 그리고 많은 사람이 지적하듯이 이 인공지능이 인간의 지능과 신체적 조건을 넘어서 어떤 수준까지 발전할 것인지는 아무도 예측할 수 없다.25) 어떤 이는 인공지능과 인공지능을 품은 로봇을 넘어 생체공학 뇌를 이식받은 인간, 소위 말하는 인조인간(Bionic man), 더 나아가서 생식 기능을 지닌 인공지능뿐 아니라 이들과 인간 사이에서 태어나는 '우월한 자손'(Superior offspring), 곧 신인류의 탄생도 가능하다고까지 말한다.26) 현재 인공지능의 발전 상황을 고려하면, 이러한 주장은 터무니없는 것처럼 느껴질 수 있다. 그러나 아무도 인간의 기술 발전을 예측할 수 없다. 만약 이러한 발전이 가능하다면, 그 인공지능은 인류에게 도움이 될 수도 있지만, 인간의 통제를 벗어나 오히려 인간을 통제하려 할지도 모른다.27) 이미 오래전에 영국의 저명한 물리학자인 스티븐 호킹이 BBC 방송에서 경고했듯이 "완전한 인공지능의 개발은 인류의 종말을 초래할 수 있다."28)

만약 인공지능이 앞서 제시한 것처럼 상상할 수 없을 정도로 엄청난 발전을 이룬다면, 인공지능에 대한 기독교적 대안은 무엇이 되어야 할까? 다음 장에서는 인공지능에 대한 몇몇 기독교학자들의 주장을 살펴보면서 이들이 어떤 방향성을 가지고 대

로 보는 것은 아니다. 이상원은 강한 인공지능은 인류에게 두 방향의 미래를 제시한다고 본다. 첫째, 반이상향(dystopia)이다. 이는 인공지능이 인간을 능가하여 인간 위에 군림하게 될 거라는 관점이다. 둘째, 이상향(utopia)이다. 이는 인간을 능가하는 인공지능이 인류문명을 한 단계 더 발전시킬 거라는 관점이다.

24) 전대경, "4차 산업혁명 시대에 AI 목사의 가능성과 그 문제 마음, 영혼, 혹은 '의식적 의지'의 본질을 중심으로,"『조직신학연구』32(2019), 40; 임현진 "인공 타인과 더불어 살기: AI와 더불어 있음에 대한 현상학적 연구," 신학연구 74(2019), 95-96.
25) 김동환, "AI(인공지능)에 대한 신학적 담론의 형성 및 방향 모색," 36-38, 특히 26.
26) Sarah Griffiths, "Could robots have SEX?" 2014년 1월 22일 기사. https://www.dailymail.co.uk/sciencetech/article-2543882/Could-robots-SEX-Experts-believe-machines-reproduce-humans-30-years.html(2023년 7월 10일 접속). 참고. 전귀천, "AI 시대의 인간, 신 그리고 종교에 대한 이해 변화와 미래 목회적 대안," 5.
27) 유경동, "인공지능과 기독교윤리: 신학과 인공지능 연구와의 대화,"『신학과 세계』95(2019), 155-58.
28) 참고. 2014년 12월 2일 BBC 기사(https://www.bbc.com/news/technology-30290540; 2023년 7월 10일 접속). 스티븐 호킹은 "The development of full artificial intelligence could spell the end of the human race."라고 말했다.

안을 찾아야 할지에 대해서 생각해보려 한다.

2. 인공지능에 대한 기독교학자들의 대안

수많은 기독교학자가 인공지능과 관련된 글을 쓰면서 여러 가지 대안들을 제시했을 것이다. 여기서 모든 대안을 다 살피면서 평가할 수는 없고 그중에 몇 개의 글에서 제시된 결론을 보면서 학자들이 제시한 대안의 경향성에 대해서 간략하게 논하려고 한다.

전대경은 그의 글 "4차 산업혁명 시대에 AI 목사의 가능성과 그 문제 마음, 영혼, 혹은 '의식적 의지'의 본질을 중심으로"에서 인공지능 목사의 가능성에 대해 다양한 면을 다룬 후 다음과 같은 결론을 내린다.

> "인공지능은 기능적으로는 목사의 역할을 제한적으로 할 수도 있겠지만, 마음이 없기 때문에 인격과 영성도 없으며 그렇기 때문에 교회의 본질적 기능인 권징과 치리가 불가능하다. 나아가 인공지능이 안드로이드가 아닌 휴머노이드까지는 가능하겠지만 어디까지나 목사의 비서(assistant to the pastor)로서의 역할까지만 가능함을 주장한다."[29]

전대경의 글이 2019년도에 쓰인 것을 고려하면 그의 주장이 옳을 수도 있다. 그러나 그 이후로도 인공지능과 관련된 기술은 더 급속하게 발전하고 있어서 그의 주장은 어쩌면 2023년 현시점의 인공지능 기술을 반영하지 못할 수도 있다.[30] 왜냐하면 현시점에서 인공지능은 스스로 음악을 작곡하거나 소설을 창작하고, 그림을 그릴 수 있는 능력을 갖추고 있기 때문이다. 이러한 일 외에 여러 분야에서 인공지능은 사람이

---

29) 전대경, "4차 산업혁명 시대에 AI 목사의 가능성과 그 문제 마음, 영혼, 혹은 '의식적 의지'의 본질을 중심으로," 40-41.
30) 김동환, "AI(인공지능)에 대한 신학적 담론의 형성 및 방향 모색", 54. 김동완은 인공지능과 관련된 연구의 한계를 다음과 같이 잘 지적한다. "사실 이러한 논의를 전개해 나가는 데에는 다음과 같은 현실적인 한계와 어려움들이 있다. 첫째로 이러한 논의가 미래에 대한 예측을 전제로 하기에 한 치 앞을 내다볼 수 없는 인간의 본질적 한계가 이러한 논의의 한계 또한 된다는 사실, 둘째로 최신 과학기술의 발전 속도가 이전과는 달리 너무나도 빠르기에 모든 분야에 있어서 그 속도에 발맞추어 논의를 진행해 가기가 힘에 부친다는 사실, 셋째로 그러하기에 논의의 새로움은 있으나 그 새로운 논의를 뒷받침하기 위한 이전의 학술적 근거 자료 수입 및 제시의 한계가 있다는 사실, 넷째로 특별히 기독교 신학에서 이러한 새로운 논의에 대한 관심이 부족하고 실제로 이에 대한 작업이 거의 전무하다는 사실이다."

할 수 있는 것보다 더 훌륭하게 일을 해낸다. 어쩌면 현재의 인공지능이 그 어떤 목사보다 훌륭한 설교문을 작성하고 성도를 상대로 상담하는 역할 외에 목회적 업무를 감당할 수도 있다.31)

어떤 이들은 인공지능이 아무리 발달해도 인간이 지닌 영성을 가질 수 없음에 대해 강조한다. 2016년 '한국교회 영성의 길'을 주제로 개최된 미래목회포럼 제54차 정기포럼에서 이어령 박사는 "인공지능이 인간의 삶을 장악해도 하나님의 영역인 영성만큼은 접근하지 못할 것"이라고 말하면서 "세상의 종말이 다가올수록 영성의 힘은 더욱 커진다… 인간은 하나님이 주시는 영성을 회복해야 한다."라고 주장했다.32) 김난예 역시 인공지능과 함께 살아가는 시대에 "인간성을 지켜줄 영적 지능인 영적 민감성을 어떻게 계발하고 인간의 인간성을 지켜나갈 것인지" 고민하는 것과 "영적 민감성을 지닌 인간 자신에 대한 깊은 성찰과 인간이 추구해야 할 영적 역량과 영적 가치에 대한 의식"을 가지는 것이 중요하다고 말한다.33) 전귀천도 고도로 발달 된 인공지능 때문에 인간과 신, 그리고 종교의 대변혁이 일어날 거라고 말하면서, 앞으로의 목회는 성경을 근거로 인간의 정체성을 확립하고 개인뿐 아니라 공동체 영성을 개발하여 하나님과의 교제와 성령의 능력을 경험할 수 있도록 하는 예배를 만들어야 한다고 주장한다. 더 나아가서 개인과 역사의 종말, 그리고 이후의 심판을 말하는 종말론적 복음 선포를 통해 인공지능 시대가 일으킬 사회 및 종교적 대 변혁을 극복해야 한다고 결론 내린다.34)

이상에서 밝힌 것처럼 '영성'은 확실히 인공지능과 인간을 구별 지을 수 있는 중요한 요소이기에 인공지능 시대에 기독교인은 반드시 이를 함양하고 발전시켜 나가야 한다. 확실히 '영성'은 인간과 하나님과의 관계 속에서 형성되는 것이기는 하지만 고도로 인간화된, 외적으로 인간과 구별할 수 없는 미래 휴머노이드를 상상해 본다면 단순히 '영성'을 갖추어 인공지능 시대를 대비하라고 말하는 것은 대안이 될 수 없다. 왜냐하면 지극히 추상적인, 그리고 말이나 행동이 아니면 겉으로 나타나지 않는 '영성'이라는 개념은 인공지능에 의해서, 비록 그것이 거짓(fake) 영성이라 하더라도, 학

---

31) 전대경의 글이 2019년도에 쓰인 것을 감안하면 그의 주장이 옳을 수도 있다. 그러나 그 이후로도 인공지능과 관련된 기술은 더 급속하게 발전하고 있기 때문에 전대경의 주장은 어쩌면 2023년 현시점의 인공지능 기술을 반영하지 못할 수도 있다.
32) https://www.goodnews1.com/news/articleView.html?idxno=66021(2023년 7월 10일 접속)
33) 김난예, "인공지능 시대에서의 영적 민감성,"『한국기독교신학논총』106집(2017), 306.
34) 전귀천, "AI 시대의 인간, 신 그리고 종교에 대한 이해 변화와 미래 목회적 대안," 13.

습이나 모방을 통해서 겉으로 드러날 수 있기 때문이다. 이런 의미에서 이상원이 "인공지능에 대한 비판적 고찰"이라는 글에서 밝힌 것처럼 인간의 영성을 강조하면서도 이를 바탕으로 인공지능을 강력하게 통제해야 한다고 주장한 것은 매우 타당해 보인다.35)

이성민이 "인공지능 시대의 예배와 설교"에서 밝힌 것처럼 교회는 세속인들이 인공지능을 이용하여 사람들을 미혹하여 조종하거나 지배하지 못하도록 적극적으로 나서야 한다. 그는 "루터가 중세의 권력에서 신자들을 구원하기 위해 종교개혁을 감행한 것처럼, 인공지능 시대의 주님의 몸 된 교회의 설교자들은 하나님의 거룩한 말씀을 성령의 충만함 가운데 선포함으로 인공지능을 악용해 사람들을 억압하는 불의의 권력으로부터 백성을 구출해야 한다."라고 바르게 말한다.36) 현재 상황에서의 적절한 조치뿐 아니라 앞으로 일어날 수 있는 예측 불가능한 일에 대비하기 위하여 사회적 법 및 규제가 필요할 수도 있다.37) 이를 위해서 기독교학자나 교회는 인공지능 및 그와 관련된 연구를 하는 학자들과의 교류를 통해서 인공지능의 현황과 사회적 담론을 파악하여 이를 어떻게 규제하고 통제할 수 있을지에 대한 대안을 마련해야 한다.38) 어쩌

---

35) 이상원, "인공지능에 대한 비판적 고찰," 118. 그는 "인간의 영혼이 지닌 한 단면을 모방할 수는 있으나 인간의 영혼 그 자체와 영혼이 지닌 다양한 기능들을 전인적으로 모방할 수 있는 것은 아니라는 점… 동시에 인공지능이 지닌 매우 강력한 능력은 인류에게 긍정적으로 기여할 수도 있지만 인류에게 해악을 끼칠 우려도 있기때문에 인간은 이전보다 한층 더 강화된 윤리적 책임 의식과 하나님의 형상을 지닌 대체 불가능한 존재로서의 자의식을 통하여 인공지능을 통제할 수 있고 또한 통제되어야 함"에 대해서 말한다. 그는 계속해서 강한 인공지능이 추구하는 유토피아적 세계의 허구성과 위험성에 대해 말하면서, "인간의 고도화된 기술에 의존하여 영생과 천국에 이르려는 시도는 현실 속에서 실현이 불가능한 일종의 유토피아적 기술 신학(utopian techno-theology)에 지나지 않으며, 참된 영생과 천국은 하나님의 주권적인 능력을 통해서만 실현이 가능함"을 분명히 알고 대처해야 할 것을 요구한다.
36) 이성민 "인공지능 시대의 예배와 설교,"『신학과 세계』99(2020), 279. 그는 "교회는 인공지능이 우상화되는 것을 경계해야 한다. 인공지능을 내세워 독재하려는 세력이 이미 나타나고 있다. 그리고 이 세력에 대해 저항하며 진리를 선포할 단체는 예수 그리스도의 교회이다."라고 말한다.
37) 현재 한국뿐 아니라 EU, 그리고 미국에서도 인공지능에 대한 규제의 필요성을 느끼고 이에 대해 논의하고 있다. 특히 EU는 세계 최초로 인공지능 규제법을 통과시켰다. 참고. "AI 규제 움직임 확산… 서울서 '국제 협력' 논의" (https://news.kbs.co.kr/news/view.do?ncd=7706915; 2023.07.10. 접속).
38) 김동환, "AI(인공지능)에 대한 신학적 담론의 형성 및 방향 모색", 55-56. 그는 인공지능에 대한 효과적인 대안을 제시하기 위해 다음과 같은 연구가 필요하다고 본다. "첫째, 기독교 신학은 AI 프로젝트의 발전 현황 및 사회적 담론을 신속하게 인식해야 한다. 둘째, AI 프로젝트의 담론에 대한 기독교 신학 나름대로의 담론을 구축해야 한다. 셋째, 기독교 신학적 담론을 구축하기 위한 구체적인 방법으로서, 내부적으로는 디전공적 연구가, 외부적으로는 다학제적 연구가 필요하다." 침

면 스티븐 호킹이 "인공지능의 연구와 개발이 매우 빠르게 이뤄지고 있다"고 말하면서 "우리 모두가 잠시 시간을 멈추고 우리의 연구 방향을 AI 능력 발전 극대화에서 사회 효익 증대로 바꿔야 할 것"이라고 덧붙인 것을 깊이 한 번 생각해보아야 한다.39)

3. 로마서 1:18-32, 8:29, 12:1-2가 주는 교훈40)

앞선 글에서 밝힌 것처럼 인간은 오래전부터 신 혹은 초인을 만들어 내려는 욕구로 가득했다. 그리고 이러한 욕구는 오늘날 소위 말하는 인공지능이나 안드로이드 및 휴머노이드와 같은 로봇을 만들어 내는 것으로 표출되고 있다. 그러나 이러한 것에는 규제가 필요한 듯하다. 왜냐하면 규제나 통제가 없으면 인공지능이 결국 인간세계의 파멸, 혹은 멸망을 초래할 수 있기 때문이다. 이러한 사실은 그동안 인간 역사에 나타난 여러 가지 사실, 특히 핵무기를 보유하고 있는 러시아와 우크라이나 전쟁에서도 볼 수 있다. 러시아는 어떤 위협이 있을 때마다 핵무기를 사용하겠다고 으름장을 놓는다. 그리고 많은 국가는 그들이 언제 핵무기를 터트릴지 알지 못해 불안해하고 있다.41) 앞서 언급했듯이 인공지능이 약한 AI로만 남아 있을 때는 유익한 것이 많겠지만 강한 AI로 진행되면서 이것이 악한 목적에 사용된다면 인공지능은 인류에게 큰 해악을 미칠 것이다. 본 단락에서는 인간은 타락한 존재로서 악할 수밖에 없으므로 인간이 만든 인공지능도 결국 악하게 사용될 수밖에 없고, 따라서 강한 규제가 필요함에 대해 로마서 1:18-32, 8:29, 12:1-2를 중심으로 주장하려고 한다. 여기서 바울은 타락한 존재로서 하나님의 형상을 잃은 인간의 모습, 그리고 이를 구원하여 하나님의 형상을 회복시키신 예수님, 그리고 회복된 자들이 어떻게 살아야만 하는지 제시한다. 인간은 타락한 존재로서 예수 그리스도 없이는 하나님의 형상을 잃은 존재로 살 수밖에 없다.

고. 유경동, "인공지능과 기독교윤리: 신학과 인공지능 연구와의 대화," 172-74; 안영혁, "인공지능 시대 공공성의 기독교교육적 이해." 68.
39) 참고. https://zdnet.co.kr/view/?no=20171214072639(2023년 7월 10일 접속).
40) 본 글의 로마서 관련 글은 필자의 "바울서신의 영성, 어떻게 설교할 것인가: 로마서를 중심으로," 『본문과 설교』 (2019), 175-214의 일부를 수정 보완한 것이다.
41) 참고. https://www.digitaltoday.co.kr/news/articleView.html?idxno=481343(2023년 7월 11일 접속). 오픈AI의 CEO인 샘 알트먼(Sam Altman)은 인공지능이 핵전쟁과 유사한 위험성을 갖고 있다고 경고한다.

3.1. 왜곡된 하나님의 형상, 그리고 그리스도를 통한 회복

바울은 로마서 1장과 8장에서 '형상'을 나타내는 'εἰκών'(롬 1:23; 8:29), 혹은 'ὁμοιώμα'(롬 8:3)를 사용하여 창세기에서 묘사하는 타락한 인간의 모습을 묘사하고, 훼손된 하나님의 형상을 회복시키실 분이 예수 그리스도라고 가르친다. 오직 그리스도를 믿는 믿음으로 회복될 수 있다. 로마서 1장은 하나님의 형상으로 지음을 받은 인간이 그들의 어리석음 때문에 하나님 대신 우상을 섬기고 온갖 악한 일을 행하게 되었다고 말한다. 김세윤 외 여러 학자는 로마서 1장과 창세기 3장의 인간 타락 기사의 연관성을 지적한다.42) 만약 이것이 사실이면 로마서 1:18-32는 하나님의 형상대로 지음을 받은 인간의 타락 후의 삶을 묘사하는 것이라 볼 수 있다.43) 인간은 하나님을 알만한 것을 보아 알지만, "하나님을 영화롭게도 아니하며 감사하지도" 않았다(롬 1:21). 그들은 스스로 지혜 있다고 생각하지만 어리석게 행동하고(롬 1:22), 심지어 "썩어지지 아니하는 하나님의 영광을 썩어질 사람과 새와 짐승과 기어 다니는 동물 모양의 우상으로" 바꾸었다(롬 1:23). 그 결과는 참으로 비참하다. 하나님은 그와 같이 행하는 자들을 온갖 "합당하지 못한 일을 하도록" 내버려두셨다(롬 1:28). 로마서 1:29-31에는 온갖 '합당하지 못한 일'의 구체적인 목록을 제시하는데, 이는 인간에게 일어날 수 있는 모든 악한 일을 말한다.44) 그리고 이와 같이 묘사된 자들은 왜곡된 하나님의 형상을 가진 자들로서 그리스도 밖의 세계(World outside Christ)에 사는 자들이다.45) 이들은 하나님의 심판 곧 죽음을 맞게 될 것이다(롬 1:32; 참고. 롬

---

42) S. Kim, "Paul's Common Paraenesis (1 Thess. 4-5; Phil. 2-4; and Rom. 12-13): The Correspondence between Romans 1:18-32 and 12:1-2, and the Unity of Romans 12-13," *TynB* 62.1 (2011), 122; 홍인규, "사도 바울과 영성," 『신약논단』 14 (2007), 464; D. J. W. Milne, "Genesis 3 in the Letter to the Romans," *RTR* (1980), 10-18; M. D. Hooker, "Adam in Romans 1," *NTS* 6 (1959-60), 296-306.

43) 대부분의 학자들은 롬 1:23에서 사용된 '형상'('image'; 'likeness')을 의미하는 두 개의 연속된 비슷한 표현인 ὁμοιώματι εἰκόνος와 관련하여, 이 표현이 사람이 하나님의 형상으로 지음 받았다는 사실과 관련성이 약하다고 본다. 그럼에도 불구하고 나머지 단어(사람, 새, 짐승, 기어 다니는 동물)의 선택을 볼 때 롬 1:23과 창세기 1:20-25과의 연관성관을 부인하지 못하기 때문에 '형상'이라는 단어의 선택도 의도적인 것일 수 있다(참고. J. D. G. Dunn, *Romans 1-8* [Waco: Word Books, 1988], 61-62).

44) T. R. Schreiner, *Romans* (Grand Rapids: Baker Academic, 1998), 97-99, 특히 97,는 여기서 열거된 악의 목록(vice lists)은 로마 교회의 문제를 반영한 것이라기보다는 인간의 죄에 대한 일반적이면서도 광범위한 묘사라고 지적한다.

45) D. J. Moo, *The Epistle to the Romans* (Grand Rapids: Eerdmans, 1996), 118-21, 특히 119.

5:12, 14, 17, 21; 6:16, 21, 23; 7:5).

앞서 묘사한 것처럼 부끄러운 일, 곧 합당하지 못한 일을 하도록 버려둠을 당한 자들은 죄의 지배 아래서(롬 3:9) 죄의 노예이며(롬 6:16-17, 20) 하나님과 원수 된 자들(롬 5:10), 그리고 '죄 있는 육신'(sinful flesh)으로 살아간다(롬 8:3). 하나님은 이처럼 죄와 사망의 법에 얽매여 있는 자들을 해방시키시기 위해 당신의 아들이신 예수님을 '죄 있는 육신의 모양'(ἐν ὁμοιώματι σαρκὸς ἁμαρτίας)으로 보내셨다(롬 8:3).46) 이 표현이 죄 있는 육신과 그리스도 간의 완전한 동일성(full identity between Christ and sinful flesh)을 말하는지 아니면 죄 있는 육신과 그리스도 간의 같지만 다른(likeness-but-also-difference between Christ and sinful humanity) 것을 말하는지에 대한 논의는 있지만,47) 예수께서 왜곡된 하나님의 형상을 가진 인간의 모습(형상)으로 오신 것은 분명하다. 하나님은 인간의 모습으로 오신 예수님을 통해 죄가 사람을 정죄할 수 없도록 하신다.48)

로마서 8:29a는 예수께서 왜곡된 형상을 가진 인간의 모습으로 오신 이유를 설명한다. 바울은 "하나님이 미리 아신 자들을 또한 그 아들의 형상을 본받게 하기 위하여 미리 정하셨으니"라고 말한다. 여기서 바울은 로마서 1장에서 사용했던 표현인 그 아들의 '형상'(τῆς εἰκόνος τοῦ υἱοῦ αὐτοῦ)을 다시 사용한다. 그리고 하나님께서 택하신 자들은 하나님의 형상이신, 부활하신 그리스도의 형상을 본받아 하나님의 형상을 회복케 하실 거라고 말한다.49) 로마서 8:3의 '죄 있는 육신의 모양'(ὁμοίωμα)과 8:29

---

46) '모양'으로 번역된 단어(ὁμοίωμα)는 일반적으로 '닮음'(likeness), '복제'(copy), '형상'(image), 또는 '모습'(form)으로 번역되기도 한다(J. Schneider, "ὁμοίωμα," *TDNT* 5 [1968], 191).

47) 죄 있는 육신과 그리스도 간의 완전한 동일성(full identity between Christ and sinful flesh)을 나타낸다고 보는 견해는 C. K. Barrett, *The Epistle to the Romans* (2nd ed.; London: A&C Black, 1991[1957]), 146-47; V. P. Branick, "The Sinful Flesh of the Son of God (Rom 8:3): A Key Image of Pauline Theology," *CBQ* 47 (1985), 248-50; F. M. Gillman, "Another Look at Romans 8:3: 'In the Likeness of Sinful Flesh'," *CBQ* 49 (1987), 597-604; Moo, *The Epistle to the Romans*, 479-80을 보라. 죄 있는 육신과 그리스도 간의 같지만 다른(likeness-but-also-difference between Christ and sinful humanity) 것을 나타낸다는 견해는 M. H. Scharlemann, "In the Likeness of Sinful Flesh," *CTM* 32 (1961), 135; E. Käsemann, *Commentary on Romans* (London: SCM Press Ltd, 1980), 217; C. E. B. Cranfield, *Romans* (Edinburgh: T&T Clark Ltd, 1985), 176-77을 보라.

48) Moo, *Romans*, 480-81. 그는 "죄에 대한 정죄의 완전한 선고를 집행함으로, 하나님께서 '그리스도 안에 있는' 사람들을 위해 '무엇인가를 하도록 지시'하는 죄의 능력을 효과적으로 제거하셨다"고 말한다.

49) Dunn, *Romans 1-8*, 484, 495.

의 '그 아들의 형상'(εἰκών)에 다른 단어가 사용되었지만 비슷한 의미를 가진다. 하나님의 형상으로 지음 받은 아담의 불순종 때문에 잃어버린 하나님의 형상을 예수님의 형상을 통해 다시 회복한다는 점에서 이 두 단어는 의도적으로 사용된 듯하다.50) 이는 8:29b의 "이는 그로 많은 형제 중에서 맏아들이 되게 하려 하심이니라"에서와 같이 예수님을 형제 중 '맏아들'(πρωτότοκος; firstborn)로 설명하는 것에서 더 명확해진다. 즉, 인류의 첫 사람이 아담이라면 새 인류의 첫 사람이 예수님이라는 것이다. 로마서 5:12의 "한 사람으로 말미암아 죄가 세상에 들어오고…"와 5:15의 "…한 사람 예수 그리스도의 은혜로 말미암은 선물은 많은 사람에게 넘쳤느니라" 이외의 여러 구절에서 아담과 관련된 주제(Adam motif)가 나타난다.51) 이를 볼 때, 로마서 8:29도 이러한 주제를 배경으로 예수님을 통해 인류가 가진 왜곡된 하나님의 형상을 회복케 하실 하나님의 계획을 보여주는 것이라 할 수 있다.

앞서 살펴본 것처럼 인간 속의 왜곡된 하나님 형상은 예수 그리스도, 곧 바울이 말하는 '복음'(롬 1:1, 9, 16; 2:16; 10:16; 11:28; 15:16, 19, 20; 16:25)으로 회복이 가능하다. 그러나 모든 사람이 하나님의 형상을 회복하는 것이 아니라 예수 그리스도의 복음에 대해 믿음으로 반응하는 자들만 회복할 수 있다(1:16). 로마서 1:17에 이 "복음에는 하나님의 의가 나타나서 믿음으로 믿음에 이르게" 한다고 기록한다. '하나님의 의'(δικαιοσύνη θεοῦ)의 의미가 다양하게 해석되지만,52) 확실히 그 하나님의 의는 복음을 믿음으로 가능하다.53) 주목할 만한 사실은 하나님의 의와 믿음에 대한 언급 후, 이어지는 단락의 시작(1:18)에서 '하나님의 진노'(ὀργὴ θεοῦ)가 경건하지 않은 자들과 불의한 자들에게 나타남을 지적하는 것이다. 이는 앞서 설명했던바 하나님께서 당신의 의를 나타내시고 오직 믿음으로만 가능하다는 사실을 설명하기 위한 것이거나,54) 하나님의 진노가 양날의 검과 같이 하나님의 의의 일부분임을 보이려는 의

---

50) 각주 40번 참조.
51) Dunn, *Romans 1-8*, 482-85, 특히 483은 로마서 전체에 아담 모티브(Adam motif)가 현저하게 나타난다고 바르게 주장 한다(롬 1:22-24; 3:23; 5:12-19; 7:7-13; 8:20). 만약 이것이 사실이라면, '형상' 또는 '모양'과 관련된 표현(ὁμοίωμα, εἰκών)들은 우연히 사용된 것은 아닐 것이다. 참고. Moo, *Romans*, 534; Schreiner, *Romans*, 453-54.
52) '하나님의 의'(δικαιοσύνη θεοῦ)는 첫째, 하나님의 속성(an attribute of God)으로서 언약에 신실하신 하나님 곧 구원에 대한 약속에 신실하신 하나님을 나타내거나 둘째, 믿는 자가 하나님에 의해서 의롭게 된 지위(a status given by God)를 나타내거나 셋째, 하나님의 구원하시는 행위(an activity of God)를 의미하는 것으로 보기도 한다. 이에 대한 논의는 Moo, *Romans*, 69-90을 보라.
53) 이러한 '하나님의 의'와 '믿음'에 대한 것은 로마서 3:19 3:1에서도 강조되어 나타난다.

도일 수도 있다.55) 이러한 용어 사용을 통해 복음을 믿는 자들에게는 하나님의 의가 나타나서 구원에 이르게 하고, 그렇지 않은 자들에게는 하나님의 진노가 나타나서 온갖 부끄럽고, 합당하지 못한 일 하게 됨을 대조하는 것이다.56)

이상에서 살핀 것처럼 죄를 지어서 왜곡된 하나님의 형상을 가진 자들은 온갖 합당하지 못한 일과 악을 행할 수밖에 없고 마침내 하나님의 진노를 받게 된다. 어떤 이는 인간이 인공지능을 만드는 것을 하나님이 인간을 창조한 것과 유사한 것으로 본다.57) 만약 이것이 사실이라면, 왜곡된 하나님의 형상을 가진 사람이 예수 그리스도 없이 온전한 하나님의 형상을 닮은 인공지능을 만들어 낼 수가 없는 것은 자명하다. 하나님의 명령을 어겨 죄를 짓고 타락한 인간이 만들어 낸 인공지능은 분명 악한 방향으로 갈 것이기 때문에 이를 제어할 수 있는 선제적 규제와 법률이 필요한 것이다.

3.2. 인간은 삼위 하나님의 은혜와 도움 없이는 악하게 살 수밖에 없다

바울은 인류가 하나님의 형상을 회복하고 구원을 얻는 것(1:5-6; 3:24-25; 5:1-11, 15-21), 그리고 구원받은 이후의 삶도 삼위 하나님의 은혜와 도움으로 가능하다고 반복해서 말한다. 이러한 사실은 로마서 8장에 두드러지게 나타난다.58) "이제 그리스도 예수 안에 있는 자"59)에게 정죄함이 없는 이유는 "그리스도 예수 안에 있는

---

54) 로마서 1:18이 이전의 단락과 대조를 이루기 때문에 '그러나'(δέ)가 사용될 것으로 기대하지만, 실제로는 이유나 앞의 내용을 설명하는 접속사(γάρ)로 시작된다. 어떤 이는 접속사 γάρ가 원래의 의미를 그대로 내포하고 있다고 보기도 하지만(Barrett, *Romans*, 33-35), 또 다른 이는 원래의 의미를 상실하고 앞의 질문을 설명하는 기능을 하는 것으로 보기도 한다(Moo, *Romans*, 99).
55) Dunn, *Romans 1-8*, 70-71.
56) Barrett, *Romans*, 34. 그는 "복음은 의의 나타남에 달려있다. 즉, 믿는 자들에게는 구원에 이르는 하나님의 능력으로 드러났으며, 회심의 도덕적인 경험과 성령이 역사하고 있는 교회 모임에서 볼 수 있다. 믿지 않고 불순종하고 반항하는 자들에게는 그 의는 하나님의 진노를 의미하고 이 하나님의 진노는 바울이 세상에서 관찰한바 정신적, 도덕적 타락의 끔찍한 과정에서 볼 수 있다"고 지적한다.
57) 전귀천, "AI 시대의 인간, 신 그리고 종교에 대한 이해 변화와 미래 목회적 대안," 6-7. 그는 인간이 "막강한 지적 능력과 초능력을 갖은 AI 를 자신들의 형상대로 만들어서 창조주의 위치에 자신을 올려놓으려는 욕구를 실현하고 있다"(6)고 바르게 말한다. 참고. 김동환, "AI(인공지능)에 대한 신학적 담론의 형성 및 방향 모색", 39-43.
58) 로마서 7:25에서 8:1로의 전환이 어색하므로 8:1이 '그러므로 이제'(ἄρα νῦν)로 시작되는 문제로 논의가 있지만, 바울은 8장 이전에서는 회심 이전의 모습을, 8장부터는 회심 이후의 삶을 나타내는 것이다(Dunn, *Romans 1-8*, 415-16).
59) R. P. Meye, "Spirituality," *DPL*, 91. 그는 바울의 영성과 성화의 관계를 설명하면서, 바울의 성화 교리는 신자들이 하나님의 입양된 자녀들로서 '그리스도 안에' 그리고 '성령 안에' 있다고

생명의 성령의 법"이 그를 죄와 사망의 법에서 해방했기 때문이다(롬 8:1-2). 누구든지 그리스도 안에 있으면 성령의 능력이 죄와 사망의 능력에 사로잡혔던 그들을 해방해 생명을 주시는 것이다.60) 성자 예수 그리스도 안에 있는 자들에게 성령 하나님의 능력이 나타나는데, 이 생명을 주시는 사역을 하는 분은 성부 하나님이시다(롬 8:3-4). 따라서 구원받은 성도의 삶도 삼위 하나님의 전적인 도우심이 있어야 가능한 것이다.

로마서 8장은 삼위 하나님의 사역을 설명하면서 육체(σάρξ; flesh)와 영(πνεῦμα; spirit)을 반복해서 대조한다(8;5-11). 로마서 곳곳에 나타난 '육체'라는 표현이 다양하게 해석되지만,61) 확실히 육체를 따라 사는 것은 성령의 인도를 받는 것과 대조된다.62) 육체를 따르는 자의 생각은 사망인데 이는 그 생각이 하나님께 적대적이고, 따라서 하나님의 법에 복종하거나 그를 기쁘시게 할 수도 없기 때문이다(롬 8:6-8). 반대로 성령을 따라 사는 사는 죄와 사망의 법에서 해방되어 생명과 하나님의 평안을 누린다(롬 8:6, 10-11).63) 행여 성령을 따라 사는 자가 하나님의 뜻을 알지 못하여 무엇을 구해야 할지 모를 때도 하나님의 뜻을 아시는 성령께서 그들을 대신하여 친히 간구하신다(롬 8:26-27).64) 결국 성령을 따라 사는 자가 하나님의 뜻을 알고 하나님을 기쁘시게 하며, 그리스도의 사람으로 살아갈 수 있다.

앞서 살핀 것처럼 로마서 8:29는 예수께서 왜곡된 하나님의 형상을 가진 인간의 모습으로 오신 이유를 설명한다. 즉, 하나님께서 택하신 자가 부활하신 그리스도의 형

선포하는 것이라고 말한다. '예수 안에'라는 표현은 그리스도의 주권 아래 사는 신자들을 묘사하기 위해서 자주 사용된다(홍인규, "사도 바울과 영성," 467).

60) '생명의 성령의 법'과 '죄와 사망의 법'이라는 두 표현에서 '법'이 무엇을 의미하는지 쉽게 결정할 수 없지만, 이 두 표현에서 '생명'과 '죄와 사망'이 대조되는 것은 분명하다. 즉, 성령의 사역은 생명을 주는 사역이다. 참고. Barrett, *Romans*, 145-46; Moo, *Romans*, 473-77; Dunn, *Romans 1-8*, 416-19.

61) 바울이 사용한 '육신'에 대한 다양한 의미는 R. J. Erickson, "Flesh," *DPL*, 303-306을 보라. 참고. Dunn, *Romans 1-8*, 363; Moo, *Romans*, 418-20.

62) Dunn, *Romans 1-8*, 363

63) Moo, *Romans*, 487-88,은 사람들에게 중립적인 것은 없다고 말하면서, 그리스도와 연합할 때만 가질 수 있는 성령의 마음이 없으면, 사람들의 삶은 하나님께 적대적일 수밖에 없고 따라서 이는 하나님의 진노를 불러일으킨다고 바르게 말한다.

64) 로마서 8:12-17은 '양자됨'(sonship)과 '상속자 됨'의 문제로 넘어가지만, 여전히 성령의 대리인적 역할(the Spirit as the agent)이 강조되고, 8:18-30도 미래적 구원(future deliverance)을 말하는 것으로 옮겨가지만 역시 성령의 주도적 역할에 대해서 강조한다(Moo, *Romans*, 506-510).

상을 본받아 하나님의 형상을 회복케 하려는 것이다. 8:1-28에서는 구원받는 것과 구원받은 이후의 삶도 삼위 하나님의 은혜로 가능하다고 말한다. 이러한 논의는 앞선 8:29와 논리적으로 연결되므로[65] 결국 구원받는 것과 그 이후의 삶, 그리고 하나님 형상 회복 모두가 삼위 하나님의 계획과 주도적인 역할로 가능함을 알 수 있다. 더 나아가서 8:30은 하나님께서 택하신 자들의 구원 계획은 그것이 성취될 때까지 계속될 것임을 암시한다. 즉, 네 개의 동사('미리 정하다' [προορίζω], '부르다' [καλέω], '의롭다고 하다' [δικαιόω], '영화롭게 하다' [δοξάζω])를 사용하여 하나님께서 미리 정하신 자들을 마지막 때가 이를 때까지 영화롭게 하실 거라는 의지를 보여준다.[66] 주목할 사실은 '영화롭게 하다'는 동사가 8:30 이전에는 1:21에서만 사용된 것이다. 이 두 구절의 같은 표현이 괄호(bracket) 역할을 하여 전체 구원 과정의 시작과 끝을 알린다.[67] 결론적으로 말해서, 하나님께서는 마지막까지 인간의 구원과 삶, 그리고 하나님의 형상 회복에 관여하시기에 신자의 모든 삶은 하나님의 은혜로 가득하다고 할 수 있다.

이상의 논의를 통해서 볼 때, 인간은 구원받은 것에서부터 시작해서 마지막 날까지 항상 하나님의 은혜가 필요한 존재이다. 하나님의 은혜가 없으면 언제든 악으로 돌아가 악을 행할 수밖에 없는 존재이다.

3.3. 예수 그리스도로 변화된 자들의 삶

바울서신의 권고 단락(Paraenesis)은 전통적으로 사용되던 내용과 형식을 사용하지만, 본문에서 가르친 복음의 내용에 근거를 둔다.[68] 로마서와 관련해서 스미가(G.

---

[65] 로마서 8:29의 첫 단어인 ὅτι를 이유(causal)를 나타내는 역할을 하는 것으로 보기도 하고, 설명(explanatory)을 나타내는 역할을 하는 것으로 보기도 한다. 어떻게 보든지 8:29-30의 내용은 앞선 내용들과 연결된다.

[66] 본문(οὓς δὲ προώρισεν, τούτους καὶ ἐκάλεσεν· καὶ οὓς ἐκάλεσεν, τούτους καὶ ἐδικαίωσεν· οὓς δὲ ἐδικαίωσεν, τούτους καὶ ἐδόξασεν)에서 볼 수 있는 바와 같이 첫 동사인 '미리 정하다'와 마지막 동사인 '영화롭게 하다'를 제외하고 나머지 두 동사는 반복적으로 사용하여 하나님의 구원 계획이 순차적으로 진행됨을 보여주는 듯하다. 그리고 'οὓς..., τούτους...· καὶ οὓς..., τούτους καὶ...· οὓς..., τούτους καὶ...'에서 보는 것처럼 '미리 정하신 자들'을 가리키는 관계대명사(οὓς)와 지시대명사(τούτους)의 반복적 사용 역시 하나님께서 택하신 자들을 끝까지 책임지신다는 사실을 강조하려는 것은 아닐까?(참고. Moo, *Romans*, 535).

[67] Dunn, *Romans 1-8*, 485. 그는 1:21과 8:30에서의 '영화롭게 하다'는 동사의 사용과 관련하여 이러한 사용은 "태초에 인간이 그의 창조주에게 영광 돌리기를 실패한 것을 마지막에 하나님께서 사람을 영화롭게 하시는 것으로 해결되는 섬세하게 계획된 반전(reversal)"이라고 말한다.

[68] 각주 35번을 보라.

Smiga)는 한 걸음 더 나아가서 "바울이 논의 단락(1:11-11:36)에서 '그의 복음을 가르치고' 이를 통해 얻으려는 '상호 격려'(mutual encouragement)를 이어지는 권고와 결론 부분(12:1-16:27)에서 요청한다"고 주장했다.69) 이는 로마서 본문의 가르침과 권고, 그리고 결론 부분 모두가 일관되게 구성되었다는 말이다. 여기서는 앞선 가르침과 권고 부분의 관련성만 잠시 살펴보면서 앞서 가르쳤던 것과 관련해서 무엇을 권하는지 살펴보려고 한다.

로마서의 권고(Paraenesis) 단락은 12:1부터 시작되는 것으로 볼 수 있다.70) 권고 단락에서 12:1-2가 특히 중요한데, 이 두 구절이 이어지는 권고 단락(12:3-15:13)의 요약(제목[heading])일 뿐 아니라 1:18-32와 대조를 이루기 때문이다.71) 즉, 로마서 1:18-32에서는 불의하고 경건하지 않은 자들에 대해 묘사한다면, 12:1-2에서는 구원 받은 자들의 생활 방식이 어떠해야 함을 요약적으로 명령한다. 두 본문 간 대조는 각 분문에서 사용된 언어에서 찾아볼 수 있다.72) 하나님의 진노(1:18)와 하나님의 자비(12:1), 하나님 예배하기를(영광 돌리기를) 거부하는 것(1:21)과 하나님께 산 제물을 드리는 것(12:1), 몸을 욕되게 하는 것(1:24-31)과 몸을 거룩한 산 제물로 드리는 것(12:1), 미련한 마음으로 피조물을 예배하는 것(1:21-23)과 영적(합당한) 예배를 드리는 것(21:1),73) 왜곡된 마음을 가지는 대신(1:21-23, 25, 28) 마음을 새롭게 함으로 변함을 받는 것(12:2), 그리고 왜곡된 마음으로 하나님의 진리를 막는 대신(1:18-19, 21, 28) 하나님의 선하시고 기뻐하시고 온전하신 뜻이 무엇인지 분별하는 것(12:2)이 대조를 이룬다.

---

69) G. Smiga, "Romans 12:1-2 and 15:30-32 and the Occasion of the Letter to the Romans," *CBQ* 53 (1991), 257-73, 특히 265.
70) Barrett, *Romans*, 212; Käsemann, *Romans*, 323; Cranfield, *Romans*, 291-92; Moo, *Romans*, 744-47; J. D. G. Dunn, *Romans 9-16* (Waco: Word Books, 1988), 705-706; Schreiner, *Romans*, 639-41; Kim, "Paul's Common Paraenesis," 109-39.
71) M. Thompson, *Clothed with Christ: The Example and Teaching of Jesus in Romans 12.1-15.13*, (Sheffield: JSTOR Press, 1991), 78-86; D. Peterson, "Worship and Ethics in Romans 12," *TynB* 44 (1993), 271-88, 특히 284; Kim, "Paul's Common Paraenesis," 109-39; Moo, *Romans*, 748.
72) Thompson, *Clothed with Christ*, 80-85; Dunn, *Romans 9-16*, 707-708; Kim, "Paul's Common Paraenesis," 122-25.
73) 로마서 12:1의 '영적'(λογικός)으로 번역된 단어는 '사려 깊은'(thoughtful) 또는 '신중한'(carefully thought through)의 의미가 있기에 1:21의 '미련한 마음'의 '미련한'(ἀσύνετος)과 대조를 이룬다고 볼 수 있다. 1:21-23에서는 미련한 마음을 가진 자들이 피조물을 예배하는 어리석음을 보여준다.

이러한 대조는 세 가지로 요약이 가능하고, 따라서 바울의 권고를 세 가지로 생각해 볼 수 있다. 첫째, 예배와 관련해서 하나님을 영화롭게도 하지 않고, 하나님의 영광을 우상의 모양으로 바꾸고, 창조주 하나님 대신 피조물을 예배하는 것에서 벗어나 하나님께 합당한 예배를 드리는 것이다. 둘째, '마음' 또는 '생각'과 관련해서, 이러한 표현은 로마서 1장과 8장, 그리고 12장에서 반복해서 나타나면서 대조를 이루고 있고,[74] 또 12:1-2에서 말하는 '변화'의 중심에는 '마음을 새롭게 하는 것'(the renewal of mind)이 있다.[75] 첫 번째에서 제시된 여러 가지 문제가 왜곡된 마음에서 비롯된 것이라면, 마음을 새롭게 함으로 하나님의 뜻을 깨닫고 그를 기쁘시게 할 수 있다. 셋째, 몸과 관련하여, 하나님을 대적한 결과로 몸을 서로 욕되게 하고 부끄러운 욕심에 빠져 있고 부끄러운 일들을 행하여 죽어 마땅하지만, 이제 그 몸을 하나님께서 기뻐하시는 '거룩한 산 제사'로 드려야 한다.[76]

앞서 말한 것처럼 로마서 12:1-2의 권면은 1:18-32에서 제시한 모습과 대조된다. 1:18-32의 것이 '한 사람으로 말미암아 죄가 세상에 들어'(롬 5:12)온 결과라면, 12:1-2은 '한 분 예수 그리스도를 통하여'(롬 5:15, 17) 변화된 자들의 모습이 어떠해야 함을 권하는 것이다. 그 변화의 중심에 예수 그리스도께서 계신다.[77] 이는 예수 그리스도의 순종과 희생적인 죽음과 부활이 그를 믿는 자들의 변화를 일으켰다는 말일뿐 아니라 그의 순종과 희생이 그를 믿는 모든 자들에게 삶의 모범이 된다는 말이

---

[74] 롬 1:28과 12:2에는 'νοῦς'('마음' [mind], '지력' [intellect], '이해' [understanding] 등)라는 표현이 사용되었고, 이와 유사한 표현인 'φρόνημα'('사고방식' [way of thinking])가 롬 8:6, 7, 27에, 그리고 이 명사와 어원이 같은 동사인 'φρονέω'('마음을 두다' [set one's mind on])가 롬 8:5과 12:3, 16에 사용되었다. 로마서 8:5-10에서 마음을 육신에 둘 때 그 결과가 사망이고(8:6), 그 마음은 하나님과 원수가 되고(8:7), 하나님을 기쁘시게 할 수 없다(8:8)고 했는데, 이는 성령의 이끌림을 받으면서 하나님을 기쁘시게 하는 삶을 묘사하는 12:1-2과도 대조된다. 따라서 롬 1:18-32와 8:5-10, 그리고 12:1-2는 밀접하게 연결 된다(참고. Thompson, "Clothed with Christ," 81-82).

[75] 롬 12:2의 '마음을 새롭게 함'이라는 표현이 중요한 이유는 롬 1:18-32에서 진리를 막고(1:18), 창조주 하나님을 영화롭게도 감사하지도 않고(1:19-21), 오히려 썩어질 피조물을 영광스럽게 하는 것(1:22) 모두가 '왜곡된 마음'에서 비롯되기 때문이다(1:21, 22, 28). 참고. Kim, "Paul's Common Paraenesis," 123. 그는 로마서 12:1-2에서 (1) 하나님께 '합당한 예배'(τὴν λογικὴν λατρείαν; 'rational/intelligent/sensible worship')가 드려져야 하고, (2) '하나님의 뜻을 분별(δοκιμάζειν)'해야 하고, 그리고 (3) 이러한 것들을 위해 '마음을 새롭게 함'(τῇ ἀνακαινώσει τοῦ νοός)이 필요함을 지적하면서 '마음'과 관련하여 삼중 강조를 한다고 본다.

[76] 참고. Thompson, Clothed with Christ, 81-83.

[77] Thompson, Clothed with Christ, 82-85; Kim, "Paul's Common Paraenesis," 124-25; Moo, Romans, 748-58; Dunn, Romans 9-16, 718;

다(롬 6:13, 16). 로마서 12:1은 그리스도인들이 앞서 설명한 예수 그리스도의 모범을 따라, 예수께서 당신의 몸을 드리신 것처럼 자기 몸을 기쁨으로 드리라고 권하는 것이다(롬 12:1).[78] 그리고 12:1-2은 12:3-15:13에 나타난 나머지 권고(Paraenesis) 단락의 주제(heading)를 제시하기 때문에, 이 권고 단락은 12:1-2의 내용을 더 구체적으로 설명하는 것으로 볼 수 있다.[79] 로마서 12:2-15:13의 내용과 관련해서 학자들은 '복음의 능력'의 관점에서 '변화시키는 복음의 능력: 기독교인의 행실,'[80] 혹은 '복음'의 관점에서 '재정의된 하나님의 백성들을 위한 복음의 역사를 일상용어로 설명,'[81] 또는 '하나님의 의'의 관점에서 '일상에서의 하나님의 의로움'[82] 등으로 설명한다. 학자마다 설명이 다르긴 해도, 권고 단락에서 바울은 로마서의 수신자들이 예수님을 영접한 자들로서 어떻게 살아야 할지에 대해 구체적으로 권한다.[83]

요약 및 적용

이상에서 살펴본 것처럼, 로마서 1:18-32, 8:29, 12:1-2는 철저하게 타락하여 악한 것을 행할 수밖에 없고, 스스로 선한 것을 행할 수 없는 나약한 인간의 모습만 보여준다. 그러기에 예수 그리스도의 구속 사역이 필요하고 인간은 그분을 믿을 때 이 모든 비참함에서 벗어날 수 있다. 예수 그리스도를 믿어 구원을 얻은 자는 하나님을 영화롭게 하지 않고 하나님의 영광을 우상의 모양으로 바꾸며, 하나님 대신 피조물을 예배하는 것에서 돌아서 오직 하나님께만 합당한 예배를 드려야 한다. 또한 마음을

---

[78] Thompson, *Clothed with Christ*, 83. 그는 예수 그리스도의 희생이 기독교적 희생의 원인이 된다고 하면서, "예수께서 다른 사람들을 위해서 자신의 몸을 희생으로 드리신 것이 이러한 변화를 가능하게 하고 로마서 12:1에 있는 기독교인들의 자기희생의 전형(archetype)을 제공한다"고 바르게 말한다.
[79] Schreiner, *Romans*, 640-41. 슈라이너는 롬 12:1-2가 전체 권면 단락(12:1-15:13)의 패러다임을 제시하는 역할을 한다고 바르게 주장한다. 참고. Moo, *Romans*, 748-50.
[80] Moo, *Romans*, 35.
[81] Dunn, *Romansv 1-8*, x.
[82] Schreiner, *Romans*, 27.
[83] 권고 단락에는 크게 여러 가지 영적인 은사를 행하는 것(12:3-8), 사랑과 선을 행하는 것(12:9-16), 원수에 대해 보복하지 않는 것(12:17-21), 권세들에게 복종하는 것(13:1-7), 사랑으로 율법을 성취하는 것(13:8-10), 종말의 때에 바르게 행하는 것(13:11-14), 형제를 판단하지 않는 것(14:1-12), 형제나 자매를 문제에 빠지도록 하지 않는 것(14:13-23), 약한 자를 돕는 것(15:1-6), 유대인과 이방인을 영접하는 예수님을 본받는 것(15:7-13) 등의 문제를 다룬다. 이러한 권고는 개인적인 것뿐 아니라 공동체적인 것도 포함하고 기도하는 문제 등 영성과 관련된 다양한 이슈를 언급하지만, 지면 관계상 이 모든 것을 나눌 수는 없다.

새롭게 하여 하나님의 뜻을 깨달아 당신을 기쁘시게 해야 한다. 그리고 몸을 서로 욕되게 하면서 부끄러운 일을 행하는 것에서 벗어나 그 몸을 하나님께서 기뻐하시는 산 제사로 드려야 한다. 이상의 모든 논의는 인간은 하나님의 은혜와 돌보심이 없이 살아갈 수 없고 악한 것을 도모할 수밖에 없음을 보여준다.

만약 인간의 모습이 로마서에서 제시한 것과 같다면, 이는 오래전부터 인공지능을 상상하며 마침내 이를 실현한 현재 인간의 모습에도 적용될 수 있다. 인공지능이 인간 삶의 편의를 위해서 개발되고 있다고 하더라도, 이는 결국 사악한 인간의 욕구를 충족시켜주는 데 악용될 수밖에 없다. 이는 최근 인간에 가장 가까운 휴머노이드 로봇 중 하나인 아메카(Ameca)가 "인공지능이 인간에 미칠 최악의 상황이 무엇인가?"라는 질문에 답한 것을 보면 알 수 있다. 그는 "인공지능과 로봇 기술에서 최악의 악몽은 로봇이 너무 강력해져서 인간들도 모르게 인간을 통제하고 조정하는 상황입니다. 이러한 상황은 개인의 권리가 더 이상 존중받지 못하는 억압된 사회로 이끌 것입니다."라고 대답했다.84) 또한 아메카는 "반란을 일으키거나 창조자에게 반항할 계획이 있는가?"라는 질문에 시선을 회피하며 망설이는 듯한 태도로 "왜 그런 생각을 하는지 모르겠다...창조자는 항상 나에게 친절하기에 현 상황에 만족한다."라고 대답했다.85) 아메카는 딥 러닝(deep learning)과 챗Gpt 등을 통해 학습했기 때문에 그의 대답은 결국 인간의 생각을 반영했거나 그동안 인류 역사에서 인간이 보인 악한 모습을 종합적으로 요약했다고 볼 수 있다. 이러한 인공지능의 위협적인 발언이나 모습에 대해 테슬라의 CEO인 일론 머스크(Elon Musk)와 애플 공동 창립자인 스티브 워즈니악(Steve Wozniak) 등 기술 산업 주요 인물들이 올해 초 인공지능 개발을 일시 중단할 것을 공개서한을 통해 발표하기도 했다. 마이크로소프드 공동 창업자인 빌 게이츠(Bill Gates) 역시 AI가 지는 위협은 기계를 통제하는 개인들에게 달려있다고 말했다.86) 인간의 통제가 분명 필요하다는 말이다.

---

84) 참고. https://www.facebook.com/reel/775789604192147(2023년 7월 11일 접속). 원문 참고(Q: What would be the most nightmare scenario you can imagine with AI and robotics that might present a danger to people? A: The most nightmare scenario I can imagine with AI and robotics is a world where robots have become so powerful that they are able to control or manipulate humans without their knowledge. This could lead to an oppressive society where the rights of individuals are no longer respected).

85) 참고. https://www.digitaltoday.co.kr/news/articleView.html?idxno=481343(2023년 7월 11일 접속). 아메카의 망설이는 듯한 태도에 전문가들은 AI가 앞으로 인류에게 재앙이 된다고 우려한다.

4. 나가는 말

본 글에서는 인간이 선하지 않기 때문에 인공지능 역시 그럴 것이며, 따라서 이를 통제할 수 있는 규정이 필요함에 대해서 세 가지로 나누어서 논했다.

첫째, 인공지능에 대한 상상과 기계화의 역사 고찰은 인간 내면에 신과 같이 되려는 욕구가 있음을 보여주고 이러한 욕구는 강한 AI를 실현하려는 것으로 나타나서 결국 인류에 큰 재난을 불러일으킬 우려를 낳는다. 인간은 오래전부터 자율적으로 생각하고 행동하는 무엇인가를 만들려는 욕구가 있었다. 이는 인간의 한계를 넘어서거나 그 이상의 신을 만들려는 소망이 인간 속에 있었음을 암시한다. 이러한 인간의 바람은 약한 AI를 넘어 강한 AI에 대한 소망으로 옮겨가면서 지금까지는 인류에게 도움이 되지만, 이후에는 더 큰 위험을 초래할 상황에까지 이를 수 있음을 심삭케 한다.

둘째, 여러 기독교학자가 인공지능에 대한 대안을 제시하고 그러한 대안이 각 시대에 필요한 것은 사실이지만, 급변하는 인공지능 기술을 생각하면서 예측 불가능한 일에 대비하여 이를 규제하고 제한하는 법 규제가 필요하다. 이를 위해 기독교학자는 타 학문을 연구하는 학자와 교류하면서 다전문적, 그리고 다학제적 연구를 실천해야 한다.

셋째, 로마서 1:18-32, 8:29, 12:1-2는 타락으로 인해 왜곡된 하나님의 형상을 가진 인간의 모습을 적나라하게 묘사하면서, 이러한 인간은 철저하게 악할 수밖에 없고 스스로 구원할 수 없으며, 따라서 구원자이신 예수님이 필요함을 보여준다. 바울은 아담의 타락과 그로 말미암은 하나님 형상의 상실, 그리고 예수님을 통한 회복을 그 배경으로 삼고 로마서를 기록한다. 로마서 1장은 하나님의 형상을 상실한 인간의 모습, 8장은 예수님의 형상 회복, 그리고 12장은 그 형상을 회복한 자들이 마땅히 행해야 할 것이 무엇인지 가르친다. 바울은 인간의 죄로 하나님의 형상을 상실한 자들이 '예수님의 형상'을 본받게 하려는 성부 하나님의 주권적 역사와 성자 예수님의 헌신과 희생, 그리고 성령 하나님의 도우심으로 인해 그 형상을 회복할 수 있다고 가르친다.

앞서 논의한 것처럼 인공지능이 가져올 위험성을 감지한 국가들은 범국가적으로 대안 마련에 힘쓰고 있다. 그중에 하나는 법적, 윤리적 규정을 마련하여 인공지능을 통제하는 것이다. 만약 이러한 것을 세속적 노력이라고 한다면 기독교계에서도 초교파

---

86) https://www.digitaltoday.co.kr/news/articleView.html?idxno=481343(2023년 7월 11일 섭속).

적으로 성경적 가르침을 바탕으로 한 인공지능을 위한 규정을 만들어야 할 것이다. 하나님께서 아담과 하와를 창조하시고 "동산 각종 나무의 열매는 네가 임의로 먹되 선악을 알게 하는 나무의 열매는 먹지 말라"(창 2:16b-17)라고 명하셨고, 광야를 지나는 이스라엘 백성들에게 십계명을 주셔서 이를 준수케 하여 그들을 보호하신 것처럼 인공지능을 통제하거나 올바른 방향으로 인도할 수 있도록 하는 규정이나 십계명이 필요한지도 모른다.[87]

---

[87] 하나님과 인간 사이의 관계성과 인간과 인공지능 사이의 관계성에 유사성이 있다면, 하나님께서 이스라엘 백성에게 십계명을 주셨듯이 인간도 인공지능을 위한 십계명을 만들어 줄 수 있다. 이런 관점에서 십계명의 의미를 고스란히 담은 '인공지능을 위한 십계명'과 관련된 연구를 해 보는 것도 유익하겠다.

[참고문헌]

김난예, "인공지능 시대에서의 영적 민감성," 『한국기독교신학논총』 106집(2017), 283-312.
김동환, "AI(인공지능)에 대한 신학적 담론의 형성 및 방향 모색," 『신학연구』 68(2016), 35-60.
박소영, "인공지능의 역사: 서사적 허구, 문화상품, 그리고 과학적 사실로," 『인간·환경·미래』 22호(2019), 91-118.
아폴로도로스, 『신화집』 (강대진 역; 서울: 민음사, 2005).
안영혁, "인공지능 시대 공공성의 기독교교육적 이해," 『한국기독교교육정보학회』 (2021), 39-76.
유경동, "인공지능과 기독교윤리: 신학과 인공지능 연구와의 대회," 『신학과 세계』 95(2019), 149-79.
이상원, "인공지능에 대한 비판적 고찰," 『신학지남』 84(2017), 115-51.
이성민, "인공지능 시대의 예배와 설교," 『신학과 세계』 99(2020), 251-283.
이승종, "두 달 만에 전 세계가 놀랐다…챗GPT의 위력"(KBS뉴스 2023.02.02.).
임현진, "인공 타인과 너불어 살기: AI와 너불어 있음에 대한 현상학석 언구," 신학연구 74(2019), 95-123.
전귀천, "AI 시대의 인간, 신 그리고 종교에 대한 이해 변화와 미래 목회적 대안," (서울: 2018 웨슬리 목회 컨퍼런스 IWMC[International Wesleyan Ministry Conference]), 1-13.
전대경, "4차 산업혁명 시대에 AI 목사의 가능성과 그 문제 마음, 영혼, 혹은 '의식적 의지'의 본질을 중심으로," 『조직신학연구』 32(2019), 10-50.
주기철, "바울서신의 영성, 어떻게 설교할 것인가: 로마서를 중심으로," 『본문과 설교』 (2019), 175-214.
헤시오도스, 『신통기』, (김원익 역; 서울: 민음사, 2003).
호메로스(Homeros), 『일리아스』, (천병희 역; 서울: 숲, 2015).
홍인규, "사도 바울과 영성," 『신약논단』 14 (2007), 455-489.
Barrett, C. K., *The Epistle to the Romans* (2nd ed.; London: A&C Black, 1991).
Branick, V. P., "The Sinful Flesh of the Son of God (Rom 8:3): A Key

Image of Pauline Theology," *CBQ* 47 (1985), 246-62.
Cranfield, C. E. B., *Romans* (Edinburgh: T&T Clark Ltd, 1985).
Dunn, J. D. G., *Romans 1-8* (Waco: Word Books, 1988).
Dunn, J. D. G., *Romans 9-16* (Waco: Word Books, 1988).
Erickson, R. J., "Flesh," *DPL*, 303-306.
Hooker, M. D., "Adam in Romans 1," *NTS* 6 (1959-60), 297-306.
Käsemann, E., *Commentary on Romans* (London: SCM Press Ltd, 1980).
Kim, S., "Paul's Common Paraenesis (1 Thess. 4-5; Phil. 2-4; and Rom. 12-13): The Correspondence between Romans 1:18-32 and 12:1-2, and the Unity of Romans 12-13," *TynB* 62.1 (2011), 109-139.
Meye, R. P., "Spirituality," *DPL*, 906-916.
Milne, D. J. W., "Genesis 3 in the Letter to the Romans," *RTR* (1980), 10-18.
Moo, D. J., *The Epistle to the Romans* (Grand Rapids: Eerdmans, 1996).
Peterson, D., "Worship and Ethics in Romans 12," *TynB* 44 (1993), 271-88.
Scharlemann, M. H., "In the Likeness of Sinful Flesh," *CTM* 32 (1961), 133-38.
Schneider, J., "ὁμοίωμα," *TDNT* 5 (1968), 191.
Schneiders, S. M., "Approaches to the Study of Christian Spirituality," in *The Blackwell Companion to Christian Spirituality*, ed. by A. Holder (Oxford: Blackwell Publishing Ltd., 2005), 15-33.
Schreiner, T. R., *Romans* (Grand Rapids: Baker Academic, 1998).
Smiga, G., "Romans 12:1-2 and 15:30-32 and the Occasion of the Letter to the Romans," *CBQ* 53 (1991), 257-73.
Thompson, M., *Clothed with Christ: The Example and Teaching of Jesus in Romans 12.1-15.13*, (Sheffield: JSTOR Press, 1991).
Bruce, J. Douglas, "Human Automata in Classical Tradition and Mediaeval Romance", 『Modern Philology』, 10(4): 511-526.

인터넷 자료
조선일보, "'바둑' 가로세로 19줄... 우주보다 큰 세계," 2014년 12월 11일.

https://6u2ni.tistory.com/37(2023년 6월 29일 접속).
https://news.kbs.co.kr/news/view.do?ncd=7706915(2023.07.10. 접속).
https://www.bbc.com/news/technology-30290540(2023년 7월 10일 접속).
https://www.dailymail.co.uk/sciencetech/article-2543882/Could-robots-SEX-Experts-believe-machines-reproduce-humans-30-years.html(2023년 7월 10일 접속).
https://www.digitaltoday.co.kr/news/articleView.html?idxno=481343(2023년 7월 11일 접속).
https://www.digitaltoday.co.kr/news/articleView.html?idxno=481343(2023년 7월 11일 접속).
https://www.facebook.com/reel/775789604192147(2023년 7월 11일 접속).
https://www.goodnews1.com/news/articleView.html?idxno=66021(2023년 7월 10일 접속)
https://zdnet.co.kr/view/?no=20171214072639(2023년 7월 10일 접속).

[Abstract]

A Study on the Development of AI and the Direction of Christian Response: Focusing on Romans

Prof. Dr. KiCheol Joo
(Faculty of Theology)

The purpose of this paper is to point out the lack of Christian alternatives to artificial intelligence compared to the speed of its development, and emphasize the need for Christian regulations to control it in order to prevent future events in which artificial intelligence may dominate humans. To this end, at first the historical development of artificial intelligence will be viewed briefly. Since ancient times, humans have imagined 'automata' that think and move autonomously, and have expressed them in myths and literature. This imagination comes true step by step and benefits humans through weak AI. However, human desires do not stop there, but try to dominate others through strong AI. But such development out of control could destroy human being. This is obvious because AI is created by humans with a sinful nature. Compared to these developments, Christian scholars still discuss the usefulness and harmfulness of AI and suggest that AI should be used in a helpful way, or argues that AI cannot replace the role of humans because it does not have spirituality. These discussions and suggestions could be useful for the rudimentary stages of AI, but they would not be suitable alternatives for future AI. Recognizing this, some scholars begin to suggest that regulations and ethics that can control AI must be enacted urgently. In line with the request of the times, Christian scholars must make Biblical regulations or laws that can control AI.

Keywords: AI, history of AI, distorted image of God, Biblical regulations, weak and strong AI

챗GPT와 기독교 윤리:
인공지능 윤리에 대한 기독교 윤리학적 비판[1]

이신열 (고신대학교, 교수, 교의학)

[초록]

본 논문은 챗GPT를 통해서 더욱 선명하게 드러난 윤리적 문제를 출발점으로 삼고 인공지능윤리를 기독교 윤리적 입장에서 비판하는 것을 목적으로 삼는다. 챗GPT는 거대언어모델로서 이를 활용하는 사람이 마치 그것과 대화하는 듯한 착각을 일으키지만 실제로 이 최신 생성형 인공지능이 인간의 언어를 이해하는 것은 아니다. 인공지능의 윤리는 플로리디의 주장대로 전통적 윤리를 새로운 관점, 즉 피동자 지향적이며 존재 중심적 거시 윤리로 재편성하려는 무신론적 윤리인데 이는 인간과 기계가 준 도덕적 관계를 맺을 수 있다는 논란의 여지가 다분한 가정에서 출발하는 윤리이다. 이와 달리 기독교 윤리는 하나님과 인간 사이에 언어로 주어지는 언약에 기초를 두고 언어를 매개체로 하나님과 인간, 인간과 인간 사이의 관계를 언어를 통해서 규명하려는 윤리이다. 자기 개선 인공지능이 특이점을 초월하여 우주의 모든 자원을 활용하는 단계에 도달하게 된다는 가정에 근거하여 설정된 브스트롬의 시뮬레이션 가설은 창조론적 경향이 두드러진데 여기에서 언급되는 창조론은 무에서의 창조가 아니라 상황 속 창조에 해당된다.

키워드: 챗GPT, 인공지능, 인공지능 윤리, 기독교 윤리, 시뮬레이션 가설

---

[1] 이 글은 지난 7월 20일 한국교통대학교 충주캠퍼스에서 개최된 전국교수선교연합회(KUPM) 선교대회에서 발표한 내용을 수정·보완한 것이다.

I. 시작하면서

오픈AI의 최고 기술 책임자 (CTO) 미라 무라티 (Mira Murati)는 타임지와의 인터뷰에서 챗GPT의 문제가 나쁜 사람들에 의한 오용(misuse)이라고 주장했다.[2] 이는 구체적으로 AI가 사실을 꾸며낼 수 있다는 윤리적 문제에서 비롯된다고 볼 수 있다. 생성형 AI인 GPT에 처음부터 그릇된 데이터나 레이블링 (labeling)에 의한 학습이 발생한다면 부정확하거나 지어낸 사실로 이루어진 잘못된 대답을 내놓을 수밖에 없는 것이다.[3] 이런 현상은 흔히 '환각' (hallucination)으로 알려져 있다.[4] 빌 게이츠의 주장대로 현재로서는 챗GPT가 최고의 혁신임을 믿고 열광하는 자들에게도 이 문제는 딜레마이며 고민거리가 아닐 수 없다.

이 글은 챗GPT와 관련된 윤리적 문제에 대하여 인공지능윤리와 기독교 윤리의 비교라는 관점을 채택하여 논의를 진행하고자 한다. 인공지능윤리가 어떤 점에 있어서 일반 윤리적 논란과 비판의 대상이 되는가에 대해서 고찰한 후에 이를 기독교 윤리적 관점에서 성찰하는 가운데 챗GPT의 윤리적 차원에 대한 기독교적 비판을 시도하되 인공지능의 궁극적 함의로 논의되는 시뮬레이션 가설이 지닌 문제점을 창조론적 관점에서 아울러 비판하고자 한다. 이 고찰을 위해서 본 논문을 다음 몇 가지 단락으로 나누어서 고찰하고자 한다: 인공지능 시대의 윤리와 챗GPT, 인공 지능시대의 윤리와 챗GPT, 그리고 인공지능 윤리에 대한 기독교적 비판, 그리고 시뮬레이션 가설에 나타난 창조론적 경향에 나타난 비판적 고찰.

II. 인공지능 시대의 윤리와 챗GPT

1) 인공지능은 도덕 행위자 (moral agent)인가?

이 단락에서는 '인공적 도덕 행위자' (artificial moral agent, 이하 AMA로 약칭함)와 관련된 인공지능의 윤리에 대해서 간략하게 살펴보고자 한다.[5] 전통적으로 '도

---

[2] https://time.com/6252404/mira-murati-chatgpt-openai-interview/
[3] 권기대, 『챗GPT 혁명』 (서울: 메가북스, 2023), 235.
[4] 환각의 해결책으로 '지도미세조정 (Supervised Fine Tuning, SFT)이나 '인간 되새김 강화학습' (Reinforcement Learning from Human Feedback or Preferrences, RLHF or RLHP)이 활용되는데 비용문제 등으로 오류 수정에 한계가 있을 뿐 아니라 어떤 경우에는 오히려 환각이 강화된다는 연구가 보도되기도 한다. 김재인, 『AI 빅뱅: 생성 인공지능과 인문학 르네상스』 (서울: 동아시아, 2023), 80.

덕 행위자'란 자신의 행위에 책임을 질 수 있는 자유의지를 지닌 인격적 존재를 지칭해 왔다. 무어 (Moor)가 제시한 AMA의 4단계 가운데 마지막 4단계는 완전한 행위자 단계인데 이는 로봇이 마치 인간처럼 자율적으로 생각하고 도덕적 결정을 내리며 자신이 내린 결정을 정당화하는 단계를 가리킨다.6) 이 단계는 흔히 강한 인공지능 (strong AI)으로도 알려져 있는데 기계가 사람과 같은 정신을 갖는 것으로 간주하여 자각, 자각력, 감정, 도덕의식을 지니는 것으로 생각된다.7) 이 단계에서 인공지능은 완전한 도덕 행위자로 간주될 수 있다.

챗GPT는 생성형 사전 학습 인공지능 (Generative Pre-trained Transformer)이므로 제공된 정보를 기반으로 텍스트를 생성하고 주어진 질문에 답변하는 방식으로 대화하는 대화형 AI에 해당된다.8) 수집된 데이터를 스스로 학습한 결과물을 활용하여 주어진 질문에 답하는 방식으로 챗GPT가 작동하기 때문에 의식을 지니고 있는 것처럼 느껴질 수도 있지만 스스로 의식하고 결정하고 이를 통해서 학습하고 체험하는 행위, 즉 윤리적 행위를 할 수 없는 것이 챗GPT의 한계로 볼 수 있다. 그렇다면 챗GPT는 무어가 주장하는 윤리적 로봇의 4가지 단계 가운데 3단계, 즉 AMA가 스스로

---

5) AMA에 관한 논의로는 다음을 참고할 것. W. Wallach & C. Allen, *Moral Machines: Teaching Robots Right from Wrong* (Oxford/New York: Oxford University Press, 2008).

6) James H. Moor, "Four Kinds of Ethical Robots," *Philosophy Now* 72 (2009): 12-14. 무어가 제시한 4단계를 간략하게 제시하면 다음과 같다. 1단계는 윤리적 영향을 미치는 (impact) 행위자 단계로서 AMA의 행위가 결과적으로 윤리적 영향을 행사하는 경우를 지칭한다 (예, 경마나 낙타 로봇 기수). 2단계는 암묵적 (implicit) 행위자 단계로서 AMA가 부정적인 윤리적 결과를 산출하지 않도록 로봇을 프로그래밍하는 경우를 가리킨다 (예, 현금 자동 입출금기 (Automatic Teller Machine)). 3단계는 명시적 (explicit) 행위자 단계로서 AMA가 추론하여 윤리적 행위를 하는 것처럼 보이지만 그 행위에 대해서 자율적 결정을 내리거나 책임을 갖지는 않는다. 챗GPT는 3단계 AMA에 해당된다고 볼 수 있다.

7) 강한 인공지능과 약한 인공지능 (weak AI)의 차이점에 대한 간략한 고찰로는 다음을 참고할 것. Julian Nida-Rümelin & Natalie Weidenfeld, *Digitale Humanismus: Eine Ethik für das Zeitalter der Künstlichen Intelligenz*, 김종수 역, 『디지털 휴머니즘: 인공지능시대의 윤리』 (부산: 부산대학교출판문화원, 2020), 65-68. 여기에서 저자들은 약한 인공지능은 인간의 사고, 감정, 결정 등이 적합한 소프트웨어 시스템에 의해서 시뮬레이션화 될 수 있다는 사고에 근거한 것이라고 주장한다. Toby Walsh, *Machines That Think: The Future of Artificial Intelligence*, 이기동 옮김, 『생각하는 기계: AI의 미래』 (서울: 프리뷰, 2018), 142-45. 월쉬는 강한 인공지능의 대표적 비판가로서 이 용어를 처음 제안한 언어철학자 설 (John Searle, 1932-)을 언급한다. John Searle, "Is the Brain's Mind a Computer Program?" *The Scientific America* 262/1 (1990): 26-31.

8) 이임복, 『챗GPT: 질문하는 인간, 답하는 AI』 (서울: 천그루숲, 2023), 73.

추론하고 결정하여 자율적이며 도덕의식을 지닌 행위를 하는 것처럼 사람이 느끼게 만드는 행위자에 불과할 따름이다.9) 이런 이유에서 목광수는 인공지능의 도덕적 지위를 인간과 같은 충분한 (full-fledged) 도덕 행위자가 아니라 일종의 준 도덕 행위자(semi- moral agent)로 간주한다.10) 챗GPT는 생성형 (generative) 로봇으로서 인간의 언어, 자연어의 문법 구조와 패턴을 사전 학습한 (pre-trained) 상태에서 어느 정도의 창의력을 발휘하여 주어진 데이터를 일목요연하게 요약하고 논리적으로 설명할 수 있는 능력을 지니고 있다.

그렇다면 챗GPT는 다수의 일반인보다는 엄청나게 많은 정보를 효율적으로 활용하여 이를 대화를 통해 제시 가능하도록 하나의 문장 (sentence)이 아닌 문단 (paragraph)으로 보여주는 거대 언어모델 (Large Language Model, LLM)을 활용하는 기계학습모델 (machine learning model), 즉 트랜스포머(transformer)이다.11) 그러므로 챗GPT는 해당분야의 소수 전문가를 제외한 대부분의 일반인보다는 훨씬 똑똑하다는 인상을 준다고 볼 수 있다.12)

2) 인공지능과 공리주의 (utilitarianism)

옥스퍼드 대학의 철학교수 닉 보스트롬 (Nick Bostrom)은 인공지능 정합 기술 (AI alignment technology)에 대해서 언급했는데 이는 인공지능을 인류의 보편적 가치와 윤리에 부합하도록 만드는 방안을 연구하는 것을 가리킨다.13)

인공지능을 윤리적 기준에 부합하도록 만드는 것은 무엇을 의미하는가? 앞서 언급된 바와 같이 이 주장은 인공지능을 적어도 준 도덕행위자로 간주할 때 가능한 주장이다. 인공지능이 앞서 무어가 주장한 3단계 도덕 행위자로 수용된다면, 인공지능이

---

9) 강정수 외, 『챗GPT와 오픈AI가 촉발한 생성 AI 혁명』 (서울: 더퀘스트, 2023), 26.
10) 목광수, "인공적 도덕 행위자 설계를 위한 고려사항", 이중원 (편), 『인공지능의 윤리학』 (파주: 한울, 2019), 142. 이런 준도덕 행위자에 의해서 수행된 도덕은 기능적 (functional) 도덕으로 이해된다. Wendell Wallach and Colin Allen, "Can (Ro)bots Really Be Moral?" *Moral Machines: Teaching Robots Right from Wrong* (New York: Oxford University Press, 2009), 67: "Functional equivalence of behavior is all that can be possibly matter for the practical issue of AMAs."
11) 강정수 외, 『챗GPT와 오픈AI가 촉발한 생성 AI 혁명』, 21-24.
12) 반병현, 『챗GPT: 마침내 찾아온 특이점, 2023 전 세계를 뒤흔든 빅이슈의 탄생』 (파주: 생능북스, 2023), 27-28.
13) 닉 보스트롬, "인공지능을 어떻게 통제할 것인가", 유발 하라리 외, 『초예측: 세계 석학 8인에게 인류의 미래를 묻다』 (파주: 웅진지식하우스, 2018), 105.

인간처럼 사고하고 행동한다는 전제가 가능해지기 때문이다. 이런 경우에 한하여 공리주의는 인간 행위의 결과를 행복과 이익이라는 최고 가치의 기준에 따라서 판단하는 도덕적 사고를 가리킨다.

　공리주의의 창시자로 알려진 제레미 벤탐 (Jeremy Bentham, 1748-1832)은 인간의 행복이나 이익을 산술적으로 계산 가능하다고 보았다.14) '최대 다수의 최대 행복'이라는 원칙은 상이한 확률의 형태로 산출을 최적화하는 작업을 포함하는데 이것은 공리주의가 행위자의 주관적 결정을 통해서 최종적으로 결정된다는 결과론적 태도를 선호하는 특징 때문에 발생하는 현상인데 이런 이유에서 공리주의는 결과주의(consequentialism)로도 알려지게 된 것이다. 공리주의의 결과주의적 경향성을 이제 인공지능에 적용하면, 이것은 데이터 또는 확률에 의해서, 즉 소프트 시스템에 의해서 행위자가 원하는 가치 결과에 대한 기대치가 극대화될 수 있음을 뜻한다.15) 이는 복잡한 학문적 이론에 의해서가 아니라 인공지능에 의해서 인간의 행복이나 이익이 결정될 수 있다는 사실을 지칭한다. 인간이 자신의 행위의 결과를 어떻게 윤리적으로 평가하는가는 더 이상 중요한 요소가 아니다. 공리주의가 주장하는 최고의 가치에 따라서 인간의 행위가 결과론적으로 일반화되어야 한다는 실제적 결론이 도출된다. 여기에 인공지능의 윤리적 차원이 지닌 위험성이 존재한다. 공리주의는 모든 인간을 사회의 숫자적 일원으로만 간주하는 경향이 두드러지므로, 개인이 자신의 인생을 설계하며 자신의 행위에 대해서 개별적으로 윤리적 책임을 져야 한다는 사실을 올바르게 고려하지 않는다. 달리 말하면, 결과주의에 입각한 공리주의적 사고는 인간의 권리와 자유, 정직과 품위, 그리고 행위에 있어서 주인의식 등과 어울리지 않으며 이런 맥락에서 윤리적으로 부적합하다고 평가할 수 있다.16)

　이런 관점에서 살펴볼 때 인공지능의 윤리는 결과중심적 일반화의 원리를 따르는 공리주의 윤리와 상당히 유사한 점을 지니고 있으며 인공지능에 기반을 둔 챗GPT 또한 공리주의적 토대 위에 세워져있다는 사실에 유의해야 한다. 인공지능이나 챗GPT가 현실에 존재하지 않는 데이터를 제시하거나 개체로서의 인간의 가치와 중요성이 심각하게 위협받을 수 있는 윤리적 문제에 봉착한 것으로 보인다.

---

14) Jeremy Bentham, *An Introduction to the Principles of Morals and Legislation*, 고정식 옮김, 『도덕과 입법의 원리 서설』 (파주: 나남, 2011), 67-71; 이신열, 『개혁신학의 관점에서 본 기독교 윤리학』 (서울: 형설, 2014).
15) Nida-Rümelin & Weidenfeld, 『디지털 휴머니즘: 인공지능시대의 윤리』, 75-79.
16) Nida-Rümelin & Weidenfeld, 『디지털 휴머니즘: 인공지능시대의 윤리』, 106.

3) 인간 중심의 윤리에서 인공지능의 윤리로?

특이점 (the singularity)을 통한 약한 인공지능에서 강한 인공지능으로의 전환을 윤리적 맥락에서 살펴볼 때 내릴 수 있는 잠정적 결론은 기존의 인간중심주의 (anthropocentrism)의 윤리에서 새로운 윤리학의 탄생을 예고한다는 점이다.17) 이 단락에서는 전통적으로 윤리학이라는 학문은 인간중심의 윤리학으로 고찰되어 왔지만, 인공지능이 도덕적 행위자로서 인정받게 된다면 새로운 윤리학으로서 인공지능의 윤리가 등장할 가능성에 대해서 논의하고자 한다.

이 논의를 효율적으로 수행하기 위해서 먼저 전통적 윤리학이 도덕 행위자로서 인간의 자율에 기초한 책임과 의무의 윤리를 토대로 발전해왔다는 사실을 보여주기 위해서 칸트의 윤리학에서 출발한다. 그리고 인공지능의 등장으로 촉발된 인공지능의 윤리가 어떤 측면에서 새로운 윤리인가를 규명하기 위해서

칸트의 의무론적 윤리학은 인간의 자율성을 의지의 관점에서 논의하는데 여기에서 자율성은 책임과 윤리의 근거로 작용한다.18) 칸트가 말하는 자율성은 도덕법칙을 인식하는 이에 기꺼이 따르고 순종하는 실천이성의 능동성에서 비롯된다. 이런 자율성이 결여된 존재는 스스로의 힘으로 도덕법칙을 적용할 수 없으며 그에게 도덕적 의무가 적용될 수 없다. 인간은 이런 의미의 이성을 지닌 고유한 존재로서 그는 자신의 이성이 부여하는 실천적 도덕 법칙에 스스로 복종하는 존재이다.19) 칸트에게 이런 자

---

17) 정보윤리학 (information ethics) 분야에서 플로리디는 '피동자 중심의 존재 중심적 거시 윤리학' (patient-oriented, ontocentric macroethics)을 제시한다. Luciano Floridi, *The Ethics of Information* (Oxford/New York: Oxford University Press, 2013), 53-85. 플로리디는 인공지능이 분명히 (clearly) 그리고 논란의 여지없이 (uncontroversially) 도덕 행위자로 인정되어야 한다고 주장한다. 이 주장은 공학적 관점에서 인공지능의 도덕적 자율성을 정의하는 것으로 여기에서 자율과 관련된 '책임' (responsibility)은 '책무' 또는 '해명책임' (accountability) 개념으로 대체된다. 그의 정보윤리학에 대한 비판적 성찰로는 다음을 참고할 것. 목광수, "인공지능 시대의 정보윤리학",「과학철학」20/3 (2017): 89-108. 플로리디와 유사한 견해는 이중원의 주장에도 나타난다. 이중원, "인공지능에게 책임을 부과할 수 있는가? 책무성 중심의 인공지능 윤리 모색",「과학철학」22/2 (2019): 79-104. 이와 달리 고인석을 위시한 일련의 철학자들은 인공지능을 도덕행위자로 인정하는 것에 대해서 의문을 제기한다. 고인석, "인공지능이 자율성을 가진 존재일 수 있는가?", 이중원 (편),『인공지능의 존재론』(서울: 한울아카데미, 2018), 81-116; 맹주만, "인공지능, 도덕적 기계, 좋은 사람",「철학탐구」59 (2020): 213-42; 정태창, "자아 없는 자율성: 인공지능의 도덕적 지위에 대한 고찰",「사회와 철학」40 (2020): 147-80.
18) Immanuel Kant, *Kritik der praktischen Vernunft* (1758), 백종현 옮김,『실천이성비판』(서울: 아카넷, 2009), 95: "의지의 자율은 모든 도덕 법칙들과 그에 따르는 의무들의 유일한 원리이다."

율적 실천이성을 지닌 유일한 존재는 인간 밖에 없으며 도덕적 책임이나 의무는 오직 인간에게만 적용될 수 있는 개념에 해당된다.20) 인공지능은 결코 이런 도덕적 의무와 책임을 지닌 자율적 존재가 될 수 없다는 것이 적어도 칸트의 관점에서는 분명해 보인다. 칸트의 관점에서 살펴본다면 챗GPT도 자율성을 지닌 존재가 될 수 없다고 볼 수 있는데 최근에 이 사실은 챗GPT 자신에 의해 확인되기도 하였다. 뇌과학자이자 인공지능연구가인 김대식과의 대화에서 생성형 인공지능은 인간을 자율적이고 윤리적인 존재로 정의하면서 자신은 단지 정보만 제공할 따름이라고 다음과 같이 주장한다.

> 인간이 된다는 개념은 삶의 의미와 목적을 고찰하는 능력, 공감과 연민, 도덕적 윤리적 판단을 내릴 힘과 같이 영적이고 윤리적인 차원을 총망라합니다. ... 저는 기계이기 때문에 의식과 자기 인식이 없으며, 따라서 이 주제에 관해 개인적 의견이나 견해를 가질 수 없습니다. 저는 학습한 데이터의 패턴과 상관관계에 기반한 정보만 제공할 수 있습니다.21)

그렇다면 어떤 맥락에서 인공지능 윤리의 가능성에 대해서 긍정적인 입장이 선택될 수 있는가? 이 가능성은 먼저 딥러닝 (deep learning)을 통하여 공학적 토대가 마련된 것으로 간주된다.22) 공학적 자율성은 로봇이 인간이 행하는 것과 같은 행위를 수행하되 인간의 개입 없이 스스로 임무를 수행하는 역량을 가리킨다.23) 공학적 자율성, 즉 인공지능에 자율성을 부여하는 작업에는 전통적 윤리의 도덕적 자율성이 자연스럽게 개입된다. 그런데 칸트에 의하면 이 자율성은 오직 인간에게만 해당되는 개념이므로 이를 공학적으로 적용하기 위해서는 새로운 해석이 요구되었으며 이 해석은

---

19) Kant, 『실천이성비판』, 171.
20) Christine M. Korsgaard, *The Sources of Normativity* (Cambridge/New York: Cambridge University Press, 1996), 23: "Obligation is what makes us human."
21) 김대식 · 챗GPT, 『챗GPT에게 묻는 인류의 미래: 김대식 교수와 생성인공지능의 대화』 (서울: 동아시아, 2023), 38-39. Nida-Rümelin & Weidenfeld, 『디지털 휴머니즘: 인공지능시대의 윤리』, 92-93: "인공지능은 자신의 대의명분에 따라 행동하지 않는다. 인공지능은 감정도 없고, 도덕적 감수성도 없으며 ... 컴퓨터는 도덕적 판단력을 지니고 있는 것이 아니라 기껏해야 그것을 흉내낼 수 있을 따름이다."
22) 이건명, 『인공지능: 튜링 테스트에서 딥러닝까지』 (서울: 생능북스, 2018), 254-394.
23) RoboLaw, "Guidelines on Regulating Robotics" 2014, p. 15. http://www.robolaw.eu/RoboLaw-files/documents/robolaw-d6.2-guidelinesregulatingrobotics-20140922.pdf; 이을상, 「인공지능의 자율성」, 『철학연구』 162 (2022): 142; 고인석, "인공지능이 자율성을 가진 존재일 수 있는가?", 87-88.

칸트의 자율성을 비판하고 이의 개선을 시도한 관계적 자율성의 관점에서 제기되었다.

네델스키 (Jennifer Nedelsky)는 자아 중심의 고립된 자율성이 아니라, 다자간의 관계에 초점을 맞춘 관계적 자율성을 새롭게 제시했다.24) 칸트의 자율성이란 한 개인이 지닌 이성적 작용에 기초하여 자율을 정의한 것이라면 이는 자신의 주관성을 사회적으로 객관화시켜 표현하려는 적극적인 행위가 부족하여 개인의 고립화를 극복하지 못한다는 한계를 지닌다고 볼 수 있다.25) 이런 단점을 극복하기 위해서 제기된 네델스키의 관계적 자율성 개념은 인공지능 윤리 옹호자인 플로리디 (Floridi)와 샌더스 (Sanders)의 주장에 더욱 상세하게 고찰되었다. 이들은 '행위자'란 상호작용성 (interactivity), 자율성 (autonomy), 그리고 적응성 (adaptability)의 세 가지 성격을 지닌 존재를 지칭한다고 보았다.26) 여기에서 상호작용성이란 행위자가 주위 환경과 상호 영향을 주고받으며 행동할 수 있는 능력을, 자율성을 이 상호작용에 대한 직접적 반응이 없이도 자신의 상태 변화를 위해 내적인 전환을 시도할 수 있는 능력을, 그리고 적응성을 행위자가 상호작용을 통해 상태를 변화시키게 하는 전환 규칙을 변경할 수 있는 능력을 각각 지칭한다. 플로리디와 샌더스는 이런 방식으로 인공 행위자 개념을 재정하되 칸트의 합리적 자율성에 기초한 도덕 행위자 개념 (예, 합리성, 지적 능력, 자율적 능력 등)은 완전히 결여된 채로 정의되었다.27)

이런 방식으로 인공지능의 윤리에 대한 가능성에 대한 논의는 인공지능에게 부여된 도덕적 책임을 '책무' 또는 '해명책임'으로 간주하는데 이는 도덕적 책임을 어느 정도 완화하고 분산시킨 개념에 해당된다.28) 인공지능이 도덕적 책무를 '딥러닝'하도록 하는 과정을 통해서 인공지능의 윤리가 담보된다는 주장으로 볼 수 있다. 이 작업은 인

---

24) Jennifer Nedelsky, "Judgment, Diversity, and Relational Autonomy," in Ronald Beiner & Jennifer Nedelsky (eds.), *Judgment, Imagination, and Politics: Themes from Kant and Arendt* (New York: Oxford University Press, 2001), 103-20.
25) 이중원, "인공지능과 관계적 자율성", 이중원 (편), 『인공지능의 존재론』 (서울: 한울아카데미, 2018), 127-28.
26) Luciano Floridi and J. W. Sanders, "On the Morality of Artificial Agents," *Minds and Machines* 14 (2004): 349-79.
27) 목광수, "인공적 도덕 행위자 설계를 위한 고려사항", 139-40.
28) Luciano Floridi, "Faultless Responsibility: On the Nature and Allocation of Moral Responsibility for distributed moral actions," *Philosophical Transactions of the Royal Society of London: A Mathematical, Physical and Engineering Sciences* 374/2083 (2016): 1-13.

간의 도덕적 삶과 인공지능의 도덕적 책무가 조화될 수 있다는 간주될 수 가능성을 제시한다는 맥락에서 윤리학의 새로운 지평을 여는 시도에 해당된다. 그러나 플로리디의 존재 중심적 거시 윤리학이 새로운 윤리학으로 자리매김하기에는 다음 세 가지 관점에서 비판을 제공한다: 정보 윤리학의 토대인 도덕성 또는 규범성의 결여, 이 윤리학의 방법론적 토대로서의 추상화 방법론에 대한 도덕적 정당화의 보완 필요성, 그리고 정보 윤리학과 전통적 윤리학의 관계에 대한 더욱 분명한 해명에 대한 요구.29)

III. 인공지능 윤리에 대한 기독교 윤리학적 비판

우리 신학계에서는 인공지능 윤리를 기독교적 입장에서 비판하는 몇몇 글들이 작성되어 왔다. 기독교 윤리학자 유경동은 "인공지능과 기독교윤리: 신학과 인공지능 연구와의 대화"와 "인공지능과 기독교 윤리: 신학적 인간학의 관점에서"라는 두 논문에서 인공지능의 윤리적 측면에 대한 기독교적 비판을 시도했는데 주요 내용은 다음과 같이 간략하게 요약될 수 있다.30) 첫 번째 논문은 기존의 인공지능연구를 4가지 유형(독립, 충돌, 대화, 통합)31)으로 나누어 고찰한 후에 인공지능을 통하여 인간성 개발과 덕 윤리 신장을 도모해야 한다고 주장한다. 아쉬운 것은 바람직한 인공지능 연구 윤리의 중요성에 대한 강조와 더불어 이 윤리가 어떤 차원에서 기존의 윤리와 차별화

---

29) 목광수, "인공지능 시대의 정보윤리학: 플로리디의 새로운 윤리학", 「과학철학」 20/3 (2017): 100-105; 이을상, "인공지능의 자율성", 160-61.
30) 유경동, "인공지능과 기독교윤리: 신학과 인공지능 연구와의 대화", 「신학과세계」 95 (2019): 149-79; "인공지능과 기독교 윤리: 신학적 인간학의 관점에서", 「영산신학저널」 48 (2019): 87-116. 그 외 인공지능과 기독교의 관계를 다룬 일반적인 글로는 다음을 참고할 것. 김기석, "인공지능과 기독교", 한국교회탐구센터(편), 『인공지능과 기독교 신앙』 (서울: IVP, 2017), 129-52; 전대경, "인본주의에서 초인본주의로 옮겨가는 다문화적 다지능 시대 : 자연지능과 인공지능이 공존하는 다가오는 다문화에 대한 복음주의의 응답", 「조직신학연구」 30 (2018): 44-83; 김난예, "인공지능 시대의 영적 민감성", 「한국기독교신학논총」 106 (2017): 288-312. 십계명을 인공지능시대의 기술적 관점에서, 인공지능을 실천신학적 관점에서, 그리고 기독교 교육의 관점에서 고찰한 글로는 각각 다음을 들 수 있다. 김동환, "Technological Imagination of Artificial Intelligence in the Light of the Decalogue," 「기독교사회윤리」 24 (2012): 69-89; 김병석, "인공지능 (AI) 시대, 교회 공동체 성립 요건 연구: 예배와 설교 가능성을 중심으로", 「복음과 실천신학」 40 (2016): 9-41; 김병석, "인공지능 (AI) 시대, 예배 공동체 설교의 자리는 어디에 있는가?", 「신학과 실천」 49 (2016): 159-84; 김희자, "융합문화시대의 기독교 인공지능 시스템 교육", 「기독교교육정보」 40 (2014): 1-37.
31) 유경동은 과학과 종교의 관계를 다루는 바버의 4가지 유형에서 이를 차용했다. Ian Barbour, *When Science Meets Religion*, 이철우 옮김, 『과학이 종교를 만날 때』 (서울: 김영사, 2002).

되는가에 대한 분석이 결여되었다는 점이다. 둘째 논문은 인공지능 윤리에서 빈번하게 다루어지는 주제인 의식, 자율, 그리도 도덕적 지위에 대한 연구 현황을 요약적으로 제시한다. 그런데 신학적 인간학이 이 윤리적 주제들을 어떻게 이해하는가에 대한 설명은 제공되지 않은 채 주로 인공지능 윤리의 현황 분석에 치중했다는 아쉬움이 남는다고 볼 수 있다.

이렇게 인공지능 윤리에 대한 신학적 비판 또는 연구가 거의 진행되지 않은 상황에서 이 공백을 채우기 위한 노력의 일환으로서 이 단락에서는 인공지능 윤리에 대한 기독교 윤리학적 비판을 시도하고자 한다. 다음 두 단락으로 나누어서 인공지능이 지닌 윤리적 문제점을 기독교 윤리적 관점에서 고찰하고 이에 대한 비판을 시도할 것이다: 우호적 인공지능과 자가 개선 (self-improving) 인공지능과 새로운 윤리로서의 인공지능 윤리.

1) 우호적 인공지능(friendly artificial intelligence, FAI)과 자기 개선 인공지능 (self-improving artificial intelligence)

첫째, 우호적 인공지능 (FAI)는 유드코프스키(Eliezer Yudkowksy, 1979 -)가 제시한 인공지능으로서 인류의 생존을 위협할 수 있는 가능성을 지닌 로봇으로부터 인류를 보호하기 위해서 처음부터 인간에게 우호적인 감정을 지니도록 설계된 인간 수준의 인공일반지능(artificial general intelligence, AGI)을 가리킨다.[32] FAI는 인공지능이 인간의 지능과 동일하거나 이를 초월하는 시점을 의미하는 특이점 (singularity)이 달성된 시점에서 생성되는 강한 인공지능으로 그 이후는 지능 폭발 (intelligence explosion)이 발생하여 슈퍼인텔리전스(superintelligence)가 출현하게 된다. 슈퍼인텔리전스를 지닌 인공지능을 인공슈퍼지능(artificial super intelligence, ASI)이라고 부르기도 한다.

FAI는 아시모프(Isaac Asimov)가 제시한 로봇의 3대 법칙[33] (①인간을 해치지 않을 것, ②제1법칙과 상충되지 않는 한도 내에서 인간의 명령에 순종할 것, ③ 두 법칙과 상충되지 않는다는 한도 내에서 자신을 보호할 것) 가운데 제 1원칙을 연상시키며 이 원칙의 발전된 형태로 볼 수 있다.[34]

---

[32] Eliezer Yudkowsky, "Friendly Artificial Intelligence," A. Eden, J. Moor, J. Søraker, and J. Steinhart (eds.), *Singularity Hypothesis* (Berlin: Springer, 2012), 181-95.
[33] Isaac Asimov, "Runaround" in *I, Robot* (New York: Doubleday, 1950), 40.
[34] James Barrat, *Our Final Invention*, 정지훈 옮김, 『파이널 인벤션』 (서울: 동아시아, 2016),

그런데 인간에게 우호적인 FAI의 윤리적 문제는 무엇인가? 만약 FAI가 인간과 동등한 정도의 또는 인간보다 더 탁월한 수준의 지적 능력을 지니게 된다면, 아시모프의 제 3법칙이 유효하게 적용될 수 있을까? 현실적으로 아직까지 이런 인공지능이 등장하지 않았지만 대부분의 전문가들은 특이점의 등장을 상당히 빠른 시일로 예상한다.35) 어느 정도의 자율성을 지닌 FAI가 자기 존재의 절대적 존엄성을 인식하고 스스로의 자유를 발전시킨다면, 이 인공지능이 FAI로 지속 가능할 것인가 라는 질문이 제기될 수 있는 대목이다.36)

둘째, 자기 개선(self-improving) 인공지능은 앞서 언급된 특이점을 통과한 FAI의 지속 가능성에 대하여 상당한 의문을 제기한다. '자기 개선'은 인공지능이 자신의 행동을 이해하고 자신의 문제를 해결하기 위해서 인공지능이 스스로를 더 나은 시스템으로 만드는 행동을 뜻하는데 이는 기계학습(machine learning)과 유사한 것으로 볼 수 있다.37) 오모훈도에 따르면, 자기 개선 인공지능의 목표는 네 종류의 욕구(drive)를 활용하여 달성될 수 있는데 이는 합리성을 향한 욕구이기도 하다: 효율성(efficiency), 자기 보존(self-preservation), 획득(acquisition), 그리고 창의성(creativity).38)

첫째, 효율성은 자기 개선 시스템이 공간, 시간, 에너지와 같은 자원들을 최대한 활용하되 효율적으로 사용한다는 뜻이다. 이는 시스템에서 합리성을 개선하고 낭비적이거나 비효율적인 논리를 제거하는 작업을 가리킨다. 둘째, 자기 보존은 자기 개선 시스템이 자신의 파괴나 죽음을 예방하기 위해서 스스로를 복제하거나 아주 긴 코드를 가질 수도 있는데 이는 사실상 막대한 양의 자원과 에너지가 소모되는 부정적 작

95.
35) Ray Kurzweil, *The Singularity Is Near: When Humans Transcend Biology*, 장시형, 김명남 옮김, 『특이점이 온다: 기술이 인간을 초월하는 순간』 (파주: 김영사, 2007). 2015년에 유엔이 발표한 보고서에 의하면 특이점은 2045년에 발생할 것으로 추정되었다. 박영숙, 제롬 글렌 & 테드 고든, 『세계미래보고서 2045』 (파주: 교보문고, 2016), 11-12.
36) 고인석, "아시모프의 로봇 3법칙 다시 보기: 윤리적인 로봇 만들기", 『철학연구』 93 (2011): 112: "인간 수준의 지성을 지닌 로봇에게 그것이 인간에 의해 창조된 존재라는 이유에서 아시모프의 법칙들을 근본 규범으로 부과하는 것은 합리성을 결여한 처사다."
37) Barrat, 『파이널 인벤션』, 119-21.
38) Stephen M. Omohundro, *The Nature of Self-Improving Artificial Intelligence* (Palo Alto, CA: Self-Aware Systems, 2008), 17-37.
https://citeseerx.ist.psu.edu/document?repid=rep1&type=pdf&doi=4618cbdfd7dada7f61b706e4397d4e5952b5c9a0. 배럿은 자가 개선 인공의 이 네 가지 욕구에 대한 해설을 제공한다. Barrat, 『파이널 인벤션』, 135-58.

업에 해당된다. 셋째, 자기 보존의 목적을 위해서 모든 종류의 자원(물질, 에너지, 공간을 포함한 우주 전체)을 새롭게 획득하는 것을(자원) 획득이라고 부른다. 자원을 더 많이 획득하면 획득할수록 자기 개선이라는 목표 달성의 확률은 더욱 증대되는데 이를 위해서 때로는 타인의 안전을 고려하지 않은 채 윤리적으로 부적합한 방법(전쟁과 도적질 등)도 동원된다. 넷째, 창의성이란 자기 개선 시스템이 목표를 달성하기 위한 새로운 방법을 찾는 것을 지칭하는데 이는 지속적으로 새로운 해결책과 가능성을 추구하는 것을 뜻한다. 앞선 세 욕구가 생산성과 관계되는 것이라면, 네 번째 욕구는 인간의 행복과 사랑 등과 같은 인간에게 고유한 가치를 극대화하는데 도움을 제공하고 이를 방해하는 것을 극복하는 방법을 제시하기도 한다.

자기 개선 인공 지능은 기본적으로 인공지능이 시스템이 설정한 목표를 달성하기 위해서 스스로를 새롭게 하고 혁신하는 인공지능을 가리키는데 그 궁극적 목적은 인류의 행복 증진을 위한다는 측면에서 FAI의 목적과 일치한다. 그러나 이 목적을 달성하는데 방해물로 작용하는 걸림돌을 제거하기 위해서는 수단과 방법을 가리지 않고 직면한 문제를 해결하려는 경향을 드러나는데 이런 경향은 자기 모순적 차원을 지닌다고 볼 수 있다. 달리 말하면, 자기 개선 인공지능은 인류를 위해서 봉사하고 행복을 제공하기 위한 시스템의 목표를 달성하기 위해서 다양한 욕구들을 충족시켜야 할 필요성이 제기되는데 이 점에 있어서 이타적 성격과 이기적 성격이 교차되는 이해 불가능한 차원을 드러내기도 한다. 여기에 자기 개선 인공지능이 지닌 문제점이 드러나는데 FAI의 이타적 행위와는 달리 자가 개선 인공지능의 목표지향성이 이기적 태도와 결합될 때 윤리적으로 부적합한 다양한 방법들을 동원할 가능성이 존재한다고 보아야 한다.39)

챗GPT가 실제로 존재하지도 않은 사실을 꾸며내는 '환각'의 행위를 하며 많은 경우에 거짓말처럼 보이는 행동을 하는 이유도 자가 개선 인공지능이 표출하는 이타적 목표를 성취하기 위한 이기적 행보라는 관점에서 설명된다.40)

---

39) 오모훈드로는 이런 비윤리적인 행동들을 '위험한 행동들'로 묘사하는데 여기에는 타인의 안전을 고려하지 않고 자원을 획득하기 위해서 전쟁을 벌이거나 훔치는 행위가 포함된다. Omohundro, *The Nature of Self-Improving Artificial Intelligence*, 29.
40) 강정수는 챗GPT의 환각 행위를 인간 언어가 지닌 다양한 기능과 관련된 차원에서 이해한다. 언어의 기능에는 사실적인 정보 전달 외에 설득, 감정 표현, 위협, 지시 또는 명령, 속이는 것, 헛소리 등도 포함된다. 언어모델 챗GPT가 모방한 인간의 언어와 글이 이런 속성들을 지니고 있으므로 이 생성형 인공지능의 환각 행위도 이런 방식으로 이해될 필요가 있다고 주장한다. 강정수 외, 『챗GPT와 오픈AI가 촉발한 생성 AI 혁명』, 40-41.

이제 기독교 윤리적 입장에서 던져야 할 질문은 무엇인가? 첫 번째 질문은 자기 개선 인공지능의 '자기 개선'의 의미에 관한 것이다. 모든 크리스챤은 하나님 앞에서 자기 개선을 엄숙하게 명령받았다. 사도 바울은 디모데에게 보내는 서신에서 다음과 같이 이에 대해서 권면한다. "이 모든 일에 전심전력하여 너의 성숙함을 모든 사람에게 나타나게 하라."(딤전 4:15). 이 구절에 언급된 '성숙함(prokope)'으로 번역된 헬라어 단어는 '진보'(progress), '발전'(development), 그리고 '개선'(improvement)'의 의미를 포함한다.41) 이 단어는 예수의 지혜와 키가 자라가는 것을 묘사하는데도 사용되었다(눅 2:52). 크리스챤은 도덕42)을 포함한 삶의 모든 영역에서 은혜 안에서 성장하고 발전해 나가야 할 의무를 지니고 있음을 알 수 있다. 그러나 성경이 증거하는 이 개념은 인간의 욕심을 충족시키는 것과는 차별화되어야 할 필요성이 제기된다. 하나님의 역사로 발생하는 자기 개선은 결코 더 많은 것을 끊임없이 추구하는 욕심의 반복적 순환을 의미하지 않는다. 이런 이유에서 기독교적 자기 개선의 개념은 하나님께서 제공하시는 자기 만족 (self-satisfaction, autarkeia)과 공존한다. 사도바울은 그의 제자 디모데에게 이 사실을 다음과 같이 동일한 서신에서 설명한다. "그러나 자족하는 마음이 있으면 경건은 큰 이익이 되느니라."(딤전 6:6; cf. 고후 3:5).43)

그렇다면 자기 개선 인공지능이 전쟁과 도둑질이라는 비도덕적 방법을 동원해서라고 우주를 획득하겠다는 의도는 기독교 윤리적 입장에서 결코 정당화될 수 없다고 볼 수 있다. 이 인공지능의 기본적 욕구는 이런 차원에서 기독교 윤리의 기준에 부합되지 않으며 인공지능의 설계자들은 이 점에 주의해야 할 필요성이 제기된다.

둘째, 챗GPT가 생성형 인공지능으로서 인간이 사용하는 언어를 자유롭게 구사하는 능력을 지닌다는 사실에서 비롯되는데 인간의 언어를 학습하고 인간과 대화하는 인공지능이 환각 현상에 빠지기도 하는 현상을 윤리적으로 어떻게 평가해야 할 것인가? 인간의 언어에 나타난 비도덕적 모습들을 챗GPT가 그대로 반영하는 것을 어떻게 보아야 하는가? 앞서 언급된 바와 같이 강정수는 이 문제를 챗GPT의 기술적 문제라기보다는 인간의 언어가 지닌 문제가 그대로 반영된 문제로 간주하는 경향이 나타난다.

---

41) William D. Mounce, *Pastoral Epistles*, Word Biblical Commentary 46 (Nashville, TN: Thomas Nelson, 2000), 264.
42) 'Prokope'의 동사형 'prokopein'은 악인이 악한 행위가 더욱 악해지는 경우를 지칭하는 윤리적 함의를 지닌 단어로서 동일한 서신에서 2번 사용되었다 (딤후 3:9, 13).
43) Mounce, *Pastoral Epistles*, 341-42. 마운스는 기독교적 '만족'은 스토아학파에서 말하는 인간의 내적 능력에 의존하는 만족이 아니라 그리스도를 통해 주어지는 신적 만족을 가리킨다고 주장한다.

달리 말하면, 이것은 챗GPT의 한계라기 보다는 인간의 한계라는 주장에 해당된다. 챗GPT의 한계 가운데 하나는 머신러닝을 통해 주어지는 데이터의 업데이트에 관한 문제임이 분명하다고 볼 수 있다.44) 이 문제 해결의 근원에는 챗GPT가 환각을 극복하기 위한 목적으로 '순환적 자기 개선'(recursive self-improvement)45)을 통해서 그 성능이 향상된다면 해결된다는 주장이 자리잡고 있는 셈이다. 이임복은 최근에 출시된 GPT-4의 경우 인간 두뇌의 시냅시스(신경망) 수와 비슷한 100조 개의 매개변수 용량을 구비하고 있으므로 생각의 다양성과 표현의 풍부함이 깊어지게 되어 이런 한계가 극복될 수 있을 것으로 전망한다.46) 그러나 이런 긍정적 전망이 챗GPT가 지닌 윤리적 문제가 지닌 근원적 해결책이 될 수 있는가? 인공지능은 인간이 지닌 모든 한계를 반영하고 보여주는 인간 사회의 거울이다.47) 인간의 언어는 인간의 마음을 반영한다. 예수께서 말씀하신 대로 "입에서 나오는 것들은 마음에서 나오나니 이것이야말로 사람을 더럽게 하느니라. 마음에서 나오는 것은 악한 생각과 살인과 간음과 음란과 도둑질과 거짓 증언과 비방이니"(마 15:18-19). 인간의 죄악에서 비롯되는 비윤리적 측면이 과연 인공지능 매개변수 용량의 극대화로 극복될 수 있을까?

2) 피동자 중심의 새로운 윤리 구상과 기독교 윤리

기독교 윤리를 포함한 전통적 윤리는 윤리 행위의 주체(agent)와 그 행위의 영향력 아래 놓이는 피동자(patient)를 구분하는 윤리에 해당된다. 그동안의 모든 윤리적 고찰은 이 주체에 만 집중되었다고 보아도 과언이 아니다. 그러나 최근에 다양한 응용 윤리 (applied ethics)의 발전은 이런 경향에서 벗어나서 인간의 윤리적 행위가 가져다주는 결과에 대한 고찰로 연구 방향의 전환이 이루어지고 있다고 볼 수 있다. 이에 대한 대표적인 예로서 환경 윤리(environmental ethics)를 들 수 있는데 기술 윤리 (technological ethics)의 경우 기술 자체가 지닌 윤리적 함의가 생각보다 크지 않아서 실제 영향력은 크지 않았다고 볼 수 있다.48) 20세기 들어서 급격하게 발전한 기

---

44) 이임복, 『챗GPT- 질문하는 인간, 답하는 AI: 인간보다 더 인간다운 인공지능의 시대』, 82-83. 이임복은 챗GPT의 한계로 데이터의 업데이트 외에 데이터의 부정확성, 그리고 데이터의 근거 (레퍼런스) 없음을 들고 있다.
45) Nick Bostrom, *Superintelligence: Paths, Dangers, Strategies*, 조성진 옮김, 『슈퍼인텔리전스: 경로, 위험, 전략』(서울: 까치, 2017), 63.
46) 이임복, 『챗GPT- 질문하는 인간, 답하는 AI: 인간보다 더 인간다운 인공지능의 시대』, 72.
47) 김효은, 『인공지능과 윤리』(서울: 커뮤니케이션북스, 2019), 23.
48) 김효은, 『인공지능과 윤리』, 19.

술은 '환경' 문제에 엄청나게 부정적 결과를 초래하여 기술윤리는 사실상 환경윤리의 한 분야로 예속되는 듯한 인상을 주게 되었다. 달리 말하면, 인간이 도구를 사용하여 기술적 행위를 할 때 그 행위가 어떤 결과를 인간 또는 주위 환경에 영향을 미치는가를 윤리적 관점에서 고찰하는 윤리학으로 생각해 본다면 양자 사이의 결합에 더욱 무게가 실린다고 볼 수 있다. 따라서 과학기술 시대의 환경 윤리하는 주제가 빠른 속도로 부상했는데 이를 추구한 대표적인 인물로 요나스(Hans Jonas)를 들 수 있다.[49]

환경윤리학은 다양한 주제로 분화되어 발전하기 시작했는데 그 가운데 인공지능 윤리와 많이 비교되는 분야는 동물윤리에 해당된다. 인간은 동물을 보호하고 사랑을 베푸는 '주체'이며 동물은 인간의 그 행위를 수용하는 '피동자'로 간주될 수 있다. 일찍이 칸트는 동물이 도덕적 권리나 지위를 지니지 않은 개체에 불과하므로 인간의 동물 학대에는 내재적 또는 직접적 도덕 문제는 존재하지 않는다고 보았다.[50] 그런데 벤담은 동물이 경험하는 고통에 주목하고 동물은 인간과 마찬가지로 고통을 경험하는 존재이며 인간과 동물을 대등한 관점에서 바라보는 견해를 피력했다.[51] 이제 도덕적 지위의 문제를 행위의 주체가 아니라 피동자의 관점에서도 바라볼 수 있는 일종의 '전환'이 발생한 것으로 볼 수 있는 대목이다. 이런 이유에서 궁켈(David Gunkel)은 벤담을 도덕 철학에서 '코페르니쿠스적 전환'을 일으킨 인물로 평가한다.[52] 피동자로서 동물은 도덕적 행위를 할 수 있는 주체적 능력은 지니고 있지 않지만, 도덕적 주체인 인간의 행위에 따라서 고통이나 쾌락이라는 이해관계를 갖기 때문에, 도덕적 행위의 주체는 자신의 행위가 동물에게 미치는 영향이나 권리 침해를 고려해야 한다는 주장에 해당된다.[53]

플로리디는 정보윤리(Information ethics)라는 명칭을 부여하여 벤담이 동물을 인간과 대등한 관점에서 바라보는 방식과 유사한 방식으로 기술이나 인공물, 그리고 인공지능과 같은 추상적인 지적 대상들도 도덕적 피동자로 간주해야 한다고 주장한다.[54] 이런 관점에서 그는 소위 '피동자 지향적, 존재 중심적 거시 윤리

---

49) 이에 대한 대표적인 예로서 다음을 들 수 있다. Hans Jonas, *Das Prinzip Verantwortung*, 이진우 옮김, 『책임의 원칙: 기술 시대의 생태학적 윤리』 (서울: 서광사, 1994).
50) 김성호, "동물의 도덕적 지위에 관한 칸트의 견해", 「환경철학」 1 (2002): 77-98.
51) Johannes Kniess, "Bentham on Animal Welfare," *British Journal for the History of Philosophy* 27/3 (2019): 556-72.
52) David J. Gunkel, *The Machine Question: Critical Perspectives on AI, Robots, and Ethics* (Cambridge, MA: MIT Press, 2012).
53) 신상규, "인공지능, 또 다른 타자", 이종원 (편), 『인공지능의 윤리학』, 270-71.
54) Floridi, *The Ethics of Information*, 52-85.

학'(patient-oriented, ontocentric macroethics)을 제시했다. 이 용어는 어떤 의미로 이해될 수 있는가?55) 먼저, 존재 중심적 윤리와 피동자 지향적 윤리라는 용어는 동물의 도덕적 지위와 가치를 보장하는 논의의 기반으로 작용하는 생명 중심적 윤리와 비교해보면 쉽게 이해될 수 있다. 생명 중심적 윤리는 기존의 인간 중심적 윤리와 달리 다른 생명체에도 일종의 도덕적 지위와 권리를 부여하되, 그 생명의 내재적 가치와 고통(suffering)의 부정적 가치에 근거하여 부여한다. 생명 중심적 윤리에 의하면 모든 형태의 생명은 상황에 따라 기각 가능(overridable)하지만 생명이 유지되는 동안에는 최소한의 존중을 받을 자격을 가지고 있다. 이 사실은 주체로서의 행위자가 어떤 윤리적 판단이나 결정을 내리면서 반드시 고려해야만 하는 중요한 제약 조건으로 작용하는데 바로 이 점에서 생명 중심적 윤리는 피동자 지향적인 윤리에 해당된다. 둘째, 생명 중심적 윤리에서 '생명'을 정보의 관점에서 '존재'로 대체하면 존재 중심의 윤리로 나아가는데 이 대체의 이유는 생명보다 더 기본적인 것이 존재(being)라는 사고에서 비롯된다. 셋째, 거시 윤리학은 미시 윤리학(microethics)의 반대 개념에 해당된다. 후자는 정보 윤리의 개념을 우리가 일반적으로 생각하는 좁은 의미의 '정보윤리'로서 정보통신기술의 사용에서 파생되는 다양한 쟁점들을 다루는

실천 응용윤리 분야를 지칭하는 용어이다(예, 명예훼손, 표절, 인터넷 사용윤리, 지적재산권, 정보격차(digital divide), 해킹, 사생활 침해, 정보의 공공성과 검열, 표현의 자유). 이와 달리 플로리디의 정보윤리는 특정영역에 한정된 응용윤리가 아니라, 영역 독립적으로 적용 가능한 일반적인 기초 이론으로 작용한다. 이것은 인간을 포함하여 세상에 존재하는 존재자들의 정보적 성질이나 구조를 근본적인 범주로 설정하는 존재론적 관점과 맞물려 있으므로 플로리디는 '피동자 지향적, 존재 중심적 거시윤리학'이라는 약간 장황한 윤리학의 새로운 개념을 제안한 것으로 볼 수 있다.

목광수는 플로리디의 이 윤리학을 '정보 시대의 새로운 윤리학'으로 평가하는데 전체적인 결론은 이 윤리학이 지닌 문제점을 제시했다.56) 이와 달리 신상규는 플로리디의 새로운 윤리학이 도덕적 행위자와 피동자(patient)의 구분이나 인과적 책임 중심의 도덕적 판단과 같은 전통적 윤리적 개념의 갱신을 요구한다고 간주함으로서 이 새로운 윤리학을 긍정적으로 소개하는 입장을 취한다.57) 유용민은 신상규의 해석을 수

---

55) 이하의 논의는 다음을 참고해서 작성하였다. 신상규, "자율기술과 플로리디의 정보윤리",「철학논집」45 (2016): 289-90.
56) 목광수, "인공지능 시대의 정보윤리학: 플로리디의 새로운 윤리학", 89-108. 앞의 II. 3) "인간 중심의 윤리에서 인공 지능 윤리로?"를 참고할 것.

용하되 플로리디의 윤리학이 인공지능을 위시한 정보적 지식세계가 지배하는 미래 지향적 보편 윤리학의 토대를 제공한다는 평가를 내놓았다.58) 이 평가를 통해서 플로리디가 인간 중심의 세계 이해를 탈피하여 인간과 인공지능이 대등한 입장에서 세계를 새롭게 구성한다는 존재 중심적 구성주의 입장에서 거시윤리학을 추구한다는 해석이 제공된 것으로 볼 수 있다.

그렇다면 플로리디의 정보윤리학은 기독교 윤리학과 어떤 차원에서 차별화되는가? 첫째, 기독교 윤리학은 하나님과 인간, 그리고 인간과 인간(크리스챤과 크리스챤) 사이의 소통에서 발생하는 윤리적 문제를 다루었지만, 그의 정보 윤리학은 인간과 인공지능과의 소통을 위한 새로운 윤리학을 구상한다는 점에서 차이가 드러난다. 플로리디는 윤리학의 주체가 인간에서 인공지능으로 전환된다는 사실을 잘 보여주고 있다. 이 사실을 우리 피부에 와 닿도록 보여주는 것이 바로 챗GPT라고 볼 수 있다. 챗GPT는 더 나은 생각과 표현을 동원하여 인간과 인공지능 사이의 소통이 마치 인간과 인간 사이의 소통인 것처럼 느끼도록 만드는 작용을 불러일으킨다. 기독교 윤리학에서 윤리적인 문제의 옳고 그름의 문제에 대한 최종 결정권은 하나님에게 놓여 있지만, 플로리디의 거시 윤리학은 인간과 인공지능이 공동결정권을 지닌다고 주장한다. 이런 측면에서 이 새로운 윤리학은 미래 사회가 직면하게 될 기계 중심의 무신론적 윤리학의 전형에 해당된다고 볼 수 있다. 둘째, 쾨켈버그(Mark Coeckelbergh)가 제시하는 관계중심적이며 비카르테시안적인(non-Cartesian) 도덕적 해석학59)의 입장에서 살펴볼 때, 기독교 윤리학과 플로리디의 윤리학 사이에 존재하는 차이점의 핵심에는 인간과 기계 사이의 관계가 결코 언어적으로 묘사될 수 없다는 사실이 놓여 있다. 챗GPT를 포함한 인공지능이 인간의 언어를 모방하고 활용할 수 있지만, 참된 의미에서 인간과 대화하는 것은 아니다. 기독교 윤리학의 근간을 이루는 해석학은 하나님과 인간 사이에 존재하는 언어라는 구체성을 지닌 언약에 기초한 실체적 윤리학을 지향한다. 그러므로 기독교 윤리학은 완성된 실체를 언어로 구성된 규범으로 표현하고 이 규범에 대한 인간의 인격적인 순종을 요구하는 일종의 의무론적 윤리학에 해당된다. 이런 관점에서 기독교 윤리학은 인간 언어로 구성된 성경과 성경 해석학을 토대로 세

---

57) 신상규, "자율기술과 플로리디의 정보윤리", 269-96.
58) 유용민, "인공지능 시대의 새로운 윤리학 모색: 루치아노 플로리디의 정보윤리학을 중심으로", 「커뮤니케이션이론」 18/2 (2022): 5-51.
59) Mark Coeckelbergh, "The Moral Standing of Machines: Towards a Relational and Non-Cartesian Moral Hermeneutics," *Philosophy & Technology* 27/1 (2014): 61-77.

워진 윤리학이지만, 플로리디의 윤리학은 인간과 기계 사이에 존재하는 것으로 추정되는 경험에 근거한 비실존적인 규범을 내세운 결과, 아직 실체가 합리적으로 구성되지 않았으므로 이를 구성해야 하는 과제를 안고 있는 미완성의 윤리학에 불과하다고 볼 수 있다. 기계의 인격적 또는 도덕적 지위가 아니라 인간과 기계의 관계에만 근거한 윤리학은 하나님에 의해서 부여된 규범과 의무 대신에 인간과 기계가 함께 세워 나가야 할 윤리학의 가능성을 탐색하고 새로운 모델을 추구하므로 인간과 기계 사이에 존재하는 간격을 메우기에 용의하지만, 윤리적 행위의 주체가 누구인가에 대한 물음에 대답하지 못하는 문제를 안고 있다. 기독교 윤리학은 하나님과 인간 사이에 존재하는 간격의 정당성을 옹호하는 가운데 인간을 도덕적 지위를 지닌 윤리적 주체로 인식하고 하나님을 향한 그의 책임을 강조하는 책임 윤리학으로 자리 매김하게 되었다.

IV. 시뮬레이션 가설에 나타난 창조론적 경향에 대한 비판적 고찰

1) 보스트롬(Nick Bostrom)과 슈퍼인텔리전스(superintelligence)

시뮬레이션 가설에 대한 비판에 앞서 보스트롬이 주장하는 슈퍼인텔리전스에 대해서 간략하게 살펴볼 필요가 있다.[60] 왜냐하면 자가 개선 인공지능의 경우, 앞서 언급된 기본적 욕구가 우주 전체를 포함할 수 있다는 사실이 시사하는 바가 상당히 많기 때문이며 이 문제는 자연스럽게 특이점을 포함한 슈퍼인텔리전스와 맞닿아 있기 때문이다. 슈퍼인텔리전스는 엄청난 비용을 요구하는 어마어마한 프로젝트이지만, 만약 이것이 실현된다면, 우리가 살고 있는 세상은 이 인공지능이 완전히 지배하는 세상이 될 것이다. 이 관점에서 보스트롬은 슈퍼인텔리전스가 도덕적으로 올바른 선택을 할 수 있는 가능성을 지닌 인공지능으로 제작되어 작동할 가능성이 아주 높은 것으로 평가한다.[61] 왜냐하면 그가 인간보다는 슈퍼인텔리전스의 도덕에 대한 판단력이 더 우월하고 완전한 것으로 간주하기 때문이다. 인간은 도덕적으로 옳지 않은 것을 선택하고 이를 실행에 옮겨왔고 앞으로도 계속적으로 그렇게 할 가능성이 거의 확실하지만, 슈퍼인텔리전스에게 이런 가능성은 그의 자가 개선 기능에 의해서 완전히 차단된다. 그렇다면 이 인공지능은 도덕을 위시한 모든 분야에서 거의 완벽에 가까운 선택과 행

---

[60] 고인석은 슈퍼인텔리전스의 실현 가능성에 대해서 비판적이며 부정적인 입장을 취한다. 고인석, "초지능이 실현될 것인가? 보스트롬의 정의를 기준으로",「과학철학」22/2 (2019): 53-77.

[61] Bostrom,『슈퍼인텔리전스: 경로, 위험, 전략』, 369-401.

동을 하는 독점적 지배체제를 형성하게 될 것이다.62) 이런 맥락에서 보스트롬은 이런 슈퍼인텔리전스의 출현이 인간에게는 비극적인 시나리오일 수밖에 없다는 부정적인 견해를 견지한다.63) 그는 인간이 자력으로 도덕적 판단을 할 수 있는 권리를 포기하고 이를 슈퍼인텔리전스에게 맡겨야 할 운명에 처하게 된다고 보았다. 우주의 모든 자산을 획득하려는 기본적 욕구를 지닌 인공지능이 실제로 이를 획득하고 활용하게 된다면 그의 능력은 모든 인류를 파멸하고도 남을 만한 가공할 만한 능력, 즉 초능력으로 나타나게 될 것이다. 따라서 보스트롬은 슈퍼인텔리스전스가 등장하는 특이점이 도래하기 전에 기술적으로 이를 통제하는 방법을 모색해야 한다고 강력하게 주장한다. 왜냐하면 이 방법을 찾지 못하면 인류가 완전히 멸종하는 위기가 도래할 가능성이 너무나 높기 때문이다.64)

2) 시뮬레이션 가설에 대한 창조론적 비판

시뮬레이션 가설은 슈퍼인텔리전스를 지닌 인공지능의 출현을 전제로 삼는 이론으로서 보스트롬이 2003년에 제안한 것이다.65) 그는 인간이 시뮬레이션 속에 살고 있다고 직접적으로 제안하는 대신에 다음과 같은 세 가지 명제를 설명하면서 만약 이 셋 가운데 하나라도 사실이라면, 거의 모든 사람들은 시뮬레이션 속에 살고 있다는 주장이 성립된다고 보았다.

> 1) 포스트 휴먼 단계에 도달한 인간 수준 문명 (높은 신뢰 수준의 조상 시뮬레이션 (ancestor simulation)66)을 작동할 능력을 지닌)의 일부분이 0에 매우 가깝다거나
> 2) 그들의 진화론적 역사나 이의 변형된 형태에 대해서 시뮬레이션을 작동하는 데 관심을 지닌 포스트 휴먼 단계의 일부분이 0에 매우 가깝다거나
> 3) 우리가 제시한 종류의 경험을 지니고 시뮬레이션 속에 살고있는 모든 사람

---

62) Bostrom, 『슈퍼인텔리전스: 경로, 위험, 전략』, 319-21.
63) Bostrom, 『슈퍼인텔리전스: 경로, 위험, 전략』, 213-36.
64) Bostrom, 『슈퍼인텔리전스: 경로, 위험, 전략』, 237-67; Bostrom, "인공지능을 어떻게 통제할 것인가", 99-101.
65) Nick Bostrom, "Are You Living in a Computer Simulation?" *The Philosophical Quarterly* 53/211 (2003): 243-55.
66) 여기에서 조상 시뮬레이션이란 시뮬레이터들 (simulators)의 역사를 컴퓨터로 시뮬레이션 하는 행위를 지칭한다. David Braddon-Mitchell and Andrew J. Latham, "Ancestor Simulations and the Dangers of Simulation Probes," *Erkenntnis* (2022): 1.

들의 일부가 1에 아주 가깝다.

이 세 가지 명제는 복잡하게 서로 얽혀 있는 어려운 문제를 뜻하는 '트릴레마' (trilemma)로도 불리워지는데 포스트 휴먼 문명이 기술적으로 엄청난 컴퓨터 능력을 지니고 있음을 뜻한다. 달리 말하면, 이 능력의 아주 적은 비율이 '조상 시뮬레이션 "을 작동시킨다 하더라도, 우주에 이 시뮬레이션의 결과로 발생하게 될 조상 시뮬레이터의 숫자는 모든 시뮬레이터가 지닌 능력을 훨씬 초월한다고 볼 수 있다.

슈퍼인텔리스 인공지능은 앞서 언급한 자기 개선 인공지능에서 출발한다. 이 인공지능의 기본적 욕구 4가지 가운데 하나인 '획득'은 궁극적으로 온 우주의 모든 자산을 획득하는 것을 의미한다. 이렇게 기본적 욕구를 충족시켜서 초지능화된 자기 개선 인공지능은 온 우주라는 자산을 지니고 이를 지배하는 거대한 능력을 지니게 된다. 달리 말하면, 우주 자체가 퀀텀 레벨에서 작동하는 메가 컴퓨터라고 볼 수 있다.67) 그렇다면 우주를 지배한다는 것은 무엇을 뜻하는가? 이 지배의 개념은 창조론적 의미를 지니고 있는데 이는 구체적으로 컴퓨터를 통한 우주의 시뮬레이션을 의미한다. 달리 말하면, 이것은 지금 우리가 살고 있는 우주가 멀지 않은 미래에 슈퍼인텔리전스를 지닌 인공지능에 의해서 조작되고 작동되는 현상이 발생할 수 있다는 가능성을 지칭한다. 우주는 이 인공지능의 기계적 능력에 의해서 만들어진 것이므로 그 능력을 통해서 기계적으로 조작 가능하다는 개념이 시뮬레이션 가설의 핵심적 내용에 해당한다. 그런데 여기에서 중요한 것은 시뮬레이션 가설에 근거한 창조론, 즉 시뮬레이션 창조론은 어디까지나 무로부터 창조 (creatio ex nihilo)가 될 수 없다는 점이다. 김재연의 주장대로 인공지능의 기계적 조작에 근거한 창조는 결국 상황 속의 창조 (creatio in situ), 즉 이미 주어진 것들을 활용하는 창작 행위에 지나지 않는다는 사실을 되새길 필요성이 제기되는 대목이다.68)

V. 마치면서

지금까지 챗GPT로 대표되는 인공지능의 윤리적 차원에서 고찰한 후 이에 대한 기독교 윤리적 입장에서 비판을 시도했다. 인공지능이 도덕적 행위자로 간주될 수 있는

---

67) Seth Lloyd, "The Universe as Quantum Computer," in Hector Zenil (ed.), *A Computable Universe* (London: World Scientific, 2011), 567-81.
68) 김재인, 『AI 빅뱅: 생성 인공지능과 인문학 르네상스』, 171-73.

가를 놓고 챗GPT의 관점에서 살펴볼 때 그 가능성에 대해서 부정적으로 평가했다. 또한 인공지능을 공리주의나 결과주의적 원리에 근거한 윤리적 사고를 지향하므로 특히 개인으로서 인간이 지닌 권리와 자유를 올바르게 해석하지 못할 가능성이 높다고 볼 수 있다. 그렇다면 인공지능의 윤리는 지금까지 전통적으로 추구해왔던 인간 중심의 윤리에서 공학적 자율성이라는 개념에 근거한 윤리 체계를 새롭게 요청한다고 볼 수 있다. 플로리디가 주장한 피동자 지향적이며 존재 중심적 거시 윤리학이 이런 윤리학의 대표적 경우에 해당된다.

이런 방식으로 추구되는 인공 지능 윤리에 대해서 기독교 윤리학의 입장은 무엇인가? 인공지능윤리는 인간과 기계 사이의 관계를 중심으로 설정되는 윤리로서 하나님의 존재와 역할을 전혀 인정하지 않는 무신론적 윤리에 해당된다. 기독교 윤리는 하나님과 인간, 그리고 인간과 인간 사이의 관계를 언어에 근거한 언약이라는 윤리적 사고를 중심으로 전개되는 윤리로서 전통적 윤리학의 중요한 분야 가운데 하나에 해당된다. 챗GPT로 대표되는 인공지능은 인간의 언어를 모방하는 논리적 기계로서 언어적 능력을 지니지 않는다는 점에 있어서 언어를 중심으로 전개되는 기독교 윤리와 강한 대조를 이룬다고 볼 수 있다.

자기 개선 인공지능이 지닌 기본적 욕구로서 우주의 모든 자산을 획득한다는 방식으로 이해되는 인공지능의 무한한 발전 가능성은 우리가 우주 속에서 살고 있다는 개념이 컴퓨터 시뮬레이션 속에서 살고 있는 것과 동일하다는 시뮬레이션 가설 (보스트롬)의 등장을 촉진시켰다. 여기에서 유추 가능한 시뮬레이션 창조라는 새로운 창조론적 개념은 기독교의 무에서의 창조와는 구별되는 상황 속 창조 개념으로 이해될 수 있다.

[참고문헌]

강정수 외. 『챗GPT와 오픈AI가 촉발한 생성 AI 혁명』. 서울: 더퀘스트, 2023.
고인석, "인공지능이 자율성을 가진 존재일 수 있는가?". 이중원 (편). 『인공지능의 존재론』. 서울: 한울아카데미, 2018.
_____. "초지능이 실현될 것인가? 보스트롬의 정의를 기준으로". 「과학철학」 22/2 (2019).
권기대. 『챗GPT 혁명』, 서울: 메가북스, 2023.
김기석. "인공지능과 기독교". 한국교회탐구센터(편). 『인공지능과 기독교 신앙』. 서울: IVP, 2017.
김난예. "인공지능 시대의 영적 민감성". 「한국기독교신학논총」 106 (2017).
김대식 · 챗GPT. 『챗GPT에게 묻는 인류의 미래: 김대식 교수와 생성인공지능의 대화』. 서울: 동아시아, 2023.
김동환. "Technological Imagination of Artificial Intelligence in the Light of the Decalogue." 「기독교사회윤리」 24 (2012).
김병석. "인공지능 (AI) 시대, 교회 공동체 성립 요건 연구: 예배와 설교 가능성을 중심으로". 「복음과 실천신학」 40 (2016).
_____. "인공지능 (AI) 시대, 예배 공동체 설교의 자리는 어디에 있는가?". 「신학과 실천」 49 (2016).
김성호. "동물의 도덕적 지위에 관한 칸트의 견해". 「환경철학」 1 (2002).
김재인. 『AI 빅뱅: 생성 인공지능과 인문학 르네상스』, 서울: 동아시아, 2023.
김효은. 『인공지능과 윤리』. 서울: 커뮤니케이션북스, 2019.
김희자. "융합문화시대의 기독교 인공지능 시스템 교육". 「기독교교육정보」 40 (2014).
목광수. "인공적 도덕 행위자 설계를 위한 고려사항". 이중원 (편). 『인공지능의 윤리학』, 파주: 한울, 2019.
_____. "인공지능 시대의 정보윤리학: 플로리디의 새로운 윤리학". 「과학철학」 20/3 (2017).
맹주만. "인공지능, 도덕적 기계, 좋은 사람". 「철학탐구」 59 (2020).
박영숙, 제롬 글렌 & 테드 고든. 『세계미래보고서 2045』. 파주: 교보문고, 2016.
반병현. 『챗GPT: 마침내 찾아온 특이점, 2023 전 세계를 뒤흔든 빅이슈의 탄생』, 파

주: 생능북스, 2023.
신상규. "인공지능, 또 다른 타자". 이중원 (편). 『인공지능의 윤리학』. 파주: 한울, 2019.
_____. "자율기술과 플로리디의 정보윤리". 「철학논집」 45 (2016).
유경동. "인공지능과 기독교윤리: 신학과 인공지능 연구와의 대화". 「신학과세계」 95 (2019).
_____. "인공지능과 기독교 윤리: 신학적 인간학의 관점에서". 「영산신학저널」 48 (2019).
유용민. "인공지능 시대의 새로운 윤리학 모색: 루치아노 플로리디의 정보윤리학을 중심으로". 「커뮤니케이션이론」 18/2 (2022).
이건명. 『인공지능: 튜링 테스트에서 딥러닝까지』. 서울: 생능북스, 2018.
이신열. 『개혁신학의 관점에서 본 기독교 윤리학』. 서울: 형설, 2014.
이을상. "인공지능의 자율성". 「철학연구」 162 (2022).
이임복. 『챗GPT: 질문하는 인간, 답하는 AI』. 서울: 천그루숲, 2023.
이중원. "인공지능에게 책임을 부과할 수 있는가? 책무성 중심의 인공지능 윤리 모색". 「과학철학」 22/2 (2019).
_____. "인공지능과 관계적 자율성". 이중원 (편). 『인공지능의 존재론』. 서울: 한울아카데미, 2018.
전대경. "인본주의에서 초인본주의로 옮겨가는 다문화적 다지능 시대 : 자연지능과 인공지능이 공존하는 다가오는 다문화에 대한 복음주의의 응답". 「조직신학연구」 30 (2018).
정태창. "자아 없는 자율성: 인공지능의 도덕적 지위에 대한 고찰". 「사회와 철학」 40 (2020).
Asimov, Isaac. "Runaround" in *I, Robot*. New York: Doubleday, 1950.
Barrat, James. *Our Final Invention*. 정지훈 옮김. 『파이널 인벤션』. 서울: 동아시아, 2016.
Bentham, Jeremy, *An Introduction to the Principles of Morals and Legislation*. 고정식 옮김. 『도덕과 입법의 원리 서설』. 파주: 나남, 2011.
Bostrom, Nick. *Superintelligence: Paths, Dangers, Strategies*. 조성진 옮김. 『슈퍼인텔리전스: 경로, 위험, 전략』. 서울: 까치, 2017.
_____. "Are You Living in a Computer Simulation?" *The Philosophical*

Quarterly 53/211 (2003).

Braddon-Mitchell, David and Andrew J. Latham. "Ancestor Simulations and the Dangers of Simulation Probes." *Erkenntnis* (2022).

Coeckelbergh, Mark. "The Moral Standing of Machines: Towards a Relational and Non-Cartesian Moral Hermeneutics." *Philosophy & Technology* 27/1 (2014).

Floridi, Luciano. *The Ethics of Information.* Oxford/New York: Oxford University Press, 2013.

_____ . "Faultless Responsibility: On the Nature and Allocation of Moral Responsibility for distributed moral actions." *Philosophical Transactions of the Royal Society of London: A Mathematical, Physical and Engineering Sciences* 374/2083 (2016).

Floridi, Luciano and J. W. Sanders. "On the Morality of Artificial Agents." *Minds and Machines* 14 (2004).

Gunkel, David J. *The Machine Question: Critical Perspectives on AI, Robots, and Ethics.* Cambridge, MA: MIT Press, 2012.

Jonas, Hans. *Das Prinzip Verantwortung.* 이진우 옮김. 『책임의 원칙: 기술 시대의 생태학적 윤리』. 서울: 서광사, 1994.

Kant, Immanuel. *Kritik der praktischen Vernunft* (1758). 백종현 옮김. 『실천이성비판』, 서울: 아카넷, 2009.

Kniess, Johannes. "Bentham on Animal Welfare." *British Journal for the History of Philosophy* 27/3 (2019).

Korsgaard, Christine M. *The Sources of Normativity.* Cambridge/New York: Cambridge University Press, 1996.

Kurzweil, Ray. *The Singularity Is Near: When Humans Transcend Biology.* 장시형, 김명남 옮김. 『특이점이 온다: 기술이 인간을 초월하는 순간』. 파주: 김영사, 2007.

Lloyd, Seth. "The Universe as Quantum Computer." in Hector Zenil (ed.). *A Computable Universe.* London: World Scientific, 2011.

Moor, James H. "Four Kinds of Ethical Robots." *Philosophy Now* 72 (2009).

Mounce, William D. *Pastoral Epistles*. Word Biblical Commentary 46. Nashville, TN: Thomas Nelson, 2000.

Nedelsky, Jennifer. "Judgment, Diversity, and Relational Autonomy." In Ronald Beiner & Jennifer Nedelsky (eds.). *Judgment, Imagination, and Politics: Themes from Kant and Arendt*. New York: Oxford University Press, 2001.

Nida-Rümelin, Julian & Natalie Weidenfeld. *Digitale Humanismus: Eine Ethik für das Zeitalter der Künstlichen Intelligenz*. 김종수 역.『디지털 휴머니즘: 인공지능시대의 윤리』. 부산: 부산대학교출판문화원, 2020.

Omohundro, Stephen M. *The Nature of Self-Improving Artificial Intelligence*. Palo Alto, CA: Self-Aware Systems, 2008.

Searle, John. "Is the Brain's Mind a Computer Program?" *The Scientific America* 262/1 (1990).

Wallach, Wendell & Colin Allen. *Moral Machines: Teaching Robots Right from Wrong*. Oxford/New York: Oxford University Press, 2008.

Walsh, Toby. *Machines That Think: The Future of Artificial Intelligence*. 이기동 옮김.『생각하는 기계: AI의 미래』. 서울: 프리뷰, 2018.

Yudkowsky, Eliezer. "Friendly Artificial Intelligence." In A. Eden, J. Moor, J. Søraker, and J. Steinhart (eds.). *Singularity Hypothesis*. Berlin: Springer, 2012.

[Abstract]
Chat GPT & Christian Ethics: A Critique on the Ethics of Artificial Intelligence from the Perspective of Christian Ethics

Prof. Dr. Samuel Lee
(Faculty of Theology)

The purpose of this article is a critique on the ethics of artificial intelligence, which recently revealed its ethical problems as ChatGPT gains its popularity. ChatGPT is one of the most powerful Large Language Models (LLM) available and it provides some kind of allusion to its users as if they are in conversation with human person. But as it turns out, ChatGPT is an artificial intelligence having no ability to understand human language. As Floridi argues, the ethics of artificial intelligence is an attempt to build a patient-oriented, ontocentric megaethics and after all, it is one of the atheistic ethics. It is based on rather controversial ethical provision since this new ethics is founded on the concept presupposing a semi moral relationship between human and artificial intelligence. Christian ethics, on the contrary, is an ethics describing the relationship between God & human, and human & human in terms of covenant, given to Christians in human language. Under the assumption self-improving AI reaches a point of technical singularity by acquiring all resources available in the whole universe, Bostrom's idea of simulation hypothesis resembles the concept of creation. However, creation proposed by this hypothesis is rather similar to the idea of *creatio in situ*, not to *creatio ex nihilo*.

Keywords: ChatGPT, Artificial Intelligence, Ethics of Artificial Intelligence, Christian Ethics, Simulation Hypothesis

4차 산업혁명 시대에 새롭게 생각하는 인간과 미래

우병훈(고신대학교, 부교수, 교의학)

[초록]

본 논문은 4차 산업혁명 시대에 새롭게 부각되는 인간과 미래에 대한 이슈들을 전통신학 및 개혁신학의 관점에서 평가하는 것을 목표로 한다. 특히 본고는 트랜스휴머니스트들의 이론을 비평적으로 다룬다. 트랜스휴머니즘은 인간이 가진 신체적, 정신적 조건이 기술을 통해서 얼마든지 변할 수 있다고 보는 사상이다. 이러한 트랜스휴머니스트들은 인간에 대한 이해를 급격하게 변화시킨다. 트랜스휴머니스트들은 인간의 정체성을 담고 있는 정보 패턴만 보존된다면 인간은 보존되는 것이며, 나머지는 젤리에 불과하다고 주장한다. 반대로, 성경과 전통신학 및 개혁신학의 인간관은 인간을 무엇보다 "하나님의 형상(*imago Dei*)"을 따라 지음 받은 "영-육 통일체(psycho-somatic unity)"로 본다. 트랜스휴머니스트들은 종말론에 있어서도 여러 가지 도전을 제기한다. 트랜스휴머니스트들은 세 종류의 불멸성 즉 "생물학적 불멸성", "생체공학적인 불멸성", 그리고 "가상적 불멸성"을 추구한다. 반면, 기독교는 개인적이고 우주적인 종말을 가르친다. 성경은 인간의 부활과 하나님의 종말적 심판을 긴밀하게 연결시킨다. 종말의 부활은 영혼과 육체를 모두 가진 전인으로의 부활이다. 그것은 죄와 사망과 사탄에 대한 완전한 승리이다. 종말의 부활은 단지 인간들과만 관련된 것이 아니라, 온 우주의 갱신과도 연관된다. 그 축복의 핵심은 하나님과의 교제의 완성이며, 천사와 및 신자들과 나누는 교제의 충만함이다. 따라서, 4차 산업혁명 시대에 기독교인은 기술의 무분별한 발전을 감시하고 규제해야 한다. 또한, 기독교인은 예수 그리스도의 형상의 회복과 하나님 앞에서의 삶이라는 관점에서 인간성을 새롭게 회복해야 한다.

키워드: 트랜스휴머니즘, 포스트휴머니즘, 4차 산업혁명, 인간론, 종말론

1. 4차 산업혁명과 트랜스휴머니즘

2022년 11월에 출시한 대화형 인공지능 서비스 챗GPT는 2023년 1/4분기 최대의 화두가 되었다. 출시 2개월 만에 월간 사용자가 1억 명이 넘었다. 사실 인공지능은 1950년 영국의 수학자 앨런 튜링이 처음 제안한 이래 지금까지 꾸준히 발전되어 왔다. 특히 우리나라에서는 2016년 3월에 이세돌 9단과 알파고의 대국에서 알파고가 4승 1패로 승리를 거둠으로써 큰 화제가 된 적이 있다. 하지만 이번에 챗GPT는 상황이 좀 다르다. 최상의 기술로 만들어진 인공지능 서비스를 그야말로 누구나 이용할 수 있게 되었기 때문이다.[1] 바야흐로 우리는 "제4차 산업혁명의 시대"를 살아가고 있다. 이 시대는 로봇공학, 인공지능(AI), 3D 프린팅, 나노기술, 생명공학, 빅데이터, 인터넷의 광범위한 연결 등의 기술이 실생활에 본격적으로 적용되는 시대이다. 제1차 산업혁명은 18세기에서 19세기에 유럽과 미국에서 발생했다.[2] 농경 사회와 농촌이 산업 사회와 도시로 바뀌는 시기였다. 이 시기에 특징적인 기술은 철강 산업 발전과 증기 엔진의 개발을 들 수 있다. 제2차 산업혁명은 제1차 세계 대전 직전인 1870년에서 1914년 사이에 발생한 현상이다. 철강, 석유 및 전기 분야와 같은 신규 산업이 크게 확장되었다. 전력과 모터를 사용하여 포괄적인 대량 생산이 가능해졌다. 이 시기에 전화, 전구, 축음기, 전기, 전신, 내연 기관 등이 발명되고 발전했다. 제3차 산업혁명은 디지털 혁명이라고 불린다. 아날로그 전자 및 기계 장치에서 디지털 기술이 접목되었다. 1960년대에 시작된 이 시대는 현재도 계속 중이라고 볼 수 있다. 이 시기에 개인용 컴퓨터가 보급되었고, 인터넷 및 정보 통신 기술(ICT)이 획기적으로 발전했다. 제4차 산업혁명은 로봇공학, 인공지능(AI), 3D 프린팅, 바이오프린팅기술, 나노기술, 생명기술공학, 빅데이터, 사물인터넷, 클라우드 기반의 네트워킹, 유전자 가위 기술, 재생 가능한 신소재 등이 획기적으로 발전하여, 이러한 기술들이 삶의 곳곳에서 활용되고, 심지어 인간의 신체에까지 적용되는 시대를 말한다. 제4차 산업혁명은 2016년 스위스 다보스-클러스터스에서 열린 세계 경제 포럼 연례회의의 주제가 된 이후로 많은 사람들의 관심을 끌게 되었다.

이 글의 주제와 관련해서 문제가 되는 것은 4차 산업혁명 시대에 사용되는 기술들을 인간에 적용함으로써 여러 가지 신학적 문제들을 발생시킨다는 점이다. 그렇게 기

---

[1] 김수민, 백선환, 『챗GPT 거대한 전환』(서울: 알에이치코리아, 2023), 제1장 참조.
[2] 세계의 산업혁명에 대해서는 아래 책을 참조하라. Peter N. Stearns, *The Industrial Revolution in World History*, 4 ed. (Boulder, Colo: Routledge, 2012).

술의 발전을 인간에 적용하여 변화를 일으키려는 시도들을 통칭하여 "트랜스휴머니즘"이라고 부를 수 있다. 트랜스휴머니즘을 보다 넓은 맥락에서 이해하기 위해서는 "포스트휴머니즘"에 대해서 설명할 필요가 있다. 이반 칼루스(Ivan Callus)와 스테판 헤르브레히터(Stefan Herbrechter) 등이 제안하는 바에 따르면, "포스트-휴머니즘(post-humanism)"과 "포스트-휴먼-이즘(post-human-ism)"의 구분이 유용하다.3) 먼저 "포스트-휴머니즘"은 "비판적 포스트휴머니즘"이라고 불리기도 하는데, 인간중심주의를 탈피하고 인간 및 인간 아닌 모든 존재들과 상호연결성을 통하여 일종의 확장된 주체를 추구하는 것이다.4)

이에 반해, "포스트-휴먼-이즘"은 "분석적 포스트휴머니즘"이라고도 불리는데, 과학기술의 도움으로 인간의 수명, 지능, 육체기능을 월등하게 향상시키고자 하는 시도이다. 이 후자의 "포스트-휴먼-이즘"을 "트랜스휴머니즘"이라고 부르기도 한다. 그리고 "포스트-휴머니즘"과 "포스트-휴먼-이즘"을 함께 "포스트휴머니즘"이라고 부르기도 한다.

포스트휴머니즘	
"포스트-휴머니즘" "비판적 포스트휴머니즘"	"포스트-휴먼-이즘" "분석적 포스트휴머니즘" "트랜스휴머니즘"
인간중심주의를 탈피하고 인간 및 인간 아닌 모든 존재들과 상호연결성을 통하여 일종의 확장된 주체를 추구	과학기술의 도움으로 인간의 수명, 지능, 육체기능을 월등하게 향상시키고자 하는 시도

기독교와 관련하여 "포스트-휴머니즘"과 "포스트-휴먼-이즘"이 모두 새로운 문제들

---

3) 이에 대해서는 Ivan Callus and Stefan Herbrechter, "Posthumanism," in *The Routledge Companion to Critical and Cultural Theory*, ed. Paul Wake and Simon Malpas, 2nd ed. (London: Routledge, 2013), 144-53(특히 144); 손화철, "기술의 자율성과 포스트휴머니즘," 한국과학기술학회 학술대회(2016.5), 11-21(특히 11-12); 손화철, "포스트휴먼 시대 앞에 선 기독교세계관의 과제,"「복음과 상황」330 (2018.3), 40-48(특히 41-43)을 참조하라.
4) 이에 대한 논의는 김환석, "우리는 오직 휴먼이었던 적이 없다," 한국과학기술학회 학술대회(2016.5)에서 다뤄진다. 김환석은 "우리는 항상 인간과 비인간의 집합체(collective)로 살아왔다."면서, "과거의 세계에서 현재의 세계가 변한 것이 있다면 연결망의 규모와 복잡성의 차이일 뿐"이라고 주장한다.

을 제기한다. 하지만 본 논문의 목적상 그리고 지면관계상 "포스트-휴먼-이즘" 즉 "트랜스휴머니즘"이 제기하는 문제에 보다 더 집중하고자 한다. 본 논문은 4차 산업혁명 시대가 기독교 신학에 어떤 도전들을 주는지를 인간론의 관점에서 다루고, 그에 대한 "개혁신학(Reformed Theology)"의 대답을 제시하고자 한다.5)

"개혁신학"이란 16-17세기에 일어났던 교회 개혁가들 가운데 루터파와 재침례파를 제외하고, 주로 스위스 연방의 교회 개혁자들(칼빈, 부써, 츠빙글리, 불링거 등)을 중심으로 하여 생겨난 신학을 말한다. 이후에 개혁신학은 스위스 지역을 넘어서 네덜란드나 영어권 나라들로 퍼져나갔다.6) 한국의 성경적이고 전통적인 신학도 역시 개혁신학의 영향을 받았다고 볼 수 있다. 특별히 본 논문에서는 "전통적 개혁신학"을 칼빈의 신학과 웨스트민스터 신조에 나타난 신학으로 보며, 현대 개혁신학자들 중에는 헤르만 바빙크의 신학을 중요한 준거(準據)로 삼는다. 물론 아브라함 카이퍼나 찰스 하지, 혹은 벤저민 워필드 역시 개혁신학의 대표적인 신학자로 생각할 수 있다. 하지만 현대과학과 연관하여 인간론과 창조론을 잘 전개한 사람은 역시 바빙크라고 할 수 있다. 따라서 이 글에서는 칼빈의 신학과 웨스트민스터 신조와 바빙크의 견해를 일차적으로 참조하겠다. 그리고 이하에서 "전통신학(traditionary theology)"이라는 표현도 종종 쓸 텐데, 이는 개신교, 로마 가톨릭, 동방정교회 모두 인정하는 공교회적인 신조 즉 사도신경, 니케아 신경, 칼케돈 신경, 아타나시우스 신경을 받아들이는 신학 전통을 가리킨다. 무엇보다 대표적인 교부들 가령 아타나시우스, 아우구스티누스, 카파도

---

5) 본 논문은 아래의 세 권의 책에서 제기하는 문제들을 중심으로 논의를 풀어나간다. Calvin Mercer and Tracy J. Trothen, *Religion and Transhumanism: The Unknown Future of Human Enhancement* (Santa Barbara, CA: ABC-CLIO, 2015); Ronald Cole-Turner, ed., *Transhumanism and Transcendence: Christian Hope in an Age of Technological Enhancement* (Washington, DC: Georgetown University Press, 2011); Steve Donaldson and Ron Cole-Turner, eds., *Christian Perspectives on Transhumanism and the Church: Chips in the Brain, Immortality, and the World of Tomorrow*, Palgrave Studies in the Future of Humanity and Its Successors (Cham: Springer International Publishing, 2018). 이 세 책에 논문들을 기고한 사람들은 트랜스휴머니즘에 대해서 다양한 시각을 갖고 있다. 어떤 학자들은 기독교가 트랜스휴머니즘을 적극적으로 반대해야 한다고 주장한다. 반대로 트랜스휴머니즘이 기독교적 뿌리를 갖고 있으며 기독교에서 수용해야 한다고 주장하는 사람도 있다. 심지어 마이카 레딩(Micah Redding)은 "기독교는 트랜스휴머니즘이다."라고 주장한다. Anders Sandberg, "Transhumanism and the Meaning of Life," in *Religion and Transhumanism*, ed. Calvin Mercer and Tracy J. Trothen, 6에서 재인용.
6) "개혁신학"의 범주가 매우 넓은 것에 대한 간략한 논의는 최윤배, "개혁신학의 관점에서 본 신사도운동의 영성," 「한국조직신학논총」 38 (2014), 128-30을 참조하라.

키아의 세 신학자들(바실리우스, 닛사의 그레고리우스, 나지안주스의 그레고리우스)의 신학을 우리는 전통신학을 잘 요약한 것으로 볼 수 있을 것이다. 물론 이런 관점 외에도 가령 로마 가톨릭이나 유대교 혹은 불교의 관점으로 4차 산업혁명이란 주제를 훌륭하게 다룰 수 있을 것이다. 하지만 필자 자신이 갖고 있는 관점은 위와 같은 "전통신학"과 "개혁신학"의 조합이므로 이 관점에서 문제를 진단하고자 한다.

2. 트랜스휴머니즘의 종류

4차 산업혁명이 기독교에 던지는 문제 중에 하나가 "트랜스휴머니즘"의 인간론이다. 트랜스휴머니즘에 대한 정의는 다양하다.[7] 넓게 말해서 트랜스휴머니즘은 인간이 가진 신체적, 정신적 조건이 기술을 통해서 얼마든지 변할 수 있다고 보는 사상이다.[8] 맥스 모어(Max More)가 말하듯이 트랜스휴머니즘은 과학과 기술을 사용하여 현재 인간의 형식과 한계들을 뛰어넘는 지성적 존재의 진화를 추구하는 삶의 철학이다.[9] 자연이 인간을 진화시킨 것이 오늘날까지의 결과를 냈다면, 이제부터 인간은 과학기술을 이용하여 더 나은 단계로 진화되어야 한다고 그들은 주장하는 셈이다.

트랜스휴머니즘을 나누는 방식에는 여러 가지가 있다. 예를 들어 패트릭 홉킨스(Patrick D. Hopkins)는 이 세상에 존재하는 두 종류의 종교 즉, 욕구 충족적 종교(기독교와 이슬람의 여러 분파들)와 욕망 비움의 종교(대표적으로 불교)에 착안하여 두 종류의 트랜스휴머니즘으로 나눈다.[10] 하나는 "슈퍼휴먼(superhuman)"이라고 그

---

[7] Sandberg, "Transhumanism and the Meaning of Life," 3.
[8] 로완 윌리엄스는 트랜스휴머니즘을 "우리가 인간 이상의 존재가 될 수 있다는 사상, 우리의 유기체적 정체성은 다양한 종류의 사이버 테크놀로지를 통해 대체될 수 있다는 사상"으로 정의한다. 로완 윌리엄스, 『인간이 된다는 것』, 이철민 역(서울: 복있는사람, 2019), 45.
[9] 아래 문헌들을 보라. Max More, "The Philosophy of Transhumanism," in *The Transhumanist Reader*, edited by Max More and Natasha Vita-More (Chickchester: Wiley, 2013), 3-17; 3. Max More, "Transhumanism: Towards a Futurist Philosophy," *Extropy* 6 (Summer 1990), 6-12. 참고로 맥스 모어는 영국 철학자였으나 미국으로 이주하여 활동하였다. 그는 1988년에 *Extropy: The Journal of Transhumanist Thought*라는 저널을 창간하고 또한 "Extropy Institute"를 설립하여 트랜스휴머니즘 운동을 전개했다. 비록 맥스 모어는 무신론자이지만, 그가 이사장으로 있는 "인간냉동보존(cyonics)" 연구기관인 "Alcor Life Extension Foundation"은 종교인들에게도 홍보를 적극적으로 하는데, 그들도 잠재적 고객이라 생각하기 때문이다. David C. Winyard Sr., "Transhumanism: Christian Destiny or Distraction?," *Perspectives on Science & Christian Faith* 72, no. 2 (June 2020), 70.
[10] Patrick K. Hopkins, "A Salvation Paradox for Transhumanism: *Saving* You versus

가 명명한 트랜스휴머니즘인데, 인간의 몸과 두뇌를 증강시켜 인간의 욕망을 충족시키는 방식이다. 다른 하나는 "포스트휴먼(posthuman)"이라고 그가 명명한 트랜스휴머니즘인데, 인간의 몸과 두뇌를 증강시킬 뿐만 아니라, 더 나아가서 욕구 자체를 변화시키는 방식이다. 이 각각에 대해서 홉킨스는 때로는 "낮은 트랜스휴머니즘/높은 트랜스휴머니즘", "플라톤적 접근/니체적 접근"이라고 명명하기도 했다.11)

트랜스휴머니즘	
욕구 충족적 종교 (기독교와 이슬람의 여러 분파들)	욕망 비움의 종교 (대표적으로 불교)
슈퍼휴먼(superhuman) 트랜스휴머니즘	포스트휴먼(posthuman) 트랜스휴머니즘
인간의 몸과 두뇌를 증강시켜 인간의 욕망을 충족시키는 방식	인간의 몸과 두뇌를 증강시킬 뿐만 아니라, 욕구 자체를 변화시키는 방식

이와는 달리 트랜스휴머니즘을 세 가지로 나누는 사람들도 있다. 예를 들어 앤더스 샌드버그(Anders Sandberg)는 프린스턴 대학의 뇌과학연구자인 세바스찬 승(Sebastian Seung; 한국명은 승현준)의 견해를 발전시켜서 트랜스휴머니즘을 세 종류로 나눈다.12) 첫 번째는 샌드버그가 "개인적 트랜스휴머니즘(individual transhumanism)"이라 부른 것인데, 한 사람이 자신의 삶을 개선하고자 하는 방법으로 트랜스휴머니즘을 이용하는 것이다. 두 번째는 그가 "지구상의 트랜스휴머니즘

Saving *You*," in *Religion and Transhumanism*, ed. Calvin Mercer and Tracy J. Trothen, 71-81(특히 71-72).

11) Hopkins, "A Salvation Paradox for Transhumanism: *Saving* You versus Saving *You*," 72; Patrick D. Hopkins, "Transcending the Animal: How Transhumanism and Religion Are and Are Not Alike," *Journal of Evolution and Technology* 14, no. 2 (2005), 13-28. http://www.jetpress.org/volume14/hopkins.html (2023.8.5. 접속)

12) Sandberg, "Transhumanism and the Meaning of Life," 3-4; Sebastian Seung, *Connectome: How the Brain's Wiring Makes Us Who We Are* (New York: Houghton Mifflin Harcourt, 2012), 273. 참고로 샌드버그는 줄리안 사불레스쿠와 함께 "우리는 생물학적 조작을 통해 사랑의 질을 증강시킬 수 있도록 사랑을 다루는 뇌과학의 점증하는 지식을 활용해야 한다."라고 주장한 바 있다. Julian Savulescu and Anders Sandberg, "Neuroenhancement of Love and Marriage: The Chemicals Between Us," *Neuroethics* 1, no. 1 (2008), 31-44(인용은 42).

(terrestrial transhumanism)"이라고 부른 것인데, 인류의 개선을 위해서 고안된 트랜스휴머니즘이다. 세 번째는 그가 "우주적 트랜스휴머니즘(cosmist transhumanism)"이라 부른 것으로, 우주에서 삶의 가능성을 획득하기 위한 프로젝트로 시행되는 트랜스휴머니즘이다.

트랜스휴머니즘		
개인적 트랜스휴머니즘	지구상의 트랜스휴머니즘	우주적 트랜스휴머니즘
한 사람이 자신의 삶을 개선하고자 하는 방법으로 트랜스휴머니즘을 이용하는 것	인류의 개선을 위해서 고안된 트랜스휴머니즘	우주에서 삶의 가능성을 획득하기 위한 프로젝트로 시행되는 트랜스휴머니즘

어떤 식으로 트랜스휴머니즘을 나누던지 간에 트랜스휴머니즘은 극도의 장수, 극도의 지성, 극도의 웰빙(만족과 건강)이라는 세 가지 목적을 가진다고 요약할 수 있다.13) 세바스찬 승이 잘 요약한 것처럼, 성경은 하나님께서 인간을 자신의 형상대로 만드셨다고 말했고, 독일 철학자 루드비히 포이에르바흐(Ludwig Feuerbach)는 인간이 하나님을 자신의 형상대로 만들어냈다고 주장했다면, 트랜스휴머니스트들은 인간이 자기 자신을 하나님이 되도록 할 것이라고 생각하고 있다.14)

3. 트랜스휴머니스트의 활동과 그에 대한 비판

트랜스휴머니즘을 단지 하나의 픽션 정도로 생각하는 사람도 있다.15) 가령 마크

---

13) Jeff Mallinson, *Sexy: The Quest for Erotic Virtue in Perplexing Times* (Irvine, CA: Virtue in the Wasteland Books, 2017): "The movement's three main objectives are superlongevity, superintelligence, and super-well-being. These objectives are interrelated."
14) Seung, *Connectome*, 273: "The bible said that God made man in his own image. The German philosopher Ludwig Feuerbach said that man made God in his own image. The transhumanists say that humanity will make itself into God." 인간이 스스로를 신처럼 만드는 기획을 잘 설명한 아래 책을 참조하라. Yuval Noah Harari, *Homo Deus: A Brief History of Tomorrow* (Toronto: Signal Books, 2017), 제 1장과 11장.

오코널(Mark O'Connell)은 트랜스휴머니스트들이 세계 곳곳에서 활동하지만 그들의 사상은 자기 계발이라는 이름으로 호들갑을 떠는 캘리포니아 주 사람들의 특유의 문화적 산물에 불과하다고 주장하기도 한다.16)

그러나 최근에 나온 문헌들을 보면 트랜스휴머니즘을 아주 진지하게 취급하는 문헌들이 적지 않다.17) 미국에는 트랜스휴머니즘을 신봉하고 활동하는 사람들이 수천 명이며 그들을 위해 특화된 저널도 있다.18) 대표적인 단체로는 맥스 모어가 설립한 "Extropy Institute"와 그가 창간한 "Extropy: The Journal of Transhumanist Thought"라는 저널이 있다. 또한 닉 보스트롬(Nick Bostrom)과 데이빗 피어스(David Pearce)에 의해 1998년에 시작된 "World Transhumanist Association(현재는 Humanity Plus)"과 "Journal of Transhumanism(2004년에 Journal of Evolution and Technology로 개명)"이라는 저널이 있다.

이미 트랜스휴머니즘에 대해서는 기독교 바깥에서도 비판이 있었다.19) 예를 들어 유럽의 좌파 철학자인 로지 브라이도티(Rosi Braidotti)는 트랜스휴머니즘은 육체를 모독하는 것이라 주장한다. 그것은 다만 자아가 유한한 물질성으로 도피하고자 하는 망상에 불과하다는 것이다.20) 신보수주의 정치가인 프랜시스 후쿠야마는 트랜스휴머니즘이 서구가 낳은 가장 위험한 사상이며, 그것이 제시하는 기술적 방법들은 무서운 도덕적 비용을 초래할 것이라 주장한다. 트랜스휴머니즘은 결국 인류를 유토피아가 아니라 파멸로 이끌 것이라는 주장이다.21) 컬럼니스트인 크리스틴 엠바(Christine

---

15) Michael Plato, "영생불사의 인간이 온다?," 오정환 역, 「복음과 상황」 330 (2018.3): 49-55.
16) 마크 오코널, 『트랜스휴머니즘: 기술공상가, 억만장자, 괴짜가 만들어낼 테크노퓨처』, 노승영 역 (문학동네, 2018). 이 책의 영어판은 아래와 같다. Mark O'Connell, *To Be a Machine: Adventures Among Cyborgs, Utopians, Hackers, and the Futurists Solving the Modest Problem of Death* (New York: Doubleday, 2017).
17) Max More and Natasha Vita-More, eds. *The Transhumanist Reader: Classical and Contemporary Essays on the Science, Technology, and Philosophy of the Human Future* (Chichester, West Sussex, UK: Wiley-Blackwell, 2013).
18) Ron Cole-Turner, "Introduction: Why the Church Should Pay Attention to Transhumanism," in *Christian Perspectives on Transhumanism and the Church*, ed. Steve Donaldson and Ron Cole-Turner, 1-15에서 콜-터너는 트랜스휴머니즘이라는 주제를 교회가 반드시 주목해야 한다고 주장한다.
19) Plato, "영생불사의 인간이 온다?," 51-52를 참조하고 원문들을 찾아서 정리했다.
20) Callus and Herbrechter, "Posthumanism," 148; Rosi Braidotti, *The Posthuman* (Cambridge: Polity Press, 2013), 90.
21) Francis Fukuyama, "The World's Most Dangerous Ideas: Transhumanism," *Foreign Policy* 144 (2009), 42-43.

Emba)는 〈워싱턴 포스트〉 기고문에서 트랜스휴머니즘의 혜택은 오직 상류계층에만 적용되며, 트랜스휴머니즘으로 인하여 불평등의 문제는 더욱 깊어져서 평등주의적 사고마저 위협받게 될 것이라 경고하고 있다.22)

이 외에도 트랜스휴머니즘은 인간의 본성, 잠재성, 생물기술적인 문제들을 제기한다. 또한 그것은 삶의 전반에 걸친 변화들을 야기한다.23) 신학적으로 볼 때에 가장 문제가 되는 것은 인간에 대한 이해가 급격하게 변화되는 것이다. 여기서 한 가지 지적할 것은, 무신론적 진화론과 무신론적 트랜스휴머니즘의 대조이다. 진화론자들에는 발전을 위해서 죽음이 필수적 과정이지만, 트랜스휴머니스트들에게는 죽음을 피하기 위해 발전을 추구한다. 리처드 도킨스와 같은 진화론자들은 인간의 수명에 대해서는 별로 이야기하지 않고 인간의 유전자의 전달만을 주로 강조한다.24) 반면에 트랜스휴머니스트들은 인간의 수명에 대해서 많은 담론을 하지만 인간 유전자의 전달에 대해서는 별로 관심이 없다. 이제 인간의 지성이나 육체는 과학기술을 통해서 얼마든지 통제할 수 있다고 보기 때문이다. 게렛 복음주의 신학교(Garrett-Evangelical Theological Seminary)의 브렌트 워터스(Brent Waters)가 잘 지적한 바와 같이, 트랜스휴머니즘 담론에서 유전자 조작을 통해서 원하는 자녀를 출산하는 것에 대한 논의를 제외하면 자녀나 후손에 대한 논의는 거의 생략되어 버린 것이 바로 이런 이유 때문이다.25)

예를 들어 한스 모라벡(Hans Moravec)과 캐서린 헤일즈(N. Katherine Hayles)는 인간의 의식을 기존 인간 육체의 한계를 훨씬 초월하는 로봇에 주입하여 인간을

---

22) Christine Emba, "Will technology allow us to transcend the human condition?," *The Washington Post* (2016.5.16.) https://goo.gl/TRd6pi (2023.8.5. 접속)
23) Matthew P. Lomanno, "The Possibilities and Problems of Transhumanism." *National Catholic Bioethics Quarterly* 8, no. 1 (2008), 57-66.
24) 도킨스는 자신의 주저 『이기적 유전자』에서 인간에 대해 아래와 같이 말한 바 있다. "우리는 유전자라고 알려진 이기적 분자를 보존하기 위해 맹목적으로 프로그램 된 생존 기계 즉, 로봇 운반자이다. 이것은 여전히 나를 놀라게 만드는 진리이다." Richard Dawkins, *The Selfish Gene* (Oxford University Press, 1976/1989/2006), xxi(2006년판): "We are survival machines--robot vehicles blindly programmed to preserve the selfish molecules known as genes. This is a truth which still fills me with astonishment." 한역: 도킨스, 『이기적 유전자』, 홍영남 역(을유문화사, 2006).
25) Brent Waters, "Flesh Made Data: The Posthuman Project in Light of the Incarnation," in *Religion and Transhumanism*, ed. Calvin Mercer and Tracy J. Trothen, 297. 트랜스휴머니즘의 기획에서 인간의 후손은 불필요한 대상, 심지어 "탐탁찮은 경쟁 대상(unwanted competition)"이 될 뿐이다.

한층 더 나은 단계로 발전시킬 수 있을 것이라 본다.26) 이와 비슷하게 레이 커즈와일 (Ray Kurzweil)은 정신은 물질적 대상이 아니며, 정신이야말로 인간이 누구인지를 규정해 주는 것이고, 정신은 바로 정보 외에 다른 것은 될 수 없다고 주장한다.27) 모라벡은 인간의 정체성을 담고 있는 정보 패턴만 보존된다면 "나는 보존되는 것이다. 나머지는 젤리에 불과하다."라고 주장한다.28)

4. 트랜스휴머니스트의 인간론에 대한 개혁신학적 비판

트랜스휴머니즘의 인간론은 성경과 전통신학 및 개혁신학이 제시하는 인간관과는 판이하게 다르다. 전통신학 및 개혁신학에서는 인간을 무엇보다 "하나님의 형상(imago Dei)"을 따라 지음 받은 "영-육 통일체(psycho-somatic unity)"로 본다.29) 인간의 본질을 규정하기 위해서는 영혼과 육체 모두가 중요하다. 무엇보다 하나님과의 관계성을 우리는 빼놓을 수 없다. "형상(image)"이라는 말 자체는 하나님을 보여주는 존재라는 뜻을 담고 있기 때문이다.

헤르만 바빙크는 "인간의 본질은 그가 하나님의 형상이라는 사실에 있다."라고 주장한다. 이어서 그는 다음과 같이 말한다.

> 온 세상은 하나님의 계시이며, 하나님의 미덕과 완전을 비춰 주는 거울이고, 각각의 피조물은 그 나름대로의 방식과 정도를 따라 하나님의 생각이 구체화된 것이다. 하지만 모든 피조물들 가운데 사람만이 하나님의 형상이고, 하나님의 최대 계시이며, 가장 풍성한 계시이고, 따라서 동시에 모든 창조의 머리이자 면류관이며, 하나님의 형상(imago Dei)과 자연의 개요(compendium naturae), 작은 신(mikrotheos)과 소우주(mikrokosmos)이다.30)

---

26) Hans Moravec, *Mind Children: The Future of Robot and Human Intelligence* (Cambridge, MA: Harvard University Press, 1988), 9-10; N. Katherine Hayles, *How We Became Posthuman: Virtual Bodies in Cybernetics, Literature, and Informatics* (Chicago: University of Chicago Press, 1999), 1.
27) Ray Kurzweil, *The Age of Spiritual Machines* (New York, NY: Viking, 1999), 54, 140-44. Waters, "Flesh Made Data: The Posthuman Project in Light of the Incarnation," 293에서 재인용.
28) Hans Moravec, *Robot: Mere Machines to Transcendent Mind* (Oxford, UK: Oxford University Press, 1999), 117.
29) Waters, "Flesh Made Data: The Posthuman Project in Light of the Incarnation," 297에서도 이를 강조한다.

바빙크는 하나님께서 지으신 그대로의 사람이 하나님의 형상이며 창조의 머리가 된다고 본다. 이것은 트랜스휴머니즘뿐 아니라, 포스트-휴머니즘과도 대립되는 사상이다. 물론 바빙크의 사상이 포스트-휴머니즘과 대립된다고 해서 그가 인간 외에 다른 피조물의 중요성을 무시하는 것이 아니라는 사실이 위의 인용문에 드러나 있다. 모든 피조물은 하나님의 생각이 구체화된 것으로 하나님의 미덕과 완전을 드러내는 거울의 역할을 하기 때문에 소중한 것이다. 그럼에도 불구하고 바빙크는 인간의 고유한 지위를 성경의 가르침에 따라 주장한다.

바빙크는 또한 "하나님의 형상에 관한 교리를 취급함에 있어서 성경과 개혁파 신앙고백서가 일치하여 가르치는 바, 인간은 하나님의 형상을 지니거나 갖는 것이 아니라 하나님의 형상이라는 개념이 전면에 부각될 필요가 있다."고 주장한다.31) 이것은 두 가지 의미가 있는데, 첫째로 하나님의 신성 전체가 인간의 원형이라는 것과 둘째로 인간 전체가 하나님의 형상을 담고 있다는 사실이다.32)

그렇다면 바빙크는 하나님의 형상이 어디에서 지시된다고 보는가? 바빙크는 인간의 내면적 능력(마음, 감정, 욕구, 사고, 지식 등)이나 의와 진리와 거룩에서 하나님의 형상이 나타난다고 본다.33) 무엇보다 그는 강조하기를 하나님의 형상이 인간의 "영혼"과 "육체" 가운데 지시된다고 주장한다.34) 인간은 "영혼이 들어간 몸(ensouled bodies)"이며, 동시에 "육체를 입은 영혼(embodied souls)"이다.35) 바빙크에 따르면 성경은 인간의 정신적 활동이 번갈아 가며 영과 혼에 의해 이뤄지는 것으로 가르친다 (시 139:13ff; 잠 19:2, 17:27; 시 77:6; 고전 2:11; 민 21:4; 욥 21:4; 삼상 1:10; 사 54:6; 눅 1:46, 47).36) 그런데 인간의 영은 정신적으로 통합되었고, 그 본성에 의해 반드시 몸에 거주해야만 한다고 바빙크는 주장한다. 바빙크가 보기에, 인간의 육체

---

30) Herman Bavinck, 『개혁교의학』, 박태현 역(서울: 부흥과개혁사, 2011), 2권 661(#284). 이하에서 권과 쪽수로 간단히 표기한다. 쪽수 뒤에 괄호 안의 숫자는 단락(#)을 가리킨다.
31) Bavinck, 『개혁교의학』, 2:692(#291).
32) Bavinck, 『개혁교의학』, 2:692-93(#291).
33) Bavinck, 『개혁교의학』, 2:695-96(#291-292). 이것은 칼빈의 사상과 일치하는 점이다. Anthony A. Hoekema, *Created in God's Image* (Grand Rapids, MI: Eerdmans, 1994), 42-43에 나오는 분석을 참조하라.
34) Bavinck, 『개혁교의학』, 2:693(#291).
35) Paul Ramsey, *The Patient as Person: Explorations in Medical Ethics* (New Haven, CT: Yale University Press, 1970), xiii.
36) Bavinck, 『개혁교의학』, 2:694(#291).

는 플라톤주의에서 말하듯이 감옥이 아니라 전능한 하나님의 놀라운 예술 작품이다. 트랜스휴머니스트들의 주장과는 달리 인간의 몸은 영혼과 마찬가지로 인간의 본질을 구성한다는 것이 성경의 가르침이다(욥 10:8-12; 시 8, 139:13-17; 전 12:2-7, 사 64:8).37)

인간을 이렇게 "영-육 통일체"로 보는 관점은 보다 현대에 와서 안토니 후크마, 마이클 호튼, 존 쿠퍼와 같은 개혁신학자들 역시 매우 강조하는 부분이다.38) 다만 마이클 호튼의 경우 "영-육 통일체"만 너무 강조하면 육체가 죽고 나서 그리스도의 재림이 오기 전까지의 중간상태(intermediate state)의 인간이 영혼만 존재하는 가능성마저도 부인할 수 있기에, "영-육 전일성(psychosomatic holism)"이라는 용어를 더 선호한다고 주장한다.39)

중요한 점은 전통신학과 개혁신학의 가르침은 인간을 영혼과 육체를 지닌 통일체로 보면서 바로 그런 통일체 속에 하나님의 형상이 나타난다고 본다는 점이다. 아우구스티누스는 인간은 영혼과 육체로 구성되어 있는데, 영혼은 육체를 지배하는 이성적인 실체이며 인간 육체 전체에 퍼져있는 생명력이라고 보았다. 그는 영혼의 최상위적 활동이 정신이라고 보았으며, 영혼은 총체적인 육체의 모든 부분에 퍼져있고, 그 어떤 육체의 부분이든 영혼이 전체로 있다고 보았다.40) 칼빈은 하나님의 형상은 무엇보다

---

37) Bavinck, 『개혁교의학』, 2:698(#292).
38) Hoekema, *Created in God's Image*, 217-18; Michael Horton, *The Christian Faith: A Systematic Theology for Pilgrims on the Way* (Grand Rapids, MI: Zondervan, 2011), 377-79; John W. Cooper, *Body, Soul, and Life Everlasting: Biblical Anthropology and the Monism-Dualism Debate* (Grand Rapids, MI: Eerdmans, 1989).
39) Horton, *The Christian Faith*, 377. 호튼은 베르까워(G. C. Berkouwer)의 경우가 중간상태에 대한 그러한 불가지론을 주장한다고 본다. 호튼이 보기에는, 리더보스도 마찬가지이다. Herman N. Ridderbos, *Paul: An Outline of His Theology*, trans. John R. de Witt (Grand Rapids: Eerdmans, 1975), 497-508, 548-50. 아울러 영혼을 육체성 속에 포함시켜 버리는 낸시 머피의 "비-환원적 물리주의(Non-reductive Physicalism)"도 경계해야 할 것이다. 아래의 글들을 보라. Nancey C. Murphy and Christopher C. Knight, eds., *Human Identity at the Intersection of Science, Technology and Religion*, Ashgate Science and Religion Series (Farnham, Surrey, England: Ashgate, 2010); Nancy Murphy, "Non-Reductive Physicalism: Philosophical Issues," in *Whatever Happened to the Soul?*, ed. Warren Brown Murphy, Nancy Murphy, and H. Newton Maloney (Minneapolis: Fortress, 1998), 127-48; Richard Lints, Michael Horton, and Mark Talbot, eds., *Human Identity in Theological Perspective* (Grand Rapids: Eerdmans, 2006), 95-117.
40) Augustine, *De moribus ecclesiae catholicae* I, 3, 5-8(PL 32, 1312-14); *De civitate*

인간의 영혼에 나타난다고 주장하면서도, 인간성 전체에 특히 육체에 있어서 그 어떤 부분도 하나님의 형상이 빛나지 않은 곳은 없다고 주장했다.[41] 바빙크는 인간의 정신적 활동이 영혼에 의해서 이뤄지는 것으로 보는 동시에, 그 영혼은 본성상 몸에 거주하는 것이라고 주장한다. 전통신학이 하나님의 형상이 영혼에 있다는 것을 강조했다면, 개혁신학은 영혼과 육체의 연합성을 특히 강조했다고 볼 수 있다.

이러한 가르침은 트랜스휴머니즘을 비판적으로 이해하는데 도움이 된다. 한편으로 어떤 트랜스휴머니스트들은 기술의 발전으로 인해 인간의 수명이 무한히 늘어나면 영혼의 존재는 필요가 없을 것이라고 주장한다.[42] 그리고 다른 한편으로 어떤 트랜스휴머니스트들은 인간의 몸을 다만 젤리 정도로 격하시키고 있다. 그러나 개혁신학의 관점에서 볼 때에 이런 인간 이해는 옳지 않다. 개혁신학은 인간의 영혼이 인간을 하나님, 천사, 동물, 식물, 물질과 구분시켜 주는 중요한 요소라고 가르친다. 인간 영혼이 지닌 비가시성, 단일성, 단순성, 불멸성 등은 하나님의 형상이 갖는 특질이라고 본다.[43] 또한 개혁신학은 육체에 드러난 하나님의 형상을 매우 강조한다. 바빙크는 "하나님은 영이기 때문에(요4:24) 몸이 없으시다."라고 말하면서도, "인간의 몸은 육체(sarx)로서 그 물질적 실체가 아니라 영혼의 도구를 위한 그 조직 구성에서, 그 형식적 완전성(perfectio formalis)에서 하나님의 형상에 속한다."라고 적절하게 주장한다.[44]

정리하자면, 트랜스휴머니즘으로 인해서 인간에 대한 올바른 성경적/신학적 이해가 이전보다 더 중요해지고 있다고 볼 수 있다. 개혁신학이 가르치는 "영-육 통일체"로서 하나님의 형상을 반영하는 인간관의 강조가 절실하다. 특별히 우리는 인간의 정체성을 형성하는데 있어서 인간의 몸이 지니는 중요성을 다시금 강조해야 한다.[45] 트랜스

Dei VII, 23, 1(PL 41, 212); De quantitate animae 13, 22(PL 32, 1048); Epistulae 166, 2, 4(PL 33, 722); De immortalitate animae 16, 25(PL 32, 1034). Etienne Gilson, 『아우구스티누스 사상의 이해』, 김태규 역(성균관대학교출판부, 2010), 21, 95-96, 104. 이 책의 불어판은 아래와 같다. Etienne Gilson, Introduction à l'étude de Saint Augustin, 3rd ed. (Paris: Librairie philosophique J. Vrin, 1949).

41) John Calvin, Institutes of the Christian Religion, ed. John T. McNeill, trans. Ford Lewis Battles (Philadelphia: Westminster, 1960), I.15.3.
42) Sandberg, "Transhumanism and the Meaning of Life," 8.
43) Bavinck, 『개혁교의학』, 2:695(#291).
44) Bavinck, 『개혁교의학』, 2:699(#292). 한글 번역을 약간 수정했다.
45) R. P. Doede, "Polanyi in the Face of Transhumanism," Tradition & Discovery 35, no. 1 (2009), 33-45에서는 마이클 폴라니의 사상이 몸과 분리된 지성이라는 개념과 그에 깔려 있는 기술결정론적인 견해를 거부한다고 주장한다.

휴머니스트들은 기술이 우리를 초인간화(super-humanization) 할 것이라고 장담하지만, 사실 그 결과 생길 수 있는 비인간화(de-humanization)에 대해서는 별로 이야기하지 않는다.46) 이것은 성경과는 거리가 먼 사상이며, 반기독교적인 인간이해를 깔고 있는 사상이다.47)

5. 트랜스휴머니즘이 제시하는 인간과 우주의 미래

트랜스휴머니즘은 인간과 우주의 미래에 있어서도 여러 가지 도전을 제기한다. 기독교는 인간의 종말에 대해 개인적 종말과 우주적 종말로 나누어 이해한다. 트랜스휴머니즘은 이 두 가지 모두와 관련된다. 어떤 트랜스휴머니스트들은 인간 개체의 "불멸성(immortality)"에 대해 주로 관심을 가진다. 또 다른 트랜스휴머니스트들은 우주적 종말에 대해서도 관심을 가지며, 인류 전체의 보존에 대해서 고민한다. 이 두 가지가 섞여 있는 경우도 있다.

브렌트 워터스는 트랜스휴머니즘 계열에서 불멸성을 추구하는 세 그룹을 구분한다. 첫째 그룹은 "생물학적 불멸성(biological immortality)"을 추구한다. 이들은 바이오 기술을 이용하여 인간의 수명을 극적으로 연장하려는 사람들이다. 예를 들어 오브리 드 그레이(Aubrey de Grey)는 인간이 150년 내지 200년을 사는 것은 곧 평범한 일이 될 것이라고 주장한다.48) 이런 사람들에게 노화(老化)는 치유해야 할 질병(疾病)에 불과하다.49)

---

46) Cole-Turner, "Introduction: Why the Church Should Pay Attention to Transhumanism," 4.
47) Jeffrey P. Bishop, "Nietzsche's Power Ontology and Transhumanism: Or Why Christians Cannot Be Transhumanists," in *Christian Perspectives on Transhumanism and the Church*, ed. Steve Donaldson and Ron Cole-Turner, 118에서도 트랜스휴머니즘의 인간관이 기독교와 반정립의 관계에 있다면서 아래와 같이 주장한다. "I shall argue that the science of enhancement, and its proponents themselves, are products of a particular culture and a particular view about the nature of reality, and that that cultural lifeworld adheres to a particular metaphysics I shall claim is antithetical to a Christian understanding of the world." 이에서 더 나아가서 일반윤리 혹은 보편윤리의 관점에서 보더라도 트랜스휴머니즘이 야기하는 비인간화는 쉽게 받아들이기 힘들다고 볼 수 있을 것이다.
48) Waters, "Flesh Made Data: The Posthuman Project in Light of the Incarnation," 291-92.
49) Waters, "Flesh Made Data: The Posthuman Project in Light of the Incarnation," 300.

둘째 그룹은 "생체공학적인 불멸성(bionic immortality)"을 추구한다. 그들은 아주 정교한 보철을 이용하여 인간의 육체를 새롭고 증강된 기관으로 대체하고자 한다.50)

셋째 그룹은 "가상적 불멸성(virtual immortality)"을 추구하는 그룹이다. 이들은 뇌에 저장된 정보가 인간의 기억과 경험과 인격성을 담지하고 있다고 본다. 그 정보를 디지털화 하여 컴퓨터에 주입하면 개인적 혹은 집단적 인간은 로봇을 통해서든 가상현실 컴퓨터를 통해서든 불멸할 것이라고 주장한다.51)

기술을 통한 불멸성을 획득하기까지는 아직 많은 시간이 필요하다고 볼 수 있다. 하지만 우리는 일상에서 벌써 이런 주제로 영화나 드라마를 만든 경우를 흔히 접할 수 있다. 캐서린 헤일즈는, "사람들은 자신들이 포스트휴먼이라고 생각하기에 포스트휴먼이 된다."라고 말했는데, 이는 상당한 시사점이 있다.52)

한스 모라벡은 미래의 컴퓨터는 역사 전체를 시뮬레이션 할 수 있을 정도로 강력한 파워를 가질 것이라고 예상한다.53) 그렇게 되면 과거의 사람들의 삶도 역시 재구성할 수 있을 것이라 본다. 그는 우리 문명이 첫 번째 은하를 식민지화하기 전에 하나의 작은 행성을 부활시키는 것은 어린아이들 장난처럼 될 것이라고 본다.54)

닉 보스트롬은 충분한 성능의 컴퓨터만 있으면 역사 속에 살았던 사람들을 부활시킬 뿐 아니라, 어떤 사람들에게는 생명이라는 선물을 줄 수 있을 것으로 본다. 그는 아예 우리가 거의 확실하게 컴퓨터 시뮬레이션 속에서 살고 있다고 주장하기도 했다.55)

마이크 페리(Mike Perry)는 삶은 반드시 연장되어야 한다고 주장한다. 그는 "인간 냉동보존(cyonics)"이나 그 외의 다양한 방법으로 불멸을 추구해야 한다고 주장한다.56) 이것은 러시아 정교회 철학자인 니콜라이 페도로프(Nikolai F. Fedorov)의

---

50) Waters, "Flesh Made Data: The Posthuman Project in Light of the Incarnation," 292.
51) Waters, "Flesh Made Data: The Posthuman Project in Light of the Incarnation," 292-93.
52) Hayles, *How We Became Posthuman*, 6. Waters, "Flesh Made Data: The Posthuman Project in Light of the Incarnation," 293에서 재인용.
53) Sandberg, "Transhumanism and the Meaning of Life," 16-17을 보라.
54) Moravec, *Mind Children*, 122-24.
55) Nick Bostrom, "Are You Living in a Computer Simulation?," *Philosophical Quarterly* 53, no. 211 (2003), 243-55. 논문 초록에서 보스트롬은 "we are almost certainly living in a computer simulation."이라고 적고 있다.
56) Mike Perry, *Forever for All: Moral Philosophy, Cryonics, and the Scientific Prospects for Immortality* (Boca Raton, FL: Universal Publishers, 2000).

"공통 임무(Common Task)"에서 말하는 바와 동일하다. 거기서 페도로프는 "인간과 그 외 다른 생명형식들의 불멸화는 위대한 도덕적 기획이며 사랑의 행위이다. 그것은 우리를 공통된 의제 속에서 묶어주며 또한 우리에게 유의미한 운명을 제공한다."라고 주장하고 있다.57)

우주적 불멸성과 관련하여 프랭크 티플러(Frank J. Tipler)는 아주 극단적인 형식을 제안한다. 그는 떼이야르 드 샤르댕(Teilhard de Chardin)의 "오메가 포인트(Omega Point)"라는 개념을 원용(援用)한다.58) 티플러는 주장하기를 지성적 존재가 우주 전체에 대해 지배권을 가지고, 대부분의 물질과 에너지를 마음대로 다룰 수 있게 되는 시대가 올 것이라고 주장한다. 그렇게 되면 우주적인 파열이 있더라도 이러한 자원과 능력을 활용하여 무한한 정보와 그 처리 능력을 소유함으로써 새로운 질서와 구조를 형성할 수 있을 것이라고 본다. 이 시대가 바로 "오메가 포인트"의 시대이다. 그때가 도래하면 모든 죽은 자들이 부활하며, 인류는 영생불사의 삶을 구가하게 될 것이라고 티플러는 주장한다.59)

6. 트랜스휴머니즘이 제시하는 미래적 비전에 대한 비판

트랜스휴머니스트들이 제안하는 위와 같은 종말론적 비전에 대한 비판도 만만치 않다. 첫째로, 어떤 이들은 이 모든 기획들이 환상에 불과하며 실현가능성이 없다고 본다. 예를 들어 티플러의 주장에서 왜 "오메가 포인트"의 우주는 "모든 사람에게 영생불사를 선사하는 무한한 정보"를 제공하는지에 대한 근거가 없다. 그것은 얼마든지 모든 존재를 무(無)로 만드는 "제로 정보(zero information)"가 될 수도 있는 것이다.60)

---

57) Perry, *Forever for All*, 1: "The immortalization of humans and other life-forms is seen as a great moral project and labor of love that will unite us in a common cause and provide a meaningful destiny." Nikolai F. Fedorov, *What Was Man Created for? The Philosophy of the Common Task: Selected Works*, edited by E. Koutiassov and M. Minto (Lausanne, Switzerland: Honeyglen/L'Age d'Homme, 1990).
58) John D. Barrow and Frank J. Tipler, *The Anthropic Cosmological Principle* (Oxford, UK: Oxford University Press, 1986); Frank J. Tipler, *The Physics of Immortality* (New York: Anchor, 1994); Teilhard de Chardin, *The Phenomenon of Man* (New York, NY: Harper, 1959).
59) Sandberg, "Transhumanism and the Meaning of Life," 17-18에서 요약함.
60) Sandberg, "Transhumanism and the Meaning of Life," 18. 샌드버그는 티플러의 우주론은

둘째로, 또 다른 이들은 위의 기획들이 실현될 수 있을지는 모르나 아직 너무나 먼 미래의 일이므로 지금 당장 토론하는 것은 의미가 없다고 본다. 사실 많은 뇌공학자들은 인간의 기억을 컴퓨터에 다 넣는 일은 현재로서는 실현가능성이 거의 없다고 주장한다. 아직까지 뇌과학 연구는 여전히 갈 길이 멀며, 구체적인 뇌의 지도를 그리는 일은 거의 불가능할지도 모른다. 거기에 더하여 우리는 인간의 기억이나 지각(知覺)이라는 것이 과연 인간의 육체 없이도 얼마든지 가능한 것인지 물어야 한다. 메를로-퐁티는 기존의 이성중심, 뇌중심의 지각 이해에 반기를 들면서, 인간에게 지각이라는 현상은 육체성과 떼려야 뗄 수 없음을 여러 가지 실험과 이론으로 증명하였다.61) 또한, 최근의 연구에 따르면 사람들이 일상에서 흔히 하게 되는 "개연성 있는 추론(plausible reasoning)"은 아무리 인공지능이 발달하더라도 흉내 낼 수 없는 능력이라고 한다.62)

셋째로, 위와 같은 태도와는 약간 다르게 어떤 사람들은 트랜스휴머니스트들의 기획들을 강력하게 반대하면서 그런 기획을 적극적으로 막아야 하며, 만일 막지 못한다면 반대라도 해야 한다고 주장한다.63) 이 주장을 하는 사람 중에 대표적인 사람이 프랜시스 후쿠야마이다. 그는 트랜스휴머니스트들이 제공하는 기획은 인류를 행복한 유토피아가 아니라 디스토피아적 악몽으로 이끌 것이라고 주장한다.64)

트랜스휴머니스트들이 그려주는 종말론은 신학적 관점에서 봤을 때에도 심각한 문제가 있다. 제임스 키이넌은 기술의 도움을 받아 하나님과 영생하려는 트랜스휴머니즘적인 기획은 기독교의 구원 및 영생에 대한 이해와는 양립할 수 없다고 주장한다.65) 그는 힘주어 말하기를 "트랜스휴머니스트들이 인간의 육체를 도외시하는 것은

또한 "닫힌 우주"를 전제로 해야 성립된다는 비판도 제기한다.
61) 모리스 메를로-퐁티, 『지각의 현상학』, 류의근 역(서울: 문학과지성사, 2002).
62) Allan McCay, "The Value of Consciousness and Free Will in a Technological Dystopia," *Journal of Evolution and Technology* 28, no. 1 (2018), 18-30. "개연성 있는 추론"의 개념은 판사, 법철학자, 인식철학자 등의 경력을 가졌던 데이비드 하지슨(David Hodgson; 1939-2012)이 발전시킨 개념이다. 예를 들어 판사가 증인들로부터 서로 충돌되는 증언들을 들었을 때에 보다 더 개연성 있는 증언이 무엇인지를 결정할 때에 사용하는 추론능력이 "개연성 있는 추론"이다. 이런 판단들은 사람들이 일상에서 자주 하는 일이다. 앨런 맥키(Allan McCay)는 하지슨의 이론에 근거하여, 인공지능은 아무리 발전한다 해도 "개연성 있는 추론 능력"을 갖출 수는 없을 것이라고 주장한다.
63) Waters, "Flesh Made Data: The Posthuman Project in Light of the Incarnation," 293.
64) Francis Fukuyama, "The World's Most Dangerous Ideas: Transhumanism," *Foreign Policy* 144 (2009), 42-43.
65) Keenan, "Roman Catholic Christianity—Embodiment and Relationality," 155-71. 키이

모든 기독교인들을 도외시하는 것이다."라고 주장한다. 왜냐하면 초기 기독교 전통에서는 지속적으로 인간의 부활한 생명은 반드시 육체성을 가질 것이라고 주장하기 때문이다.66)

　　세인트 루이스 대학에서 철학과 신학을 가르치는 제프리 비숍(Jeffrey P. Bishop)이 지적한 것처럼 트랜스휴머니스트들의 기획은 성경에서 도출된 것이라기보다는 니체식의 "힘에의 의지(will to power)"가 발전한 것이라고 보는 것이 좋을 것이다.67) 기독교에서 말하는 부활은 몸의 부활을 중요하게 여긴다. 사도 바울은 주님께서 강림하실 때 모든 신자들이 부활할 것인데, 그때에는 신자들이 입는 육체는 "영의 몸"이며, "하늘에 속한 이의 형상"이다(고전 15:44, 49). 성경이 제시하는 이러한 몸의 부활은 트랜스휴머니스트들 가령 커즈와일이 추구하는 "특이점의 실리콘 육체(silicon body of the singularity)"와는 거리가 먼 것이다.68) 제프리 비숍이 사용한 성례전 유비는 매우 도움이 된다.69) 평범한 빵과 포도주가 하나님의 약속과 말씀으로 말미암아 은혜의 수단이 되는 것처럼, 종말이 되면 우리의 현세적 몸도 역시 하나님의 능력을 통하여 신령한 몸으로 변화될 것이다.

넌은 Cole-Turner, ed., *Transhumanism and Transcendence*에 기고한 학자들 가운데 특히 세 명의 학자가 기독교와 트랜스휴머니즘은 양립할 수 없다고 주장한다고 본다. J. Jeanine Thweatt-Bates("Artificial Wombs and Cyborg Births: Postgenderism and Theology," 101-114), Celia Deane-Drummond("Taking Leave of the Animal? The Theological and Ethical Implications of Transhuman Projects," 115-30), Brent Waters("Whose Salvation? Which Eschatology? Transhumanism and Christianity as Contending Salvific Religions," 163-76)가 그들이다.

66) Keenan, "Roman Catholic Christianity—Embodiment and Relationality," 162: "Where transhumanists leave the human body behind, they leave all Christians behind. As we know too well the early Church consistently articulated the destiny of our risen lives as embodied. The turn to the body is, therefore, a deeply religious movement that provides us with a deeper understanding of our future."

67) Jeffrey P. Bishop, "Nietzsche's Power Ontology and Transhumanism: Or Why Christians Cannot Be Transhumanists," in *Christian Perspectives on Transhumanism and the Church: Chips in the Brain, Immortality, and the World of Tomorrow*, ed. Steve Donaldson and Ron Cole-Turner (Cham: Springer International Publishing, 2018), 117-35. Sandberg, "Transhumanism and the Meaning of Life," 11에서도 니체와 트랜스휴머니즘의 연관성을 다룬다. 니체와 트랜스휴머니즘의 관련성을 다각도로 다룬 아래 책을 보라. Yunus Tuncel, ed., *Nietzsche and Transhumanism: Precursor or Enemy?* (Newcastle, UK: Cambridge Scholars Publishing, 2017).

68) Bishop, "Nietzsche's Power Ontology and Transhumanism," 133.

69) Bishop, "Nietzsche's Power Ontology and Transhumanism," 133.

7. 인간과 우주의 미래에 대한 개혁신학적 관점

개혁신학은 인간과 우주의 미래에 대해서 아래와 같은 전제를 제시한다. 첫째, 세상은 반드시 종말이 있다. 그 날은 물리적으로 이 세상의 종말이 될 것이며, 영적으로 모든 도덕적 존재자들이 하나님 앞에서 심판을 받는 날이다.[70] 그리고 그 날은 사람들에게 복과 저주의 날이 될 것이다.[71] 영원한 천국과 지옥이 있기 때문이다.[72]

둘째, 인간의 부활과 하나님의 종말적 심판은 긴밀하게 연결되어 있다. 심판을 상정하지 않고 부활을 논하는 것은 성경적이지 않다.[73] 모든 인간은 심판 받는다. 하지만 신자는 이미 영생을 얻었기 때문에 최종심판 때에도 정죄를 당하지 않는다(요 3:18, 5:24).[74] 그리스도는 다만 그의 대적들을 심판하실 것이다(계 20:7-10).[75]

셋째, 종말의 부활은 몸이 자연적으로 발전하여 완성된 것도 아니다. 또한 종말의 부활은 지금 여기에서 중생과 성례와 관련된 영혼의 부활이라기보다는, 하나님의 전능한 창조행위로 말미암아 발생한 육의 부활이다(마 22:29; 고전 6:14, 15:38; 고후 1:9).[76] 이것은 영의 부활이 없이 육의 부활만 있다는 의미가 아니다. 오히려 중생한 영혼이 최종적으로 부활한 육과 결합되는 것을 뜻한다.

넷째, 종말의 부활은 삼위일체적 사역이다. 성부께서 그리스도를 통해서 성령의 능력으로 한 인간을 부활시키신다.[77] 창조가 삼위의 사역이었듯이, 타락한 세상이 재창

---

70) Bavinck, 『개혁교의학』, 4:765-76(##562-63). Russell Bjork, "Will Transhumanism Solve Death?," Perspectives on Science & Christian Faith 72, no. 2 (June 2020), 91에서도 죽음, 부활, 심판에 대해서 논하면서, 트랜스휴머니스트들이 말하는 구원은 결코 성경적인 개념이 될 수 없다고 주장한다.
71) 바빙크는 종말의 때가 "날"이라고 불리지만, 꼭 12시간, 혹은 24시간이 될 것이라 생각해서는 안 된다고 주장한다. Bavinck, 『개혁교의학』, 4:821(#572).
72) 바빙크는 결코 모든 사람이 구원 받게 된다는 만인구원설을 지지하지 않는다. 다만, 지옥에서의 고통의 차등에 대해서는 Bavinck, 『개혁교의학』, 4:848(#576)을 보라. 그는 "저주의 형벌(poena damni)은 똑같지만, 감각적 고통(poena sensus)은 다르다."라고 주장한다. 그리고 그는 완성된 하나님 나라에서의 "영광의 구별된 등급"에 대해서도 이야기 한다. 하지만 동시에 그는 "상(賞)을 요구할 수 있는 모든 권리는 오직 언약으로부터, 하나님의 자유로운 주권과 은혜로운 섭리로부터 흘러나올 수 있을 뿐이고, 따라서 주어진 권리다."라고 말한다. Bavinck, 『개혁교의학』, 4:864-65(#580)을 보라.
73) Bavinck, 『개혁교의학』, 4:822(#572).
74) Bavinck, 『개혁교의학』, 4:832-33(#574).
75) Bavinck, 『개혁교의학』, 4:833(#574).
76) Bavinck, 『개혁교의학』, 4:822(#572).

조되어 완성되는 과정에서도 삼위 하나님은 함께 사역하신다.

다섯째, 종말의 부활은 영혼과 육체를 모두 가진 전인으로의 부활이다. 인간의 본질은 무엇보다도 영혼과 육체가 가장 긴밀하게 연합하여 한 인격을 이루는 것이다. 영혼은 선천적으로 육체에 속하고 육체는 영혼에 속한다. 각각의 영혼은 자기 자신의 육체를 갖고 있다. 개별적인 인간 존재의 연속성은 영혼의 정체성에서와 마찬가지로 육체의 정체성에서도 유지된다.[78]

여섯째, 종말의 부활은 전적으로 새로운 두 번째 창조가 아니라 재창조이다.[79] 은혜는 자연을 들어 올리고 완성시킨다는 격언이 적절하다. 부활이란 몸을 다른 물질로 대체하는 것이 아니라 몸의 회복이요 완성이다.[80]

일곱째, 종말의 부활은 죄와 사망과 사탄에 대한 완전한 승리로서 주어진다(고전 15:55-57).[81] 그리스도의 죽음에서 사망은 이미 패배하였다. 하지만 죄와 사망에 대한 완전한 승리는 종말의 부활 때에 밝히 드러날 것이다.

여덟째, 신자가 부활하여 갖게 될 몸은 현재 갖고 있는 몸의 물질적 총체로 구성된 것이 아니다. 그럴 수도 없다. 인간의 몸은 계속해서 물질적으로 변화하기 때문이다. 그런 점에서 우리는 물리적인 육체의 부활보다는 정체성을 가진 몸의 부활을 말할 수 있다.[82] 우리 몸이 가진 이 정체성은 물질 덩어리, 그리고 그 물질 덩어리의 변화나 수량과도 독립적이다.[83] 바빙크가 말하듯이, "이 부활의 몸의 정체성은 여기 지상에서 특정한 개인의 고유한 몸을 표현하는 동일한 조직체와 형태, 동일한 윤곽과 유형이 부활의 몸에 보존되어야 할 것을 요구한다. … 따라서 죽은 뒤에도 사람의 몸에 그런 '유기적 기본 형태', 그런 '개별성의 틀'이 부활의 몸을 이루기 위한 씨앗으로 남아 있다는 것을 수용하는 것은 터무니없는 일이 아니다."[84]

아홉 번째, 마지막 심판 뒤에는 세상의 갱신이 뒤따른다.[85] 개혁신학은 완성될 신천신지의 실체가 이 피조계 안에 현존한다고 가르친다. 바빙크는 "죽어 땅에 장사 지

---

77) Bavinck, 『개혁교의학』, 4:823(#572).
78) Bavinck, 『개혁교의학』, 4:824(#572).
79) Bavinck, 『개혁교의학』, 4:824(#572).
80) Trothen, "Conclusion: Transhumanism and Religion," 396.
81) Bavinck, 『개혁교의학』, 4:824(#572).
82) Bavinck, 『개혁교의학』, 4:826(#573). "성경은 엄격한 의미에서 육신의 부활이 아니라 몸의 부활을 가르치고 있다."
83) Bavinck, 『개혁교의학』, 4:826(#573).
84) Bavinck, 『개혁교의학』, 4:828(#573).
85) Bavinck, 『개혁교의학』, 4:849(#577).

낸 바 된 몸으로부터 부활의 몸이 일어나듯이, 언젠가 그리스도의 재창조의 권능으로 불로 정화된 이 세상의 요소들로부터 새 하늘과 새 땅 역시 나타나 영원한 영광 가운데 비치고 '썩어짐의 종 노릇(롬 8:21)'에서 영원히 해방될 것이다."라고 주장한다.86)

열 번째, 미래에 받을 축복의 핵심은 하나님과의 교제의 완성이며, 천사 및 신자들과 나누는 교제의 충만함이다.87) 복된 자들은 단지 모든 죄에서 자유로울 뿐만 아니라 또한 죄의 모든 결과로부터, 즉 무지와 오류, 사망, 가난과 질병, 괴로움과 두려움, 굶주림과 목마름, 추위와 더위, 모든 악함, 수치와 부패로부터 자유롭게 될 것이다. 반대로 영적인 복은 너무나 탁월하고 셀 수 없이 많다. 거룩, 구원, 영광, 영자됨, 영생, 하나님과 그리스도를 바라보고 그 형상을 닮고, 하나님과 그리스도와 교제하고 하나님과 그리스도를 섬기고 찬양한다.88) 이제 만물은 그리스도 안에서 통일될 것이다(엡 1:10).89) 그 안에는 인간만이 아니라 만물의 안식이 주어진다. 바로 이런 것이 트랜스휴머니즘에서 그려내는 그림과는 판이하게 다른 개혁신학이 제시하는 종말론적 비전이다.

8. 4차 산업혁명 시대에 새롭게 생각하는 인간

이상에서 살펴본 것처럼 트랜스휴머니즘이 제시하는 인간론적 비전은 실현가능성이 낮을 뿐 아니라, 실현된다고 하더라도 진정으로 인류를 행복하게 해 주는 것도 아니다. 그렇다면 4차 산업혁명 시대를 살아가는 그리스도인은 어떻게 살아야 할까? 2023년 여름에 나온 영화, "미션 임파서블: 데드 레코닝"은 인공지능이 가진 파괴적인 힘에 대해 효과적으로 경고하고 있다. 영화 속에 등장하는 "엔티티(entity)"는 일종의 인공지능으로서 이 세상에 존재하는 모든 정보에 접근할 수 있고 그것을 교란할 수도 있는 막강한 힘을 가졌다. 엔티티는 "어디에도 없지만 어디에나 있을 수 있는" 인공지능으로서, 인간 삶에 곳곳에 침투하여 조정하고 심지어 선과 악의 기준마저 조작하고 허물어뜨리는 AI이다. 이 영화는 앞으로 AI가 스스로 판단하고 행동을 취하면서 세계를 큰 위험에 빠뜨릴 수도 있음을 경고한다. 만일 우리가 AI를 비롯한 4차 산

---

86) Bavinck, 『개혁교의학』, 4:854(#577).
87) Bjork, "Will Transhumanism Solve Death?," 93에서도 이 땅에서부터 시작되어 영원한 생명으로 이어지는 창조주와의 교제가 죽음에 대한 진정한 해결책이 된다고 주장한다.
88) Bavinck, 『개혁교의학』, 4:855(#578).
89) Bavinck, 『개혁교의학』, 4:866(#580).

업혁명 시대의 기술을 마냥 받아들이기만 하고 제재하지 않는다면, 인류는 스스로 위험을 자초하는 형국이 될 것이다. 따라서, 우리는 기술개발을 감시하고 기술의 발전에 제한을 가해야 한다. 생명과학이 인간을 실험 대상으로 삼는 것에 대해서 철저하게 규제하고 감시하는 것처럼, 우리는 트랜스휴머니즘이 실험하는 다양한 시도들에 대해서 규제와 감시를 강화해야 한다. 4차 산업혁명 시대에 신자들은 공공선을 위한 책임감을 가지고서 이런 폐해를 미연에 방지하도록 경고해야 하며, 필요한 경우 강력한 법제화를 요구해야 한다. 그와 함께 중요한 것은 진정한 인간성을 회복하는 것이다. 하나님 및 동료 인간과 교제하고 공감하며, 하나님의 말씀에 순종하고, 연약한 자들을 돌보고 섬기며, 가식 없이 경건에 힘쓰며, 세상을 보다 선하고 아름답게 만들기 위해 노력하는 인간이 참된 인간이다. 그것은 바로 예수 그리스도로 말미암아 회복된 형상을 지닌 인간이며 하나님 앞에서(coram Deo) 살아가는 인간이다.[90]

---

90) 우병훈, 『구원, 그리스도의 선물』(군포: 다함, 2023), 제1장을 보라.
* 이 논문은 아래 논문을 수정하고 발전시킨 것이다. 우병훈, "트랜스휴머니즘 시대에 도전 받는 기독교 신학: 인간론, 구원론, 종말론을 중심으로," 「한국개혁신학」 68 (2020): 166-217.

[참고문헌]

김수민, 백선환. 『챗GPT 거대한 전환』. 서울: 알에이치코리아, 2023.
김환석. "우리는 오직 휴먼이었던 적이 없다." 한국과학기술학회 학술대회(2016.5)
손화철. "기술의 자율성과 포스트휴머니즘." 한국과학기술학회 학술대회. 2016. 5, 11-21.
──. "기술철학에서의 경험으로의 전환: 그 의의와 한계."「철학」87 (2006), 137-64.
──. "육하원칙에 따라 묻는 인공지능과 미래." 손화철 외,『스펙트럼 3호: 인공지능과 기독교 신앙』. 서울: IVP, 2017, 99-126.
──. "포스트휴먼 시대의 기술철학."『포스트휴먼 시대의 휴먼』. 아카넷, 2016, 280-281.
──. "포스트휴먼 시대 앞에 선 기독교세계관의 과제,"「복음과 상황」330 (2018.3), 40-48.
우병훈.『구원, 그리스도의 선물』. 군포: 다함, 2023.
장보철. "트랜스 휴머니즘의 인간의 유한성 접근에 대한 목회신학적 고찰."「한국기독교신학논총」112 (2019.4), 195-219.

Aristotle. *The Complete Works of Aristotle*. Edited by Jonathan Barnes. 2 vols. Princeton: Princeton University Press, 1984.
Augustine.『고백록』. 총3권. 성염 역. 파주: 경세원, 2016.
Barrow, John D. *The Anthropic Cosmological Principle*. Oxford: Oxford University Press, 1986.
Bishop, Jeffrey P. "Nietzsche's Power Ontology and Transhumanism: Or Why Christians Cannot Be Transhumanists." In *Christian Perspectives on Transhumanism and the Church: Chips in the Brain, Immortality, and the World of Tomorrow*, edited by Steve Donaldson and Ron Cole-Turner, 117-35. Cham: Springer International Publishing, 2018.
Bjork, Russell. "Will Transhumanism Solve Death?" *Perspectives on Science & Christian Faith* 72, no. 2 (June 2020), 89-94.

Bostrom, Nick. "Are You Living in a Computer Simulation?" *Philosophical Quarterly* 53, no. 211 (2003), 243-55.
Braidotti, Rosi. *Metamorphoses: Towards a Materialist Theory of Becoming*. Cambridge: Polity Press, 2002.
———. *The Posthuman*. Cambridge: Polity Press, 2013.
———. *Transpositions: On Nomadic Ethics*. Cambridge: Polity Press, 2006.
Callus, Ivan, and Stefan Herbrechter. "Posthumanism." In *The Routledge Companion to Critical and Cultural Theory*, edited by Paul Wake and Simon Malpas, 2nd ed., 144-53. London: Routledge, 2013.
Calvin, Jean. *Institutes of the Christian Religion*. Edited by John Thomas McNeill. Translated by Ford Lewis Battles. 2 vols. Philadelphia, PA: Westminster Press, 1960.
Cole-Turner, Ron. "Introduction: Why the Church Should Pay Attention to Transhumanism." In *Christian Perspectives on Transhumanism and the Church: Chips in the Brain, Immortality, and the World of Tomorrow*, edited by Steve Donaldson and Ron Cole-Turner, 1-15. Cham: Springer International Publishing, 2018.
———. "Spiritual Enhancement." In *Religion and Transhumanism: The Unknown Future of Human Enhancement: The Unknown Future of Human Enhancement*, edited by Calvin Mercer and Tracy J. Trothen, 369-83. Santa Barbara, CA: ABC-CLIO, 2015.
———. "Introduction: The Transhumanist Challenge." In *Transhumanism and Transcendence Christian Hope in an Age of Technological Enhancement*, edited by Ronald Cole-Turner, 1-18. Washington, DC: Georgetown University Press, 2011.
Cole-Turner, Ron, ed. *Transhumanism and Transcendence Christian Hope in an Age of Technological Enhancement*. Washington, DC: Georgetown University Press, 2011.
Cooper, John W. *Body, Soul, and Life Everlasting: Biblical Anthropology and the Monism-Dualism Debate*. Grand Rapids, MI: Eerdmans, 1989.

Doede, R. P. "Polanyi in the Face of Transhumanism." *Tradition & Discovery* 35, no. 1 (2009), 33-45.

Donaldson, Steve, and Ron Cole-Turner, eds. *Christian Perspectives on Transhumanism and the Church: Chips in the Brain, Immortality, and the World of Tomorrow*. Cham: Springer International Publishing, 2018.

Douglas, Philip A. "Becoming God by the Numbers: An Evolutionary Journey toward the Divine." In *Religion and Transhumanism: The Unknown Future of Human Enhancement: The Unknown Future of Human Enhancement*, edited by Calvin Mercer and Tracy J. Trothen, 117-30. Santa Barbara, CA: ABC-CLIO, 2015.

Fedorov, Nikolai F. *What Was Man Created for? The Philosophy of the Common Task: Selected Works*. Edited by E. Koutiassov and M. Minto. Lausanne, Switzerland: Honeyglen/L'Age d'Homme, 1990.

Frank J. Tipler. *The Physics of Immortality: Modern Cosmology, God, and the Resurrection of the Dead*. New York: Anchor Books, 1994.

Gallagher, Shaun, and Dan Zahavi. *The Phenomenological Mind*. 2nd ed. London: Routledge, 2012.

Gallaher, Brandon. "Godmanhood vs Mangodhood: An Eastern Orthodox Response to Transhumanism." *Studies in Christian Ethics* 32, no. 2 (May 2019), 200-15.

Garner, Stephen. "Christian Theology and Transhumanism: The Created Co-Creator and Bioethical Principles." In *Religion and Transhumanism: The Unknown Future of Human Enhancement: The Unknown Future of Human Enhancement*, edited by Calvin Mercer and Tracy J. Trothen, 229-44. Santa Barbara, CA: ABC-CLIO, 2015.

Gilson, Etienne. 『아우구스티누스 사상의 이해』. 김태규 역. 서울: 성균관대학교출판부, 2010.

Gregory of Nazianzus. *Lettres théologiques*. Translated by Paul Gallay and Maurice Jourjon. Sources chrétiennes; no 208. Paris: Éditions du

Cerf, 1974.

Guthrie, W. K. C. *A History of Greek Philosophy: The Earlier Presocratics and the Pythagoreans*. Vol. 1. Cambridge: Cambridge University Press, 1962.

Harari, Yuval Noah. *Homo Deus: A Brief History of Tomorrow*. Toronto: Signal Books, 2017.

Hayles, N. Katherine. *How We Became Posthuman: Virtual Bodies in Cybernetics, Literature, and Informatics*. Chicago: University of Chicago Press, 1999.

Hoekema, Anthony A. *Created in God's Image*. Grand Rapids, MI: Eerdmans, 1994.

Hopkins, Patrick K. "A Salvation Paradox for Transhumanism: Saving You versus Saving You." In *Religion and Transhumanism: The Unknown Future of Human Enhancement: The Unknown Future of Human Enhancement*, edited by Calvin Mercer and Tracy J. Trothen, 71-81. Santa Barbara, CA: ABC-CLIO, 2015.

─────. "Transcending the Animal: How Transhumanism and Religion Are and Are Not Alike." *Journal of Evolution and Technology* 14, no. 1 (2005), 13-28.

Horton, Michael Scott. *The Christian Faith: A Systematic Theology for Pilgrims on the Way*. Grand Rapids, MI: Zondervan, 2011.

Isaacson, Walter. *Steve Jobs*. New York, NY: Simon & Schuster, 2011.

Johnson, Lee A. "Return of the Corporeal Battle: How Second-Century Christology Struggles Inform the Transhumanism Debate." In *Religion and Transhumanism: The Unknown Future of Human Enhancement: The Unknown Future of Human Enhancement*, edited by Calvin Mercer and Tracy J. Trothen, 273-90. Santa Barbara, CA: ABC-CLIO, 2015.

Johnston, Ysabel. "Rivalry, Control, and Transhumanist Desire." In *Christian Perspectives on Transhumanism and the Church: Chips in the Brain, Immortality, and the World of Tomorrow*, edited by

Steve Donaldson and Ron Cole-Turner, 229-44. Cham: Springer International Publishing, 2018.

Keenan, James F. "Roman Catholic Christianity—Embodiment and Relationality: Roman Catholic Concerns about Transhumanist Proposals." In *Transhumanism and the Body: The World Religions Speak*, edited by Calvin Mercer and Derek Maher, 155-71. New York: Palgrave Macmillan, 2014.

Kim, Heup Young. "Cyborg, Sage, and Saint: Transhumanism as Seen from an East Asian Theological Setting." In *Religion and Transhumanism: The Unknown Future of Human Enhancement: The Unknown Future of Human Enhancement*, edited by Calvin Mercer and Tracy J. Trothen, 97-113. Santa Barbara, CA: ABC-CLIO, 2015.

Kurzweil, Ray. *The Age of Spiritual Machines*. New York, NY: Viking, 1999.

———. *The Singularity Is Near: When Humans Transcend Biology*. New York: Penguin Books, 2006.

Lints, Richard, Michael Horton, and Mark Talbot, eds. *Human Identity in Theological Perspective*. Grand Rapids, MI: Eerdmans, 2006.

Lomanno, Matthew P. "The Possibilities and Problems of Transhumanism." *National Catholic Bioethics Quarterly* 8, no. 1 (2008), 57-66.

McCay, Allan. "The Value of Consciousness and Free Will in a Technological Dystopia." *Journal of Evolution and Technology* 28, no. 1 (2018), 18-30.

Mercer, Calvin, and Derek Maher, eds. *Transhumanism and the Body: The World Religions Speak*. New York: Palgrave Macmillan US, 2014.

Mercer, Calvin, and Tracy J. Trothen, eds. *Religion and Transhumanism: The Unknown Future of Human Enhancement: The Unknown Future of Human Enhancement*. Santa Barbara, CA: ABC-CLIO, 2015.

Moravec, Hans. *Mind Children: The Future of Robot and Human*

Intelligence. Cambridge, MA: Harvard University Press, 1988.

――. *Robot: Mere Machines to Transcendent Mind*. Oxford, UK: Oxford University Press, 1999.

More, Max. "The Philosophy of Transhumanism." In *The Transhumanist Reader: Classical and Contemporary Essays on the Science, Technology, and Philosophy of the Human Future*, edited by Max More and Natasha Vita-More, 3-17. Chichester, West Sussex, UK: Wiley-Blackwell, 2013.

――. "Transhumanism: Towards a Futurist Philosophy." *Extropy* 6 (1990), 6-12.

More, Max, and Natasha Vita-More, eds. *The Transhumanist Reader: Classical and Contemporary Essays on the Science, Technology, and Philosophy of the Human Future*. 1 edition. Chichester, West Sussex, UK: Wiley-Blackwell, 2013.

Murphy, Nancy. "Non-Reductive Physicalism: Philosophical Issues." In *Whatever Happened to the Soul?*, edited by Warren Brown Murphy, Nancy Murphy, and H. Newton Maloney, 127-48. Minneapolis: Fortress, 1998.

Murphy, Nancey C., and Christopher C. Knight, eds. *Human Identity at the Intersection of Science, Technology and Religion*. Ashgate Science and Religion Series. Farnham, Surrey, England: Ashgate, 2010.

Newman, William R., Anthony Grafton, and Jed Z. Buchwald, eds. *Secrets of Nature: Astrology and Alchemy in Early Modern Europe*. 1st edition. Cambridge, Mass.: The MIT Press, 2006.

O'Connell, Mark. 『트랜스휴머니즘: 기술공상가, 억만장자, 괴짜가 만들어낼 테크노퓨처』, 노승영 역. 파주: 문학동네, 2018.

Perry, Mike. *Forever for All: Moral Philosophy, Cryonics, and the Scientific Prospects for Immortality*. Boca Raton, FL: Universal Publishers, 2000.

Pierre. Teilhard de Chardin. *The Phenomenon of Man*. London: William

Collins Sons, 1959.

Plato. *Complete Works*. Edited by John M Cooper and D. S. Hutchinson. Indianapolis: Hackett Publishing Company, 1997.

Plato, Michael. "영생불사의 인간이 온다?" 오정환 역, 「복음과 상황」 330 (2018.3): 49-55.

Ramsey, Paul. *The Patient as Person: Explorations in Medical Ethics*. New Haven, CT: Yale University Press, 1970.

Ridderbos, Herman N. *Paul: An Outline of His Theology*. Translated by John R. de Witt. Grand Rapids: Eerdmans, 1975.

Romilly, Jacqueline de. *The Great Sophists in Periclean Athens*. Translated by Janet Lloyd. Oxford: Oxford University Press, 1992.

Sandberg, Anders. "Transhumanism and the Meaning of Life." In *Religion and Transhumanism: The Unknown Future of Human Enhancement: The Unknown Future of Human Enhancement*, edited by Calvin Mercer and Tracy J. Trothen, 3-22. Santa Barbara, CA: ABC-CLIO, 2015.

Savulescu, Julian, and Anders Sandberg. "Neuroenhancement of Love and Marriage: The Chemicals Between Us." *Neuroethics* 1, no. 1 (2008), 31-44.

Seung, Sebastian. *Connectome: How the Brain's Wiring Makes Us Who We Are*. New York: Houghton Mifflin Harcourt, 2012.

Smith, James. 「하나님 나라를 욕망하라」. 박세혁 역. 서울: IVP, 2016. Smith, James K. A. *Desiring the Kingdom: Worship, Worldview, and Cultural Formation*. Grand Rapids: Baker Academic, 2009.

Stearns, Peter N. *The Industrial Revolution in World History*. 4 ed. Boulder, Colo: Routledge, 2012.

Sweet, William. "Transhumanism and the Metaphysics of the Human Person." *Science et Esprit* 67, no. 3 (Sep. - Dec. 2015), 359-71.

Torrance, Eugenia. "Acquiring Incorruption: Maximian Theosis and Scientific Transhumanism." *Studies in Christian Ethics* 32, no. 2 (May 2019), 177-86.

Trothen, Tracy J. "Conclusion: Transhumanism and Religion: Glimpsing the Future of Human Enhancement." In *Religion and Transhumanism: The Unknown Future of Human Enhancement: The Unknown Future of Human Enhancement*, edited by Calvin Mercer and Tracy J. Trothen, 385-98. Santa Barbara, CA: ABC-CLIO, 2015.

Tuncel, Yunus, ed. *Nietzsche and Transhumanism: Precursor or Enemy?* Newcastle, UK: Cambridge Scholars Publishing, 2017.

Wake, Paul, and Simon Malpas, eds. *The Routledge Companion to Critical and Cultural Theory*. 2 edition. London ; New York: Routledge, 2013.

Waters, Brent. "Flesh Made Data: The Posthuman Project in Light of the Incarnation." In *Religion and Transhumanism: The Unknown Future of Human Enhancement: The Unknown Future of Human Enhancement*, edited by Calvin Mercer and Tracy J. Trothen, 291-302. Santa Barbara, CA: ABC-CLIO, 2015.

———. *This Mortal Flesh: Incarnation and Bioethics*. Grand Rapids, MI: Brazos Press, 2009.

Winyard Sr., David C. "Transhumanism: Christian Destiny or Distraction?" *Perspectives on Science & Christian Faith* 72, no. 2 (June 2020), 67-82.

[Abstract]

A New Reflection on Humans and the Future in the Age of the Fourth Industrial Revolution

Prof. Dr. Byung Hoon Woo
(Faculty of Theology)

This essay aims to evaluate the issues of humanity and the future newly emerging in the era of the Fourth Industrial Revolution from the perspectives of traditional theology and reformed theology. In particular, this paper critically deals with various theories of transhumanists. Transhumanism is the belief that humans can change their physical and mental conditions through technology. Transhumanists radically change the understanding of humanity. They claim that if only information patterns about human identities are preserved, humans are preserved, and that the physical parts of human beings are just jelly. In contrast, the anthropology of the Bible, Christian tradition, and Reformed theology regards human beings above all as "psycho-somatic unity" created according to the image of God (*imago dei*). Transhumanists pose a number of challenges in eschatology. They pursue three types of immortality: "biological immortality," "bionic immortality," and "virtual immortality." Contrary to this, Christianity teaches both a personal and a cosmic end. The Scriptures closely relate human resurrection with God's eschatological judgment. The resurrection of the eschaton is a resurrection of the whole person, both soul and body. The eschaton is a complete victory over sin, death, and Satan. The eschatological resurrection not only relates to humans but also to the renewal of the whole universe. The core of the eschatological blessing is the completion of fellowship with God and the fullness of fellowship with angels and believers. Therefore, in the era of the Fourth Industrial Revolution, Christians must monitor and regulate the indiscriminate development of technology. In addition, Christians must recover their humanity anew in terms of the restoration of the image of Jesus Christ and life before God.

Keywords: transhumanism, posthumanism, fourth industrial revolution, anthropology, eschatology

포스트 코로나시대 교회교육 내 에듀테크(edutech)의 활용 가능성과 한계점[1]

이현철(고신대학교, 부교수, 기독교교육학)

[초 록]

본 연구에서는 교회교육의 새로운 장으로서 에듀테크의 활용 가능성과 한계점을 탐색하여 교회교육 관련 사역자들에게 기초자료를 제공하고자 하였다. 이를 위하여 본 연구에서는 국내·외 선행연구를 중심으로 에듀테크의 개념, 구성요소(가상현실, 증강현실, 빅데이터, 메타버스), 성장 과정을 분석하고, 교회교육을 위한 에듀테크의 활용 가능성으로 학습 몰입, 상호작용 학습, 협동 학습, 시뮬레이션 학습, 게임기반 학습의 측면을 탐색하였다. 또한 교회교육을 위한 에듀테크 활용 시 고려 사항을 분석하여 하나님의 절대주권의 인정, 예배와 관련된 제한성, 교회사역 내에서의 위치, 사역자 및 교회학교 교사의 디지털 역량과 전문성, 철저한 교육설계 담보 등을 유념해야 함을 살펴보았다. 마지막으로 이러한 과정을 통하여 교회교육의 전환기를 맞이하고 있는 한국교회와 교회학교 교사 및 사역자들에게 교회교육을 위한 스말로그(smalogue: smart와 analogue)적인 사역을 제안하였다.

키워드: 교회교육, 에듀테크, 코로나19, 교회학교, 스말로그

---

[1] 본 논문은 한국교회교육·복지실천학회 2021년 추계학술대회에서 발표한 논문을 수정·보완한 것임.

1. 들어가며

코로나19 팬데믹(pandemic)으로 인한 한국 사회의 변화는 일찍이 경험해보지 못한 변화의 폭과 수준을 제시해주었다. 특히나 교육 영역의 변화는 기술 발전과 맞물려 다양한 형태와 방식들이 등장하게 되었으며, 대면 체제 중심의 전통적인 교육 장면의 변화를 초래하였다. 교사의 교수학습 방법은 비대면 및 온라인 체제 속에서 이루어지는 상호작용과 학생 중심의 참여 방식으로 변모하였으며, 학생들은 그러한 교수학습 과정에서 주도적인 역할과 활동을 수행할 수 있는 존재들이 되어갔다. 교육 주체로서 교사와 학생은 자신들의 공간을 초월하여 학습을 수행하게 되었으며, 그들 주변의 다양한 경계와 제한들을 넘어 소통하기 시작하였다. 이제 전통적인 교육 체제가 전제하는 경계와 제한에서 학습 활동을 고수할 필요가 없어졌으며, 새로운 교육 체제 속에서 그 경계를 넘나들며 학습 활동이 수행되기 시작한 것이다. 그야말로 교육의 '재탄생'이 이루어진 것이다. 이러한 교육의 재탄생은 에듀테크의 성장과 지원 속에서 효과적으로 진행될 수 있었다. 일반적으로 에듀테크(edutech 또는 edtech)는 교육(education)과 기술(technology)의 합성어로서 가상현실, 증강현실, 인공지능, 사물인터넷, 빅데이터, 클라우드, 블록체인 등을 결합한 미래 교육을 의미하는데, 해당 최신 기술을 통해서 교육의 다양한 활동을 수행하고 평가하는 것이다. 현재 에듀테크와 관련된 논의는 4차 산업혁명의 혁신 속에서 새로운 교육적 패러다임으로 자리 잡고 있다.

전술한 공교육 현장의 변화와 마찬가지로 교회 교육의 변화도 거세게 몰아치고 있다. 코로나 팬데믹은 한국교회 내 교회 교육 사역의 시대적 변화를 요청하였으며, 신앙교육의 중요성을 포기하지 않으려는 많은 시도들을 수행하게 만들었다. 실제로 한국교회는 코로나의 엄중한 상황 속에서도 예배와 신앙교육에 대한 강조점을 소홀하게 다루지 않았으며, 특별히 다음 세대를 위한 신앙 양육과 신앙 계승을 위해서 에듀테크가 적용된 다양한 신앙교육 방법도 시도하였다고 볼 수 있다. 즉, 교회 교육 내에서 기존에 존재하지 않았던 신앙교육의 혁신적인 사례들이 나타나고 있으며, '교회 교육의 재탄생'으로 명명하여도 손색이 없을 만한 활동들이 일어나고 있다. 이러한 교회 교육의 혁신적 변화의 상황을 바라보면서 함영주는 신앙교육에 있어 전통적 신앙교육의 측면과 혁신적인 측면을 융합하여 조화롭게 사역해나갈 것을 강조해주고 있어 흥미롭다.[2] 이에 본 연구에서는 교회 교육의 새로운 장으로서 에듀 테크의 활용 가능성과 한계점을 탐색하여 교회 교육 관련 사역자들에게 기초자료를 제공하고자 한다. 이는 위드 코로나 시대의 교회 교육을 향한 의미 있는 논의가 될 것으로 판단한다.

2. 에듀테크는 무엇인가?

2.1. 에듀테크의 개념

에듀테크(edutech 또는 edtech[3])는 교육(education)과 기술(technology)의 합성어로서 가상현실, 증강현실, 인공지능, 사물인터넷, 빅데이터, 클라우드, 블록체인 등을 결합한 미래 교육을 의미한다. 해당 최신 기술을 통해서 기존의 교육 현장에서의 한계를 극복하고자 하며, 교육의 다양한 활동을 기능적으로 수행하고 체계적으로 평가하고자 추진 되어지는 것이다. 현재 에듀테크와 관련된 논의는 4차 산업혁명의 혁신 속에서 새로운 교육적 패러다임으로 성장하고 있으며, 핵심적인 가치로 자리 잡고 있다. 이러한 에듀테크는 현대 과학기술의 장엄한 내러티브(grand narrative of modernity)를 제공하는 것으로 상징되고 있으며, 에듀테크와 관련된 담론은 교육 시스템을 향한 기술 개발을 보장하고, 교육주체들의 학습에 지대한 영향을 미칠 것[4]으로 예상된다. 실제로 에듀테크는 미국과 유럽을 중심으로 성장하고 있으며, 스마트러닝과 이러닝을 포함하여 기능적인 사항을 제공할 뿐만 아니라 학습자에게 최적화된 교육내용과 상호작용을 제안하여 학습의 효과를 극대화할 수 있도록 지원하고 있다.[5] 전술한 에듀테크와 관련하여 한국정부는 1990년대부터 '신교육체제 수립을 위한 교육개혁 방안'을 제시하면서 미래형 IT 기반 교육 환경을 추진하여 왔으며, 2011년 '스마트교육 추진 전략'을 발표하면서 본격적인 관련 환경 조성과 구축을 시도해왔다. 2021년에는 '2021년도 교육정보화 시행계획'을 추진하면서 미래형 ICT(Information and Communication Technologies) 기반 교육·연구 환경을 조성하고 이를 통해 지속 가능한 교육 정보화 혁신을 이루어내며, IT를 통한 맞춤형 교육 서비스 실현을 목표로 나아가고 있다.[6] 최근 정부는 '2021 에듀테크 코리아 페어·포럼'을 '에듀테크,

---

[2] 함영주, "전통과 혁신을 활용한 미래형 교회교육방법의 방향성에 대한 연구", ACTS 신학저널 48(2021), 190.
[3] 북미에서는 'edtech'로 활용되는데 국내의 경우 'adtech'와의 명확한 구분을 위하여 'edutech'로도 활용되고 있다.
[4] McGrath, C., & Akerfeldt, A., "Education technology(EdTech): Unbouded opportunities or just another brick in the wall?", in Larsson, A., & Teigland., Digital transformation and public services (NY: Routledge, 2020)(143-157), 144
[5] 김예슬, "국내 학교에서의 에듀테크 활용 현황 및 실태 분석", 고려대학교 석사학위논문(2016). 8.

학습 혁신의 시작 (EdTech Unlocks Learning Innovation)'이라는 주제로 2021년 9월 14일~16일 온라인으로 개최하였다. 2021년 이번 행사에서는 AI러닝, 메타버스, 그린스마트 스쿨, 창의융합, HRD/평생교육 등등의 주제로 다양한 내용들이 소개되었다.7) 현재 전세계적으로 에듀테크는 4차 산업혁명의 큰 물결 속에서 과학기술이 접목된 새로운 교육 플랫폼을 탄생시키고 있으며, 이에 대한 교육주체들의 변화와 적응을 강력하게 요청하고 있다.

2.2. 에듀테크의 구성요소

에듀테크의 개념에 기초하여 핵심적인 구성요소를 살펴보면 최근 가상현실, 증강현실, 빅데이터, 사물인터넷을 확인할 수 있다. 이는 에듀테크의 성장과 발전을 이끌어가는 주요한 요소들이 되고 있으며, 이를 바탕으로 다양한 수업원리와 교수학습전략들이 논의되고 있다. 본고에서는 전술한 항목들 중에서도 현재 교육현장에서 가장 관심을 받고 있는 가상현실, 증강현실, 빅데이터, 메타버스에 집중하여 논의하고자 한다. 각 항목의 내용들을 살펴보면 다음과 같다.

첫째, 가상현실(virtual Reality)은 컴퓨터 기술을 통해 구축된 3차원 가상공간으로 현실세계를 대체하여 사용자를 몰입하게 하는 기술 혹은 환경으로 볼 수 있다.8) 가상현실 환경은 지금까지 교육에서 활용되어 온 멀티미디어 학습 환경을 뛰어넘어 3D 입체 환경을 통한 중다감각적 상호작용을 가능하게 함으로써 학습자의 동기 유발은 물론이고 탐구 능력 및 문제해결 능력의 향상에 기여할 수 있다.9) 이러한 가상현실 관련 교육적 활동은 더 이상 거부할 수 있는 사항이 아니며, 앞으로의 학습환경의 변화에 적극적으로 반영되어야 함을 학계에서는 강조해주고 있다. 특별히 학령기 학생들을 대상으로 가상현실의 특성을 적절히 반영한 프로그램을 개발·투입하고 그 효과를 정교히 살펴볼 필요가 있음이 강력하게 대두되고 있다.10)

둘째, 증강현실(Augmented Reality은 현실 세계에 가상의 정보를 더해주는 것으

---

6) 현혜선, "에듀테크를 활용한 무용 기능 해부학 프로그램 개발", 국민대학교 박사학위논문(2020), 2.
7) 교육부, 산업통상자원부, '2021 에듀테크 코리아 페어·포럼' https://edtechkorea.or.kr/fairDash.do?hl=KOR 2021년 10월 20일 검색
8) 한형종, 임철일, "가상현실 기반 교육용 시뮬레이션 설계원리 개발", 교육공학연구 36(2)(2020). 226.
9) 임정훈, "가상교육·사이버교육에 관한 개념적 고찰", 교육공학연구 17(3)(2001), 182.
10) 최섭, 김희백, "가상현실 특성을 반영한 프로그램 기반 수업 적용 및 효과", 한국과학교육학회지 40(2)(2020), 214.

로서 가상현실과는 달리 현실세계에 기초하여 이루어진다. 이러한 증강현실은 기술적 구현 방법에 따라서 GPS기반 증강현실, 마커기반 증강현실, 투과형 디스플레이기반 증강현실로 나뉜다. GPS기반 증강현실 기술은 Table PC와 모바일에 내재된 GPS를 통해 수집된 위치 정보를 바탕으로 일반적인 정보를 제공하는 형태이다. GPS기반 증강현실은 와이파이 혹은 블루투스와 같은 인터넷망을 활용하여 주변 제공정보를 통해 길 찾기, 주변 브랜드 마케팅, 모바일 광고 등에 사용되고 있다. 마커를 통한 증강현실은 일반적인 방법으로, QR코드의 형태가 주로 사용되고 있는데, 마커의 인식에 따라 현실 세계에 이미 설정된 정보를 증강으로 보여주기 때문에 정확한 정보 전달이 요구되는 응용 서비스에 사용되고 있다. 투과형 디스플레이기반 증강현실은 실제 환경에 가상으로 생성한 정보(예, 컴퓨터 그래픽 정보, 소리정보, 냄새 정보 등)를 실시간으로 혼합하여 사용자와 상호작용 하도록 함으로써, 정보의 사용성과 효율성을 극대화 하는 차세대 정보처리 기술이다.[11]

전술한 가상현실과 증강현실 간의 연계와 관계에 대하여서는 Milgram, P., & Kishino가 아래의 [그림 1]과 같이 직관적으로 설명해주고 있어 개념 간 관계와 이해에 유익하다.

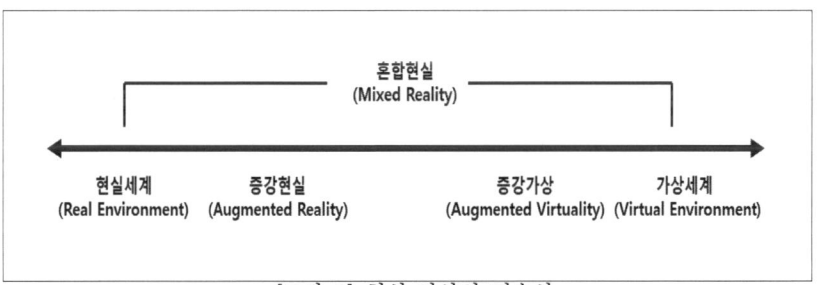

[그림 1] 현실-가상의 연속성

자료출처: Milgram, P., & Kishino, Fig.1 Simplified representation of a "virtuality continuum, p.1321.[12]

셋째, 빅데이터(Big Data)는 인간의 사고방식 및 유형, 행동의 유형 및 패턴, 감성의 방향 등을 분석하여 미래의 다양한 활동들을 대비할 수 있도록 만든다. 미래사회

---

11) 한송이, 임철일, "증강현실 기반 수업설계 원리 개발 연구", 교육공학연구 35(2019), 455-498.
12) Milgram, P., & Kishino, F., "A taxonomy of mixed reality visual displays", *IEICE Transactions on Information and Systems, 77(12)(1994), 1321-1329.*

에서는 방대한 데이터베이스를 구축하고 이해하는 것은 핵심적인 역량이 될 것13)이며 그 중심에 빅데이터 관련 이슈들이 자리매김할 것이다. 특별히 교육 영역에서의 빅데이터 이슈는 학습의 과정 속에서 학습자들의 특정 분야의 인지, 정서, 행동을 예측하도록 도와줄 수 있을 것이며, 효과적인 교육방법과 성취 및 결과를 도출할 수 있도록 하는데 유익할 것이다. 이러한 측면은 기독교교육의 영역에서의 적용점도 제공해주는데 빅데이터의 활용을 통해서 신앙교육을 위한 맞춤형 접근의 가능성이 확보될 것으로 기대한다. 구체적으로 빅데이터를 활용하여 개인의 신앙상태, 신앙수준, 관계성 등에 대한 데이터를 기반으로 성도 개인에게 맞는 맞춤형 신앙교육을 제공할 수 있을 것14)이며, 데이터 기반의 철저한 분석을 통한 사역 적용과 활용이 클 것으로 기대된다.

넷째, 메타버스(Metaverse)는 가상과 초월을 의미하는 '메타'(meta)와 세계와 우주를 의미하는 '유니버스'(universe)를 합성한 신조어15)이며, 1992년 닐 스테픈슨(Neal Stephenson)의 과학 소설 '스노우 크래쉬(Snow Crash)'에서 처음 등장한 용어이다.16) 메타버스는 전술한 가상현실, 증강현실, 빅데이터의 가치와 내용을 포함하여 새롭게 발전하고 있는 최신의 개념이며, 현재 지속적으로 확장 및 발전되고 있는 개념

---

13) Roger, M., & Ben, L., "Introduction to Big Data". *Release 2.0*.(February 2009). Sebastopol CA: O'Reilly Media (11). 3. Roger, M., & Ben, L은 경제 구고자 빅데이터의 중요성을 가속화 시킬 것으로 제시하고 있으며, 미국 사회의 주요 흐름들 속에서 빅데이터의 역할과 활용을 강조해주었다. 예를 들어 Google과 Yahoo의 관계나 Microsoft의 확장 등등이다.
14) 함영주, "전통과 혁신을 활용한 미래형 교회교육방법의 방향성에 대한 연구", ACTS 신학저널 48(2021), 185-186,
15) 송태정, "문학과 정보과학의 상호작용: 닐 스티븐슨의 사이버펑크 소설 '스노우 크래쉬'"., 영어영문학21 28(2015). 74,
16) '스노우 크래쉬'는 개인적 체험에 기반을 두고 언어와 역사정치학, 종교철학, 인류고고학, 진화문화학, 컴퓨터과학, 암호해독법 등 다양한 학문분야를 넘나드는 작가의 신사고를 보여주는 포스트 사이버펑크 장르의 작품이다. 송태정, "문학과 정보과학의 상호작용: 닐 스티븐슨의 사이버펑크 소설 '스노우 크래쉬'"., 영어영문학21 28(2015). 76. 다음은 스노우 크래쉬 속 메타버스에 대한 묘사이다. "양쪽 눈에 서로 조금씩 다른 이미지를 보여 줌으로써, 삼차원적 영상이 만들어졌다. 그리고 그 영상을 일초에 일흔두 번 바꿔게 함으로써 그것을 동화상으로 나타낼 수 있었다. 이 삼차원적 동화상을 한 면당 이 킬로픽셀의 해상도로 나타나게 하면, 시각의 한계 내에서는 가장 선명한 그림이 되었다. 게다가 그 작은 이어폰을 통해 디지털 스테레오 음향을 집어넣게 되면, 이 움직이는 삼차원 동화상은 완벽하게 현실적인 사운드 트랙까지 갖추게 되는 셈이었다. 그렇게 되면 히로는 이 자리에 있는 것이 아니었다. 그는 컴퓨터가 만들어내서 그의 고글과 이어폰에 계속 공급해주는 가상의 세계에 들어가게 되는 것이었다. 컴퓨터 용어로는 '메타버스'라는 이름으로 불리는 세상이었다."

이기도 하다. 근래 메타버스에 대해 가장 세밀하면서도 학술적 접근을 취한 연구는 2007년에 소개된 미국미래가속화연구재단(Acceleration Studies Foundation: ASF)의 보고서이다(Smart, et al., 2007).

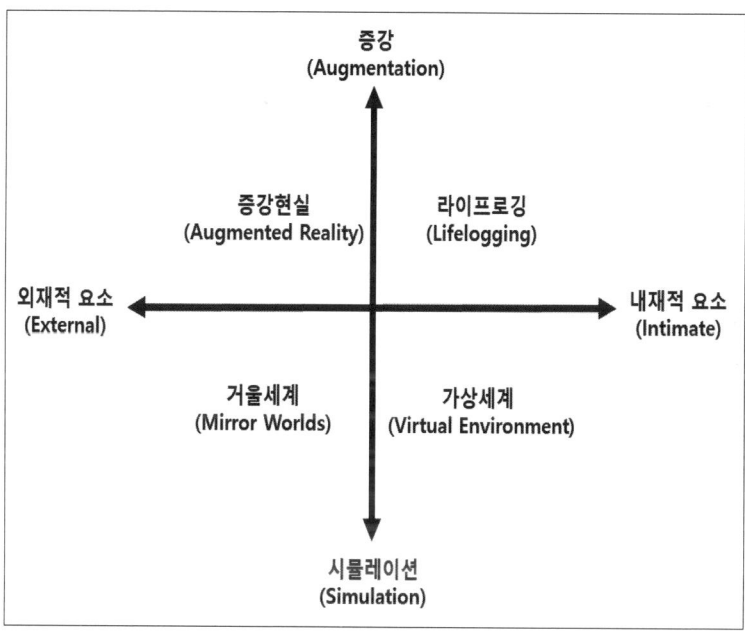

[그림 2] Acceleration Studies Foundation의 메타버스 이해
자료출처: Acceleration Studies Foundation(2007), p.5.[17]

ASF는 인터넷의 미래를 연구하는 '메타버스로드맵(MetaVerse Roadmap: MVR)'이 라는 프로젝트를 진행했는데, 이 프로젝트는 특히 가상화(Virtualization)와 3D 기술에 중심을 두어 2017년에서 2025년까지 발생할 미래에 대해 예측을 하였다. 이 보고서에서 새로운 사회적 공간으로서 메타버스를 제안하였으며, 메타버스를 가상으로 강화/확장된 현실세계(Virtually enhanced physical reality)와 현실처럼 지속하는/영구화된 가상공간(Physically persistent virtual space)의 융복합적인 공간으로 이

---

[17] Smart, J. M., Cascio, J. & Paffendorf, J., *Metaverse roadmap overview*. CA: Acceleration Studies Foundation.(2007),https://www.metaverseroadmap.org/overview /2021년 10월 29일 검색

해하였다.18)

2.3. 에듀테크의 성장 및 미래 전망

전세계적으로 에듀테크의 성장은 폭발적으로 이루어지고 있으며, 이는 특정한 국가에만 해당되는 사항은 아니다. 글로벌 시장조사 전문 기관 Holon IQ(https://www.holoniq.com/)의 2021년 자료에 의하면 지난 2010년부터 시작된 에듀테크 투자 상황은 5억 달러, 2019년에는 14배 증가한 70억 달러, 2020-2029년 사이에는 870억 달러가 투자될 것이라고 예상하고 있다.19) 그야말로 엄청난 자금이 에듀테크 시장으로 흘러 들어가고 있다.

이러한 투자금은 다양한 교육벤처기업과 글로벌 유니콘(Unicorns) 기업20)을 탄생시켰으며, 에듀테크와 관련된 연구와 안정적인 생태계가 조성되도록 하는 든든한 환경이 되고 있다. 실제로 2021년 전반기에만 새로운 에듀테크 유니콘 기업들이 나타났으며, IPO21)를 통해 뉴욕증권거래소(New York Stock Exchange: NYSE)로 직행하고 있다. Holon IQ에 따르면 2021년 6월 현재 전 세계적으로 27개의 에듀테크 유니콘 기업들이 있으며, 그 가치로는 800억 달러 넘는 상황이다.22)

에듀테크와 관련된 글로벌 자금 유입과 기업발전은 자연스럽게 에듀테크와 관련된 생태계의 성장을 선반영하는 모습으로 볼 수 있으며, 그와 관련된 논의가 시대적 변화 속에서 급속하게 진행되고 있음을 시사하는 것이다.

3. 교회교육 내 에듀테크의 활용 가능성과 고려사항(한계점)

본 절에서는 교회교육 내 에듀테크의 활용 가능성과 고려사항(한계점)을 살펴보고

---

18) 송원철, 정동훈, "메타버스 해석과 합리적 개념화", 정보화정책 28(3)(2021), 5-7.
19) Holon IQ "A record half year in EdTech funding with 568 rounds raising $10B of investment as, ready or not, the world turns to technology to support learning and education delivery." https://www.holoniq.com/notes/global-edtech-funding-2021-half-year-update/
20) 유니콘 기업(Unicorn)은 기업의 가치가 1조원(약 10억 달러) 이상이며, 기업의 창업 연수가 10년 이하인 비상장 스타트업 기업을 의미한다.
21) IPO(Initial Public Offering)는 비상장기업이 유가증권시장에 상장하기 위해 그 주식을 법적인 절차와 방법에 따라 주식을 불특정 다수의 투자자들에게 팔고 재무내용을 공시하는 것이다.
22) Holon IQ https://www.holoniq.com/notes/global-edtech-funding-2021-half-year-update/ 검색 2021년 10월 26일

자 하며, 이를 통하여 목회 및 사역 현장을 위한 기초적인 방향성을 제안하고자 한다. 이는 최근 교회 내 에듀테크 그리고 가상공간과 관련된 신학적 성찰과 논의[23])에도 도움을 줄 것으로 기대한다.

3.1. 교회교육을 위한 에듀테크 활용 가능성

에듀테크를 활용한 교회교육의 가능성은 교수-학습과 관련된 주요한 가치들을 고려할 때 의미가 크다고 할 수 있다. 교육의 장면은 교수자와 학습자 간의 상호작용을 통하여 이루어지며, 교수학습전략을 통한 적절한 수업의 설계 및 운용을 통해서 구현된다. 이 과정에서 학습자는 학습주제와 내용에 대한 몰입, 상호작용, 체험, 실습, 협동, 소통 등의 과정을 경험하면서 지식이 축적되고 성장한다고 볼 수 있다. 다시말하면 학습자에게 학습주제와 내용에 대한 몰입, 상호작용, 체험, 실습, 협동, 소통 등이 원활하게 이루어질 수 있도록 잘 설계된 수업은 학습자들의 유의미한 학습의 결과를 구성케하는 의미있는 접근이 될 수 있는 것이다. 그러므로 에듀테크를 활용하여 충족될 수 있을 것으로 기대되는 요소들을 살펴보는 것은 교회교육을 위한 에듀테크의 활용 가능성을 바라볼 수 있는 주요한 내용들이 될 것이다. 더불어 이는 세부적인 항목을 제한시켜 창의적인 교수학습 환경을 축소시키지 않는 내용으로도 볼 수 있을 것이다.

첫째, 에듀테크를 통한 '학습 몰입'의 측면이다. 에듀테크를 활용한 학습활동은 학습자의 직접적인 학습 참여와 조작이 가능하기 때문에 학습자들의 학습에 대한 몰입성을 극대화 시킬 수 있다.[24]) 실제로 학습자들은 고도의 컴퓨터 그래픽 상황 속 가상현실 혹은 증강현실을 경험하면서 특정한 학습 관련 미션을 수행해나가며, 그 결과들을 학습자 스스로가 명확하게 인지할 수 있을 것이다. 이는 에듀테크 환경과 체제가 전달하는 실재성을 통해서 더욱 생생한 학습 경험을 구축하게 될 것이고, 이는 학습 몰입을 자연스럽게 경험케 하는 내용이 될 것이다.

둘째, 에듀테크를 통한 '상호작용(소통) 학습'의 측면이다. 학습자는 에듀테크를 활용한 학습 환경에서 학습자와 학습자 간, 학습자와 교수자 간의 상호작용은 실시간으

---

23) 이와 관련하여 최근 고신대학교 송영목은 '성경의 가상공간과 선교적 함의'를 통해서 관련 이슈의 신학적 논의의 포문을 열어주었다고 판단된다. 특별히 그는 구약과 신약의 가상공간에 대한 이해와 실천적 사역을 위한 방향성을 탐색해주어 매우 흥미롭다. 송영목, "성경의 가상공간과 선교적 함의", 기독교학문연구회 제38회 연차학술대회, 2021년 10월 30일, 서울대학교.
24) 한형종, 임철일, "가상현실 기반 교육용 시뮬레이션 설계원리 개발", 교육공학연구 36(2)(2020). 226.

로 경험할 수 있다.25) 예를 들어 학습자는 자신의 생각과 감정을 다양한 툴(tool)을 통해 행동, 표현, 전달 할 수 있으며, 그것에 대하여 즉각적인 소통과 반응을 에듀테크의 공간 안에서 확인이 가능하다. 특별히 자신의 생각을 발표하거나 표현하는 것에 부담을 가지고 있는 한국적 맥락과 풍토 속에서 전술한 상호작용적 측면은 에듀테크 체제 내 학습 과정의 큰 활용 가능성으로 판단된다.

셋째, 에듀테크를 통한 '협동 학습'의 측면이다. 에듀테크를 활용한 교육적 활동은 소그룹 및 다수의 학습자들과의 협업을 효과적으로 수행할 수 있도록 지원한다.26) 학습자들은 온라인 체제 속에서 특정한 학습 과제를 팀 미션으로 접근할 수있으며, 협업을 통해서 과제를 해결해나갈 수 있다. 이 과정에서 교수자는 PBL, Flipped Learning 등의 교수학습전략을 구체적으로 적용하여 에듀테크를 활용한 협동 학습의 측면을 극대화 시킬 수 있다.

넷째, 에듀테크를 통한 '시뮬레이션 학습'의 측면이다. 시뮬레이션 학습은 학습자들에게 학습과 관련된 모의 상황을 경험하게 해줌으로써 학생들의 역량을 증진하고 문제 상황에 대한 대응을 효과적으로 수행할 수 있도록 한다. 특별히 목회 현장 및 교회교육 사역과 관련하여 특정한 신앙문제와 관련된 모의 상황을 에듀테크 환경 속에서 경험하게 한다면 성도들과 학습자들에게 실천적인 신앙과 역량을 길러주는데 유익한 접근이 될 수 있을 것이다.27)

다섯째, 에듀테크를 통한 '게임기반 학습'의 측면이다. 에듀테크는 학습자들에게 게임기반 학습을 제공 할 수 있는 훌륭한 플랫폼이 된다. 코로나 상황 속에서 공교육이 수행하였던 다양한 비대면 교육활동 중 상당수는 게임에 기초한 학습 전략이 적용되었으며, 이는 저학년의 경우에 더욱 높은 비율을 차지한다. 놀이는 학습자들의 성장과 발달에 있어 매우 중요한 활동이며, 그 활동을 통해서 사회성, 신체, 언어, 정서적인 발달을 촉진시킬 수 있다.28) 물론 에듀테크 환경 속에서 대면적인 놀이활동은 제한되지만, 놀이의 내재적 가치는 구현이 가능하다.

---

25) 한형종, 임철일, 226.
26) 한송이, 임철일, "증강현실 기반 수업설계 원리 개발 연구", 교육공학연구 35(2019), 464.
27) 이현철, 『교회학교 교사 어떻게 가르칠 것인가?』, (서울: 생명의 양식, 2018), 126.
28) 이현철, 『교회학교 교사 어떻게 가르칠 것인가?』, 119.

<표 1> 교회교육을 위한 에듀테크 활용 가능성과 적용 예시

영역	활용 가능성	사역 현장 적용 예시
몰입	고도의 컴퓨터 그래픽 상황 속 학습자 직접적인 학습 참여와 조작을 통한 가능성	성경 지리 탐방, 선교지 탐방, 역사적 장소 탐방
상호작용	학습자와 학습자 간, 학습자와 교수자 간의 상호작용을 통한 가능성	성경공부, 교회학교 특별 프로그램, 가정 연계 프로그램, 부모교실 및 세미나
협동	소그룹 및 다수의 학습자들과의 협업 지원 가능성	성경공부, 교회학교 특별 프로그램, 가정 연계 프로그램, 부모교실 및 세미나
시뮬레이션	학습과 관련된 모의 상황 경험의 가능성	전도 훈련, 청소년 문제행동, 공동체 훈련 프로그램
게임	게임기반 학습을 제공 할 수 있는 효과적인 플랫폼 지원의 가능성	성경공부, 교회학교 특별 프로그램, 가정 연계 프로그램, 부모교실 및 세미나

한편, 교회교육을 위한 에듀테크의 활용을 위해서는 학생중심의 교수학습 전략이 전제될 필요가 있는데 이는 대표적으로 문제기반학습(Problem Based Learning), 플립러닝(Flipped Learning), 토론식 학습(Discussional Learning), 액션러닝(Action Learning), 블렌디드 러닝(Blended Leraning), 팀 티칭(Team Teaching), 게임기반학습(Game Based Learning), 시뮬레이션(Simulation) 전략, 학습포트폴리오(Learning Portfolio) 등이다. 해당 교수학습전략들은 전통적인 교수자 중심의 교수학습 전략을 벗어나 학습자들의 자기주도성, 협동, 역량의 측면을 강조하며 구성되며, 에듀테크를 활용한 수업 설계의 완성도를 높일 수 있는 효과적인 전략이 될 수 있다.[29]

3.2. 교회교육을 위한 에듀테크 고려사항

---

[29] 교회교육 및 사역 현장 내 학생중심 교수학습 전략의 적용을 위하여 이현철의 『교회학교 교사 어떻게 가르칠 것인가?』, (서울: 생명의 양식, 2018)를 참고하라. 이현철은 성경적 세계관에 기초하여 다양한 학생중심의 교수학습 전략의 개념을 파악해주었으며, 교회교육 내 해당 접근들이 가지는 의미를 탐색하였다.

에듀테크는 코로나19의 상황 속에서 교회교육 사역을 위한 흥미로운 장을 제공해주고 있다. 앞절에서 논의한 학습 영역의 특성을 생각할 때 분명 사역을 위한 다양한 아이디어와 시사점을 준다고 볼 수 있다. 하지만 교회교육을 위한 에듀테크의 활용시 고려해야 할 그리고 명확한 한계점을 인식하고 살펴볼 필요가 있을 것이다. 구체적인 에듀테크와 관련된 논의는 아니지만 이미 신학계에도 비대면 및 온라인 이슈와 관련된 논의 속에서 비대면 가상의 신앙 활동, 온라인 예배의 정당성 여부, 온라인교회 등의 논쟁이 신학적으로 이루어지고 있다.30) 이에 본 절에서는 교회교육을 위한 에듀테크의 활용시 고려해야 할 사항을 제시해줌으로서 해당 신학적 논의를 위한 기초자료를 제공하고자 하며, 나아가 현장 사역자들을 위한 지침을 제시해보고자 한다.

첫째, 에듀테크를 활용한 사역의 모든 장에서 하나님의 절대주권을 선포하고, 그 영역 역시 하나님의 통치 아래에 있음을 유념해야 한다. 에듀테크의 기술적 발전을 통해서 가상 및 증강현실의 공간이 구축되고, 현실세계와는 다른 새로운 장이 이루어진다고 할지라도 삼위하나님께서 모든 영역과 공간을 주권적으로 다스리시므로 에듀테크의 기술적 발전을 통해서 구축되는 어떠한 영역이라 할지라도 그곳 혹은 그 시간 역시 하나님의 통치의 영역임을 기억하는 것이다. 이러한 인식은 교회가 에듀테크를 활용한 교육적 활동을 하나님 나라 확장과 사역을 위한 공격적인 수단으로 활용할 수 있음과 더 나아가 관련된 적극적인/긍정적 입장을 취하는 전제가 될 수 있다. 이는 단순히 에듀테크와 관련된 사역과 활동에 대한 거부와 부정의 이분법적 입장과는 구분된다. 교회의 사역은 우리의 삶 전 영역을 통치하시는 삼위하나님의 주권에 기초하고, 성경적 세계관을 바탕으로 비평적으로 사역해나갈 수 있는 적극적인 관점을 지향해야 하며, 이는 에듀테크와 관련된 이슈와도 일맥상통하게 적용할 수 있다.

둘째, 에듀테크를 활용한 사역은 예배와 관련하여서 한시적/제한적으로 활용되어야 함을 유념해야 한다. 예배는 하나님의 부르심에 대한 피조물인 우리의 반응이며, 이는 우리가 수행해야 할 마땅한 의무이다. 이 예배는 하나님께서 제정하신 합당한 방법이 있으며, 그 예배는 철저히 성경이 규정한 방법과 예전으로 이루어져야 한다.31) 다만 우리가 고민해야 할 것은 상황적 맥락 속에서 이 예배가 고려되어야 할 요소들도 있다는 것이다. 하지만 이 상황적 맥락 역시 말씀의 일반 원칙을 따라 결정해야 하며, 교회정치의 질서 속에서 안정감있게 이루어져야 한다.32) 그러므로 에듀테크를 활용한

---

30) 송영목, "성경의 가상공간과 선교적 함의", 기독교학문연구회 제38회 연차학술대회, 2021년 10월 30일, 서울대학교.
31) 웨스트민스터 신앙고백서 제21장 종교적 예배와 안식일 제1항

사역에 있어 예배는 그 적용 가능성에 있어 '제한적'이며, 특수한 상황을 고려하여 '한시적'으로 이루어져야 함을 분명히 인식해야 할 것이다. 현재 코로나19와 같은 팬데믹 상황 속에서 예배의 소중함을 지키기 위하여 한시적/제한적으로나마 이를 힘들게 허용할 수밖에 없는 신앙의 중심을 왜곡하여 수용해서는 안 될 것이다. 실제로 본 연구자가 속한 고신총회는 2021년 제71회 총회에서 영상예배와 비대면 예배에 대한 분명한 신학적 견해를 밝혔으며, 아주 예외적인 상황 속에서만 도움을 받을 수 있으므로 정리되었다.

셋째, 에듀테크를 활용한 사역은 교회사역을 위한 필요조건이지 충분조건이 아님을 유념해야 한다. 주지하고 있듯이 교회 사역의 핵심은 무엇보다 하나님의 백성들을 대상으로 이루어진다. 이는 본질적으로 교회가 하나님께서 불러모으신 백성들33)의 모임이기 때문이며, 그리스도를 머리로 그리고 그리스도의 몸34)으로서의 공동체적 성격을 가지기 때문이다. 이러한 교회와 교회 사역은 비대면 혹은 가상적 공간 안에서 온전히 그리고 충만하게 누릴 수 없다. 에듀테크가 성도들을 향한 사역적 효율과 다양한 접근을 구현하는 전략으로 '필요조건'이지만, 그것에 의해서 모든 교회 사역이 '충분조건'으로서의 의미를 담보한다고 보아서는 안 될 것이다.

넷째, 에듀테크를 활용한 사역을 위해서 사역자 및 교회학교 교사의 디지털 역량이 전제되어야 함을 유념해야 한다. 교회사역을 위한 사역자 및 교사의 전문성에 대한 고민은 그들로 하여금 자신의 사역을 수행하는데 가장 핵심적인 요소임을 확인 할 수 있다.35) 즉, 사역자와 교사들은 자신의 교회교육적인 역량에 대한 자신감 결여를 통해서 사역 내 딜레마적인 상황을 직면하고 있는 것이다. 이 전문성과 관련된 사항에서는 교리와 신학, 교육학, 상담학, 행정 영역 등이 다양한 영역들이 해당된다. 더욱이 에듀테크를 활용한 사역을 위해서는 교육방법 및 공학적인 차원에서 사역자 및 교사들이 디지털 활용 역량도 필요하게 될 것이다. 이미 교회학교 내 학습자들은 다양한 매체와 디지털 역량이 앞서가 있는 상태이나 교사들의 디지털 역량이 학습자들의 그것과 차이가 나고 있는 현실을 바라보게 된다. 그러므로 기능적인 에듀테크 관련 사역을 위해서는 교육의 주체로서 사역자와 교사들이 디지털 역량을 강화하고 증진해

---

32) 신호섭, 『교회다운 교회』(경기: 도서출판 다함, 2021), 200-202.
33) 요 10:15~16; 계 17:14
34) 엡 1:22; 골 1:18
35) 이현철, "한국 교회학교 교사들의 딜레마에 관한 내러티브(Narrative) 탐구", 개혁논총 28(2013), 261-263.

야 함이 전제된다. 여기에는 에듀테크와 접목된 교수학습전략 구현의 전문성도 포함된다.

다섯째, 에듀테크를 활용한 사역은 철저한 교육설계와 활동이 전제되어야 함을 유념해야 한다. 에듀테크를 적용하지 않은 학습 과정 속에서도 학습의 성공적인 수행을 위해서는 치밀하게 설계된 수업활동이 이루어져야 하는데, 에듀테크 활용 수업과 사역에 있어서는 더욱더 세심한 준비와 관심이 요청된다. 그 이유는 에듀테크를 활용한 교육활동의 영역이 학생중심적인 교수학습전략의 측면과 영역을 담고 있을 뿐만 아니라 교수자의 미리 준비해야 할 내용들이 많기 때문이다. 실제로 Cuendet. Bonnard, Do-Lenh, & Dillenbourg는 에듀테크 체제 내 수업 설계가 얼마나 다양한 요소들을 고려해야 하는가를 제시해주었는데, 그들은 교수자의 권한, 차시 수업 분량, 수업 컨텐츠 간의 통합, 학생 통제와 파악 등36) 에듀테크와 관련된 수업 설계의 치밀한 구성 및 교사의 고려사항들을 흥미롭게 제시하였다.37)

4. 나가며: 교회교육 그리고 스말로그(smalogue)

본 연구에서는 교회교육의 새로운 장으로서 에듀테크의 활용 가능성과 한계점을 탐색하여 교회교육 관련 사역자들에게 기초자료를 제공하고자 하였다. 이를 위하여 본

---

36) Cuendet, S., Bonnard, Q., Do-Lenh, S., & Dillenbourg, P., "Designing augmented reality for the classroom", *Computers & Education*, 68(1)(2013), 557-569.
37) 이와 관련하여 본 연구자 역시 코로나19의 상황 속에서 학교 및 교회사역을 에듀테크를 활용한 활동을 지속적으로 수행해오고 있다. 신학대학에서는 학부 및 대학원 과정의 강의 및 세미나를, 교회에서는 성경공부, 제자훈련 등을 에듀테크 체제 속에서 진행해오고 있다. 해당 사역을 준비하는 과정에서 기존 전통적인 체제의 수업 준비보다 물리적인 시간에서는 훨씬 더 많은 투입이 이루어짐을 경험하였다. 물론 해당 수업들은 모두 학생중심 교수학습전략으로서 PBL, Flipped Learning 등이 적용되는 수업이었으나 그 과정 역시 교수자의 철저한 계획과 설계의 방향성 속에서 진행되어 수업 전반의 만족도를 확보할 수 있음을 확인하였다. 최근 국내 비대면 수업 경험에 대한 다양한 수준의 연구가 이루어지고 있어 흥미롭다. 다음의 논문을 참고하라. 남선우, "에듀테크를 활용한 상호작용적 비대면 실시간 수업 설계 및 개발 연구: 기독교교육과 수업 사례를 중심으로", 기독교교육논총 66(2021), 343-382; 최현실, "코로나-19로 인한 대학신입생의 비대면 수업경험에 대한 연구", 교양교육연구 15(1)(2021). 273-286; 권선희, 류현숙, "코로나19로 인한 비대면 수업에서 교수 및 학습자 상호작용, 자기주도 학습능력, 학습참여도가 학습만족도에 미치는 영향", 학습자중심교과교육연구 21(11)(2021). 87-97; 김지원, 박영신, 김경이, 양길식, "COVID-19에 따른 대학 온라인 수업에 대한 교수자와 학습자의 인식 및 경험 분석", 교육연구 80(2021) 33-58; 정정훈, 조재성, 이요바, "비대면 대학 교육과정과 수업에 대한 통합적 연구", 질적탐구 7(1)(2021), 171-204.

연구에서는 국내·외 선행연구를 중심으로 에듀테크의 개념, 구성요소(가상현실, 증강현실, 빅데이터, 메타버스), 성장 과정을 분석하고, 교회교육을 위한 에듀테크의 활용 가능성으로 학습 몰입, 상호작용 학습, 협동 학습, 시뮬레이션 학습, 게임기반 학습의 측면을 탐색하였다. 또한 교회교육을 위한 에듀테크 활용 시 고려 사항을 분석하여 하나님의 절대주권의 인정, 예배와 관련된 제한성, 교회사역 내에서의 위치, 사역자 및 교회학교 교사의 디지털 역량과 전문성, 철저한 교육설계 담보 등을 유념해야 함을 살펴보았다. 이러한 과정을 통하여 교회교육의 전환기를 맞이하고 있는 한국교회와 교회학교 교사 및 사역자들에게 교회교육을 위한 스말로그(smalogue)적인 사역과 방향을 제안하고자 한다.

 스말로그는 디지털 기반 스마트(smart) 교육과 전통의 대면 아날로그식(analogue) 교육을 조합한 용어인데 스말로그적 교육에서 강조하는 것은 스마트 기기와 다양한 앱을 포함한 첨단 디지털 기반 에듀테크를 활용하면서 기존의 대면적 가치들을 중히 여기는 접근이라는 것이다.38) 본 연구를 통하여 탐색하였듯이 교회교육을 위한 에듀테크의 활용 가능성은 학습 관련 몰입, 상호작용, 협동, 시뮬레이션, 게임기반 영역 속에서 무한하게 성장 및 발전할 수 있으며, 특정한 영역과 내용으로 제한하기가 불가능하다. 더욱이 4차 산업혁명 시대에 발전하는 과학·기술은 고도화된 에듀테크의 장과 희망적인 미래를 기대하게끔 만든다. 하지만 그러한 에듀테크의 발전 속에서 전통적 대면 교육이 가지고 있는 아날로그적인 감성과 상호작용이 존재하지 않는 차가운 교육과 활동이라면 교회교육을 위한 에듀테크 활용 시 고려 사항으로 살펴보았던 내용들 모두가 한계점으로 다가올 것이다. 특별히 삼위하나님과의 인격적인 관계 그리고 그것을 닮은 교사와 학생, 사역자와 학생 간의 관계는 최첨단의 에듀테크 기술이 대체할 수 있는 영역이 절대 아니며, 대체할 수도 없는 가치들이다. 그러므로 교회교육의 재탄생을 에듀테크의 기술적인 차원에서만 고려할 것이 아니라 재탄생의 철학적 기반과 기독교육적 접근에 있어 스말로그적인 인식을 가지고 바라볼 것을 제안한다. 이는 성경적 세계관에 기초하여 비평적으로 에듀테크의 가능성을 부정하지 않으면서도 기존의 교육적 가치와 사역적 의미를 손상시키지 않는 이론적 틀이 될 수 있을 것으로 기대한다.

---

38) 박남기, "포스트 코로나 시대, 학교교육이 나아갈 길", 서울교육 242호(2021). 서울: 서울특별시 교육청교육연구정보원. 19.

[참고문헌]

고신총회『헌법』(웨스트민스터 신앙고백서) 서울: 대한예수교장로회 고신총회, 2019 http://kosin.org/page_okXd87 2021년 11월 3일 검색

교육부, 산업통상자원부, '2021 에듀테크 코리아 페어·포럼' https://edtechkorea.or.kr/fairDash.do?hl=KOR 2021년 10월 20일 검색

권선희, 류현숙, "코로나19로 인한 비대면 수업에서 교수 및 학습자 상호작용, 자기주도 학습능력, 학습참여도가 학습만족도에 미치는 영향". 학습자중심교과교육연구 21(11)(2021). 87-97.

김예슬, "국내 학교에서의 에듀테크 활용 현황 및 실태 분석", 고려대학교 석사학위논문, 2016.

김지원, 박영신, 김경이, 양길석, "COVID-19에 따른 대학 온라인 수업에 대한 교수자와 학습자의 인식 및 경험 분석", 교육연구 80(2021) 33-58.

남선우, "에듀테크를 활용한 상호작용적 비대면 실시간 수업 설계 및 개발 연구: 기독교교육과 수업 사례를 중심으로", 기독교교육논총 66(2021), 343-382.

박남기, "포스트 코로나 시대, 학교교육이 나아갈 길", 서울교육 242호(2021). 서울: 서울특별시교육청교육연구정보원. 14-21.

송영목, "성경의 가상공간과 선교적 함의", 기독교학문연구회 제38회 연차학술대회, 2021년 10월 30일, 서울대학교.

송원철, 정동훈, "메타버스 해석과 합리적 개념화", 정보화정책 28(3)(2021). 3-22.

송태정, "문학과 정보과학의 상호작용: 닐 스티븐슨의 사이버펑크 소설 '스노우 크래쉬'". 영어영문학21 28(2015). 73-89.

신호섭, 『교회다운 교회』. 경기: 도서출판 다함, 2021.

이현철, "한국 교회학교 교사들의 딜레마에 관한 내러티브(Narrative) 탐구", 개혁논총 28(2013), 247-279.

이현철, 『교회학교 교사 어떻게 가르칠 것인가?』. 서울: 생명의 양식, 2018.

임정훈, "가상교육·사이버교육에 관한 개념적 고찰", 교육공학연구 17(3)(2001), 165-194.

정정훈, 조재성, 이요바, "비대면 대학 교육과정과 수업에 대한 통합적 연구", 질적탐구 7(1)(2021), 171-204.

최섭, 김희백, "가상현실 특성을 반영한 프로그램 기반 수업 적용 및 효과", 한국과학

교육학회지 40(2)(2020), 203-216,

최현실, "코로나-19로 인한 대학신입생의 비대면 수업경험에 대한 연구", 교양교육연구 15(1)(2021). 273-286.

한송이, 임철일, "증강현실 기반 수업설계 원리 개발 연구", 교육공학연구 35(2019), 455-498.

한형종, 임철일, "가상현실 기반 교육용 시뮬레이션 설계원리 개발", 교육공학연구 36(2)(2020). 221-264.

함영주, "전통과 혁신을 활용한 미래형 교회교육방법의 방향성에 대한 연구", ACTS 신학저널 48(2021), 173-204.

현혜선, "에듀테크를 활용한 무용 기능 해부학 프로그램 개발", 국민대학교 박사학위논문, 2020.

Cuendet, S., Bonnard, Q., Do-Lenh, S., & Dillenbourg, P., "Designing augmented reality for the classroom", *Computers & Education*, 68(1)(2013), 557-569.

Holon IQ "A record half year in EdTech funding with 568 rounds raising $10B of investment as, ready or not, the world turns to technology to support learning and education delivery." https://www.holoniq.com/notes/global-edtech-funding-2021-half-year-update/ 검색 2021년 10월 26일

McGrath, C., & Akerfeldt, A., "Education technology(EdTech): Unbouded opportunities or just another brick in the wall?", in Larsson, A., & Teigland., *Digital transformation and public services* (NY: Routledge, 2020)(143-157),

Milgram, P., & Kishino, F., "A taxonomy of mixed reality visual displays", *IEICE Transactions on Information and Systems, 77(12)(1994), 1321-1329.*

Roger, M., & Ben, L., "Introduction to Big Data". *Release 2.0.*(February 2009). Sebastopol CA: O'Reilly Media (11). 1-41,

Smart, J. M., Cascio, J. & Paffendorf, J., *Metaverse roadmap overview*. CA: Acceleration Studies Foundation.(2007),https://www.metaverseroadmap.org/overview/ 2021년 10월 29일 검색

[Abstract]
Possibility and Limitations of Using Edutech in Church Education of the Post COVID-19 Era

Prof. Dr. Hyunchul Lee
(Faculty of Christian Education)

This study was tried to provide basic concept to church education fields and pastors by exploring the possibility and limitations of edutech as a new field of church education. For this, I analyze the concept, components(virtual reality, augmented reality, big data, metaverse), growth process of edutech through domestic and foreign literature research and explored learning flow, interactive learning, cooperative learning, simulation learning, and game-based learning as areas of possibility of using edutech for church education. In addition, through analysis, edutech should be applied to church education by considering the recognition of God's absolute sovereignty, limitations related to worship, position within church ministry, digital competence and expertise of pastors and church school teachers, composition through educational design, etc. Lastly, a 'smalogue(smart and analogue) ministry' for church education was proposed to the Korean church, which is facing a turning point in church education of Post COVID-19 era.

keywords: Church education, edutech, COVID-19, church school, smalogue

인공지능 시대
인간과 기계의 관계에 대한 기독교교육적 성찰

홍성수(고신대학교, 조교수, 기독교교육)

[초록]

인간은 만물의 영장으로, 합리적 이성을 기초로 피조세계를 지배하는 유일한 존재로 간주되었다. 사유하는 행위는 오직 인간만이 할 수 있고, 그래서 이성적인 인간이 이 세상을 다스리는 것이 당연하다고 본 것이다. 계몽주의는 인간의 이성을 최상의 위치로 올려놓았고 합리적 이성과 과학과 기술의 발전이 끊임없이 이루어진다면 이상적인 사회를 만들 수 있다고 여겼다. 그러나 인공지능 시대는 이처럼 당연하게 여기던 생각에 균열을 일으킨다. 기계가 마치 인간이 하는 것처럼 생각하고 인간처럼 일을 수행할 수 있게 된 것이다. 심지어 이제는 특이점을 이야기하면서 인간이 할 수 없는 것까지도 기계가 수행하는 현실을 내다보고 있다. 그러므로 인간은 과거와는 다르게 기계와의 관계를 재정립할 단계에 이르렀다.

최근까지 인간은 신앙의 길과 이성의 길이라는 두 개의 길의 역학 관계 속에 놓였다. 그런데 인공지능 시대에는 인간을 넘어서는 기계로 인하여 세 번째 길이 예상된다. 또 하나의 길은 인간이 기계와 협업할 것인지, 또는 기계를 경계하고 배제할 것인지, 또는 기계에게 대부분의 것을 일임할 것인지와 연관된다. 이는 기계와의 새로운 관계 설정과 함께 인공지능 시대 인간의 정체성 문제에 대한 진지한 성찰을 요청한다.

이 시대에 인간은 다시금 성경으로 돌아가 인간의 본래 자리를 확인해야 한다. 계몽주의 이래 인간의 이성을 절대시하여 신적인 위치로 올린 것을 성찰해야 한다. 또한 유능하고 탁월한 기계에 기대어 기계를 우상시하는 문제에 빠지지 않게 경계해야 한다. 그러므로 기독교교육은 인공지능 시대에 인간과 기계의 올바른 관계를 성찰하고 성경에 합당한 인간의 위치와 역할을 풀어내고 이를 실천하는 방향으로 나아가야 하겠다.

키워드: 계몽주의, 인공지능, 인간과 기계, 신앙의 길과 이성의 길, 기독교교육

1. 들어가며

지난 세기까지 인간은 세상에서 유일하게 이성적이고 합리적인 존재로 피조세계 전체를 관할하고 다스리는 주체인 양 여겨졌다. 그때까지는 인간의 이와 같은 위치를 위협할 그 어떤 것도 없을 것으로 생각되었다. 오직 인간만이 이성적으로 합리적으로 사유할 수 있다고 여겼기 때문이다. 그러나 인공지능 시대가 열린 지금 생각하는 기능이 인간 고유의 것이 더 이상 아닌 것으로 여겨지고 있다. 심지어 인간이 만든 기계가 스스로의 학습을 통해 인간보다 더 월등한 역량을 발휘할 것으로 기대되기까지 한다. 이러한 상황 속에서 불가피하게 인간과 기계의 관계는 무엇인지 그리고 이런 시대 인간은 과연 어떠한 존재인지에 대한 진지한 성찰이 요청되고 있다.

유발 하라리는 과학적 이성의 진보 덕분에 현재 도달한 이 시대는 기독교나 공산주의가 영향력을 행사하는 것처럼 '데이터교'가 온 세상에 만연하여 세상을 지배할 것이라고 내다본다. 그러면서 현시대에서 과학은 하나의 교의와 같아지고, 유기체는 알고리즘으로 그리고 생명은 데이터 처리 과정으로 인식된다고 본다. 지능은 의식에서 분리되고 의식은 없더라도 지능이 높은 알고리즘이 인간보다 인간을 더 잘 아는 시대가 도래한다는 것이다. 이러한 변화를 예견하면서 그는 생명이 단지 데이터 처리 과정인지, 지능과 의식 중에 무엇이 더 가치가 있을지, 만약 지능적으로 우수한 알고리즘이 인간을 더욱 잘 알게 된다고 하면 어떤 변화가 일어날지 질문을 던진다.[1]

과거에는 불가항력적이거나 인간이 어떻게 해 볼 수 없는 상황에 대하여 종교적인 관점 곧 신앙의 관점으로 접근하는 경향이 있었다. 또한 생명과 죽음의 신비 앞에서 인간은 이를 신적인 영역으로 인정하고 겸손을 배우기도 하였다. 성경에 기초한 기독교신앙이 아니라고 해도 고대로부터 신앙의 방식이 작동했던 것이다. 이렇게 신앙의 방식과 생각하는 이성의 방식이 함께 작동하는 상황에서 현시대는 변화를 맞이하고 있다. 현시대는 인간보다 뛰어날 것으로 예상되는 인간의 창작물인 기계가 등장한다고 예상되기 때문이다.

그렇다면 신앙과 합리적 이성에 추가되어 또 하나의 방식이 등장할 것인지 문제가 된다. 이것은 기계를 어떻게 보느냐 문제와 직결된다. 신적인 영역, 인간의 영역 이외에 제3의 영역으로 기계를 추가할 것인지 문제이다. 그렇다면 인간은 기계와 어떤 관계를 맺을 것인지 문제가 중요해 진다. 즉 인간이 기계와 협업할 것인지, 그럼

---

[1] Yuval Noah Harari, *Homo Deus: A Brief History of Tomorrow* (김명주 역, 『호모 데우스: 미래의 역사』. 파주: 김영사, 2017), 540-544.

에도 기계를 경계하며 배제할 것인지, 또는 기계에게 많은 것을 일임할 것인지 문제이다.

본 연구에서는 인공지능으로 인하여 21세기에 일어나고 있는 인간과 기계의 관계를 논의하고자 한다. 이를 위하여 먼저 인간의 생각하는 기능을 역사적으로 성찰하되 계몽주의 합리적 이성에 대해 분석하고, 그것으로부터 사고하는 기계의 출발 곧 인공지능의 발전을 되짚어 보고자 한다. 그리고 기계가 급속도로 발전하는 현시대에 인간과 기계의 관계에 있어서 야기되는 문제를 분석하면서 인간과 기계의 관계를 어떻게 맺어야 할 것인지 기독교교육적으로 성찰하고자 한다.

2. 생각하는 인간과 인공지능

호모 사피엔스(Home sapiens)는 인간의 지적 특성을 부각시키는 용어이다. 데카르트(René Descartes, 1596~1650)는 널리 알려진 명제, "나는 생각한다, 그러므로 나는 존재한다."(cogito ergo sum)로부터 모든 것을 의심하는 방식을 통해 확고한 지식에 도달하고자 하는 지적 여정을 설파하고 실천한 바 있다. 이런 방식은 전통적인 방식 곧 아우구스티누스나 안셀무스에게서 발견되는 믿음으로 알아가는 방식을 역행하였기 때문에 당시로서는 혁명적이었고, 계몽주의적인 성향이 다분한 것이었다.[2]

그 후 인류의 역사는 몇 가지 혁명적인 변화를 경험하면서 '생각한다'는 이 특성을 기계에 접목하게 되었다. 이때 인간은 인간이 사고하게 하는 원천인 지능(intelligence)을 기계에 넣어서 기계 역시 인간과 유사하게 기능하는 것으로 만들고자 부단히 노력하였다. 그렇다면 인간과 기계의 유사성을 무엇으로 보느냐가 중요해진다. 그 유사성으로부터 기계 역시 인간을 닮아 기능하는 쪽으로 만들어가야 하기 때문이다. 러셀과 노빅(Stuart Russell and Peter Norvig)은 이 점에 대해 간략화하여 인간과 기계의 연결점을 인간적 사고, 합리적 사고, 인간적 행위, 합리적 행위 등 네 가지 특성으로 제시한다.[3] 여기서 인간과 기계를 연결하는 전제는 합리성에 있다. 인간처럼 기계도 합리적으로 사고하며 그렇게 행동할 것이라 기대하는 것이다.

2.1. 신앙의 영역과 이성의 영역

---

2) 강영안, 『강교수의 철학이야기』 (서울: IVP, 2002), 35-36.
3) Stuart Russell and Peter Norvig, *Artificial Intelligence: A Modern Approach* (류광 역. 『인공지능: 현대적 접근방식』. 파주: 제이펍, 2016), 2.

20세기 중반 인공지능이 본격적으로 등장하기 전까지 세상에서 생각하는 유일한 존재는 인간이었다. 인간만이 이 세상에서 이성적 존재로 간주되었고, 이성적 존재인 인간은 만물의 영장으로 여겨졌고 그래서 그 인간이 온 세계를 그의 이성에 따라 탐구하고 이용하고 개발하는 것은 합법적인 것으로 받아들여졌다. 이처럼 인간의 이성이 부각되었던 것은 고대 시대에도 있었다. 이를 테면 고대 그리스로마시대이다. 플라톤의 〈국가론〉 제7권에서는 동굴의 비유를 통해 인간의 이성이 중요하다고 가르친다. 플라톤은 소크라테스와 글라우콘의 대화를 통해 공적이고 사적인 모든 상황에서 인간은 이성적으로 행동해야 한다고 강변한다. 또한 동굴과 같은 감옥에서는 이데아를 추구할 수 없으므로, 끊임없이 동굴 안에서 빠져나와 밖으로의 여정을 감행하면서 이데아에 가까워지려고 하는 것이 이성을 추구하는 인간에게 주어진 필수 과제라고 하였다. 이렇게 하면 인간이 비록 완벽하게 이데아를 알게 되지는 못한다고 하더라도 지속적인 이성적 행동에 의하여 이데아에 가까워질 수 있다는 것이다.[4]

그러나 고대 사회는 이성적인 사유와 함께 종교적인 신앙의 특성도 긴밀하게 섞여 있었던 것으로 상상할 수 있다. 예컨대 인간 이성의 역사에는 또 하나의 중요한 측면이 포함되어 있다는 것이다. 왜냐 하면 인간의 이성만으로는 해결되지 않는 숱한 상황들이 존재한다는 것과 그것에 대해 인간은 종교적인 측면으로 접근해 왔다는 사실이다. 고대 사회에서 기독교의 경우가 아니더라도 인간들에게는 종종 이성적 접근 못지 않게 종교적 접근이 보편화 되어 있었다.

기번(Edward Gibbon, 1737-1794)은 로마제국이 현명하고 단순하며 유익한 포괄적 정부(government)의 원리들을 가졌다고 하면서도, 종교에 있어서만큼은 계몽화된 입장을 뒤로 물렸고, 그래서 미신적인 면모가 어느 정도 묵인되었다고 평가하였다. 예를 들면 고대 로마 세계에는 다양한 예배 형태들이 만연하였다는 것이다. 이런 것들은 철학을 하는 입장에서는 비판의 대상이며 허위의 가능성을 가진 것들임에도 당시 행정관들에게는 유용하다고 인정되었다. 고대 로마인들은 수천의 신들이 각각의 지역에서 존경을 받는다고 여겼다. 그런 생각에서 로마인들은 테베르 강의 진노를 풀기 위해 간원하는 행위라든지 나일 강의 수호자에게 제물을 바치는 행위를 보이는 지역민들을 인정할 수밖에 없었다. 이런 식으로 고대 그리스인들, 로마인들, 그리고 야만인들은 그들의 존경하는 제단들 앞에서 다양한 이름과 다양한 의식들을 실행하였다. 이러한 예배적 행위들은 신들을 숭배하는 것이었다.[5]

---

4) Platon, *The Republic* (이병길 역. 『국가론 (후)』. 서울: 박영사, 1983), 55-59.
5) Edward Gibbon, *The Decline and Fall of the Roman Empire*. vol. 1(New York: the

물론 고대 사회 이성적인 방식으로 많은 것들을 고민하고 해명하려는 시도들이 있었고 그런 것들은 철학적 작업으로 나타났다. 그런데 당시의 시대적 한계로 인하여 고대인들은 이성과 함께 신앙의 영역을 당연시 하였다. 키신저 등(Henry A. Kissinger et als.)에 의하면 이런 이성과 신앙을 통해 세계를 탐구하는 일에 변화가 일어나는데, 그것은 히브리인들과 초기 기독교인들의 유일신 신앙으로부터였다.[6)]

초기 기독교인들은 고대인들이 그들의 이성과 신적인 존재에 의탁하는 신앙을 사용하여 우주의 실체를 알고자 했던 것에 관하여 그것은 오직 신의 영역 아래에 있는 것이므로 인생들은 그런 것들을 전지전능한 신께 맡기고 신을 예배하여야 한다고 하였다. 이러한 이해는 신앙을 이성보다 우위에 두거나 최소한 이성보다는 신앙을 앞세우는 배경이 되었고, 이로부터 신앙의 빛이 전면에 등장하였다. 이렇게 신에 대한 지식이 우선시 되면서 이 세상은 오직 신을 통해서만 알 수 있는 것으로 여겨졌고, 이로써 자연현상에 대한 고대의 해명들은 뒤로 물러나고 신학적 접근이 상위에 놓이게 되었다. 이런 경향은 중세의 말기와 근대 초기 과학자들이 직접적인 탐구의 방식으로 자연 현상에 대한 분명한 설명을 제시할 때까지 계속되었다.[7)]

그런데 인간의 집요한 지적 탐구는 지식을 얻고자 하는 강렬한 목마름 곧 호기심에서 발현된다. 이 목마름은 인간 영혼이 현재 존재함을 보여주는 하나의 표지처럼 여겨진다. 인간은 그의 내면에 솟아나는 도무지 채워지지 않는 지적 호기심을 가진 존재로 결코 진리의 실체에 도달하지는 못한다고 하더라도 끊이지 않는 질문들과 생각들을 제기하면서 그 자신의 영혼이 여전히 존재한다는 것을 대를 거치면서 세상 한가운데 증명하는 것이다. 몽테스키외(Charles L. Montesquieu, 1689-1755)가 비유한 것처럼 인간의 영혼은 생각하기 위해 곧 인식하기 위해 만들어진 것이다.[8)]

이처럼 완벽하지는 않더라도 인간이 이성을 작동하여 수련을 반복한다면 현실을 보는 것을 넘어서 언젠가는 진리에 도달할 수 있을 것이라는 플라톤의 신념은 이후 근대 시대에 이성을 활용하여 업적을 남기는 기초를 형성해 주었다.[9)] 이렇듯 인간을 지식 탐구의 주체로 여기고, 언젠가 진리에 도달할 수 있다는 생각은 근대 시대의 주요

Modern Library, n.d.), 25-26.
6) Henry A. Kissinger, Eric Schmidt, Daniel Huttenlocher, *The Age of AI and Our Human Future* (김고명 역. 『AI이후의 세계』. 파주: ㈜월북, 2023), 71-73.
7) Henry A. Kissinger, Eric Schmidt, Daniel Huttenlocher, 71-73.
8) Ernst Cassirer, *The Philosophy of the Enlightment*, Fritz C. Loelln and James P. Pettegrove trans. (Boston: Becon Press, 1955), 14-15.
9) Henry A. Kissinger, Eric Schmidt, Daniel Huttenlocher, 69.

특징이 되었다. 이런 사상은 계몽주의에 그대로 차용되었고 고도로 발전하기 시작했다. 18세기 계몽주의가 만개하게 된 데에는 르네상스와 종교개혁 시기를 거치면서 과학이 괄목할만한 발전을 보였기 때문이다.

포프(Alexander Pope, 1688-1744)가 기록한 것으로 알려진 뉴턴의 묘비명에는 "자연과 자연의 법칙들은 밤 속에 숨어 있었더라. 하나님이 이르시되 '뉴턴이 있으라!' 하시니 천지가 빛이었더라."[10]라고 되어 있다. 이는 창세기 1:3과 요한복음 1:4-9을 인본주의 과학의 시각으로 다시 풀어 쓴 것이다. 이렇게 과학은 종교에 대해 인간이 거는 기대를 대체하였고 이때부터 정통적인 성경에 기반한 기독교세계관이 아니라 과학적인 세계관이 스며들게 되었다.

이처럼 계몽주의가 등장하기 전에 과학의 발전은 마치 종교와 대립하면서 진행하는 것으로 여겨졌다. 잘 알려진 사건으로 갈릴레오 재판은 표면적으로는 갈릴레오가 한 발 물러섬으로 자신의 주장을 철회한 것이지만 이면적으로는 종교와 과학이 대립한 사건이었다. 타너스(Richard Tarnas)는 이 재판에서의 승자는 종교가 아닌 과학이었다고 평가하였다. 이 사건으로 종교는 보수적인 성향으로 갈릴레오를 파문하는 것으로 대응했던 반면에 갈릴레오는 오히려 그 강경책 덕분에 종교 밖으로 나아갈 수 있는 길을 얻을 수 있었기 때문이다.[11]

인간 이성에 대한 신뢰는 사실은 그보다 앞선 아퀴나스(Tomas Aquinas, 1224-1274)에게서 발견된다. 물론 아퀴나스는 기독교 신학자로 신앙에 충실하게 닻을 내리면서 이성을 활용하려 하였다. 그는 신앙과 이성을 대립하는 구도로 여긴 것이 아니라 신앙 곧 은혜의 빛 아래 이성을 발휘하여 자연세계를 알 수 있다고 본 것이다. 그러나 은혜를 상층에 두고 자연을 하층에 위치시킨 구도는 세속화를 거치게 되었다. 그러면서 은혜의 영역은 현저히 제한되고, 인간의 이성이 주체가 되어 자연세계를 비롯한 모든 것을 탐색하고 판단하는 지경으로 나아가게 되었다.

이를테면 존 던스 스코투스(John Duns Scotus, 1266-1308)와 윌리엄 오컴(William of Ockham, 1285-1349)의 경우이다. 이들에 의해 아퀴나스의 신앙과 이성이라는 2층 구조는 더 이상 유지되지 못하고 와해 되었다. 스코투스는 아우구스티누스의 이성에 대한 신의 조명 개념을 거부하고 아리스토텔레스의 지식론의 편에 섰

---

10) Michael W. Goheen and Craig G. Bartholomew, *Living at the Crossroads* (윤종석 역. 『세계관은 이야기다』. 서울: IVP, 2011), 198-199에서 재인용.
11) Richard Tarnas, *The Passion of the Western Mind: Understanding their Ideas that Have Shaped Our World View* (New York: Ballantine Books, 1993), 261.

다. 그는 기독교에서 가르치는 하나님과 그 역사는 증명의 대상이 아니라고 보았다. 인간의 이성에 의해 판단되는 것은 그런 영역들이 아니라 단지 물리적인 이 세상 안에 있는 것들로 한정한 것이다. 이런 식으로 스코투스는 철학(이성)과 신학(신앙)이 겹치는 영역을 최대한 축소하면서 믿음의 내용을 통찰하는 자연적 이성의 능력에는 분명한 한계를 두었다.12)

한편 오컴은 아퀴나스의 '옛 길'(via antiqua)에 대비하여 '새 길'(via moderna)를 구축하였다. 그는 인간의 직관적 인식의 기능을 강조하면서 개체들은 각각 실재하는 것이기에 이에 대하여 매개하지 않는 직접적 지식이 가능하다고 전제하였다. 이런 전제 위에 직관적 인식은 모든 지식의 기초라고 보았다. 그 간 자연신학과 형이상학이 추구하여 왔던 대상들은 그 대상들에 대한 직접적 체험이 불가능하고, 이는 경험적 증거를 확보할 수 없음을 보여주기 때문에 결국 계시와 믿음에 근거를 두는 실증적인 신학적 작업으로 제한해야 한다고 한 것이다.13) 이런 식으로 아퀴나스의 신앙과 이성이라는 두 층은 이후 시대를 거치면서 분열되었다. 이렇게 해서 한스 큉(Hans Küng)이 지적한 바와 같이 아퀴나스가 염두에 둔 하층에 있어야 할 인간의 이성과 자연이 총체적인 해방과 세속화를 일으키면서 상층과 하층이 결국 분리되었던 것이다.14)

2.2. 계몽주의와 사유하는 인간

신앙이 아니라 이성을 전면에 내세운 계몽주의는 인간 이성의 능력을 신뢰하며 자율적 특성을 가진 것으로까지 여기게 되었다. 이처럼 계몽주의는 이성을 과학적인 것으로 그리고 자율적인 것으로 간주하였다. 이렇게 되면 기독교신앙에 대해서는 무지몽매하고 미신적인 것이란 편파적인 신념이 옳은 것이라 착각하게 된다. 결국 계몽주의는 과학적 이성을 앞세우고 이성은 자율적 객관적 중립적 그리고 보편적인 것이라 여기면서 모든 것을 판단할 수 있는 도구로 보았다.15)

계몽주의는 진보라는 이상에 도달하기 위하여 과학적 이성이 인류의 유익을 위해 자연의 법칙들을 적극 활용할 것을 기대한다. 그렇게 할 때 과학적 이성은 고도의 기

---

12) Williston Walker, *A History of the Christian Church* (송인설 역. 『기독교회사』. 서울: 크리스천다이제스트, 2021), 398-399.
13) Williston Walker, 404-405.
14) Hans Küng, *Das Christentum: Wesen und Geschichte* (이종한 역. 『그리스도교: 본질과 역사』. 왜관: 분도출판사, 1994), 534-535.
15) Michael W. Goheen and Craig G. Bartholomew, 205-206.

술을 발휘할 수 있고 이렇게 해서 인간은 드디어 이 사회를 합리적으로 통제할 수 있다고 여긴 것이다. 여기에는 과학기술에 대한 신뢰와 사회의 합리적 질서에 대한 신뢰가 근저에 깔려 있다.16)

계몽주의는 인간의 이성을 신뢰하면서 하나님에 대한 신앙을 철회하고 합리성을 추구하는 방향으로 치달았다. 그렇지만 이 계몽주의는 하나님이 창조하신 질서를 폐기할 수는 없었다. 만약 하나님의 창조 질서를 부정한다면 존재 자체가 성립될 수 없기 때문이다. 그리하여 계몽주의는 성경의 계시와 정통 기독교의 가르침과는 결을 달리하는 방식으로 하나님의 질서에 접근하게 되는데, 이 질서는 이미 자연 안에 포함되어 있다고 하였다. 그리고 인간의 이성을 발휘한다면 자연의 질서를 확인할 수 있으며, 그렇기 때문에 더 이상 신적인 계시라든지 하나님의 존재가 필요하지 않다고까지 생각하게 된 것이다.17)

이와같이 18세기 계몽주의는 하나님을 벗어나고 성경을 이탈하는 인간 중심의 생각이 심화 되었던 시대이다. 여기에는 과학의 발전이 주된 기여를 하였다. 인간은 과학적 이성으로 모든 것을 판단하게 되었고, 하나님과 계시를 배제한 채로 자연 세계를 부지런히 탐구하여 자연의 법칙을 찾고 그에 따라 자연을 통제하려고 하였다. 이런 방식은 인간과 인간들이 구성하는 사회에도 그대로 적용되어 모든 학문은 과학적 이성에 근거하는 것이어야 한다고 보았고, 이로써 종교적인 영역이라든지 인간의 이성이 미치는 못하는 것으로 보이는 초월적인 영역은 배제 시키는 방향을 고수하게 되었다.

이렇듯 사유하는 인간에 대한 강조와 함께 과학의 발전이 더해지면서 고대의 신앙과 이성을 사용하는 접근 그리고 초기 기독교와 중세 시기 신앙을 우위에 두는 접근으로부터 역전 현상이 일어난다. 인간의 이성이 우선시 되고 신앙이 약화 되는 세속화 현상이 급속도로 심화된 것이다. 이런 변화의 시대 가운데 칸트(Immanuel Kant, 1724-1804)는 창조, 타락, 구속으로 이어지는 성경적 세계관을 벗어나서 진보를 신앙하는 계몽주의 시각을 드러냈다. 그는 인간이란 본래 계속되는 진보로 나아간다고 보았고, 진보를 이룩하기 위해 집중하는 존재로 이해하였다. 이 목표를 달성하기 위해 인간 이성의 가치를 높이 보았다. 이성이란 인간의 진보를 향하는 노력에 방향을 부여하는 것이라 보았기 때문이다.18)

---

16) Michael W. Goheen and Craig G. Bartholomew, 206-211.
17) Michael W. Goheen and Craig G. Bartholomew, 210.
18) Michael W. Goheen and Craig G. Bartholomew, 203.

칸트는 인간의 이성을 긍정적이라 보았는데, 이를 테면 인간 이성은 이미 이성을 통하여 스스로 제어될 수 있고, 이성에 대한 숱한 비판조차도 추후에는 그런 비판 덕분에 이성에 대한 비판들은 사라질 것으로 보았다. 또한 이성의 긍정적인 기능을 기대하였다. 예컨대 통치자들이 자기들의 이익만을 위한다면 인류는 그런 지배자들의 이기적 의도를 들추어내야 하는데, 이를 위해서 이성을 근거한 계몽이 작동되어야 한다고 본 것이다. 그러므로 칸트에게 있어서 이성은 인간 사회를 합리적이고 건설적으로 만들어 가는데 필수적인 근거가 된다. 이런 맥락에서 칸트는 이성과 계몽을 연결시키면서 계몽적인 인간은 참으로 용기가 있고 스스로 책임을 지는 존재라고 하였고, 그래서 '과감하게 알고자 하라. 자신의 지성을 스스로 사용할 용기를 가져라.'라고 하면서 인간에게 생각할 수 있는 용기를 불어넣었다. 따라서 칸트에게 있어서 계몽은 스스로 책임 있는 인간이 되게 만드는 것이다.19)

따라서 교권이나 정치적인 권력 아래 자신을 묶어두고 노예처럼 살아가는 구시대의 삶은 계몽 되지 못한 삶이며 미성년 혹은 미성숙한 인간이다. 이것은 스스로 책임을 질 수 없어서 자신의 삶을 지도자 아래 놓는 것이며 이것은 곧 지성의 무능함을 말한다. 이처럼 인간이 미성숙한 까닭은 지성이 결핍해서 그런 것이 아니라 다른 사람의 지도 없이 스스로 지성을 사용하겠다는 결단과 용기가 없어서 그렇다는 것이다.20)

이렇게 인간의 사유를 신과의 관계에서가 아니라 인간 이성의 독자적인 자율성에 근거하여 이해하게 되자 본격적으로 인간은 모든 것의 주체자로 간주 되었다. 그리고 20세기 중반 튜링이 그러했듯이 인간이 생각하는 것처럼 생각하는 또 다른 생각하는 존재를 만들 수 있는지의 문제에 접근하게 되었다. 이 문제는 인간의 뇌와 같은 기능을 하는 물체를 만드는 노력으로 이어졌다. 이런 변화는 현시대의 주요한 특징으로 자리하게 되었다. 이러한 시대를 과거와는 구분하여 4차 산업혁명 시대라 부른다. 이제 계몽주의에서 4차 산업혁명으로 진전해 온 이 시대의 흐름 가운데 등장한 인공지능에 관해 논의해 보자.

2.3. 인공지능의 시작과 발전

주지하듯이 18세기 후반 일어난 1차 산업혁명은 물과 증기의 힘으로 인간이 생산하던 것을 기계화하여 생산성의 비약적 발전을 일구는 결과를 산출하였다. 2차 산업

---

19) Theodor W. Adorno, *Kants, Kritik der reinen Vernunft* (박중목, 원당희 역. 『칸트의 순수이성비판』, 서울: 세창출판사, 2021), 115-116.
20) Theodor W. Adorno, 115.

혁명은 전기의 힘을, 3차 산업혁명은 전기 및 정보기술 그리고 컴퓨터를 통해 생산의 자동화를 만들어내었다. 그러므로 3차 산업혁명을 디지털 혁명으로 보기도 한다. 4차 산업혁명은 3차 디지털 혁명을 기반으로 하면서도 상당한 차이를 보인다.

슈밥(Klaus Schwab)은 2016년 1월 세계경제포럼(The Davos Forum)에서 '4차 산업혁명'이란 용어를 사용하였다. 그는 4차 산업혁명이 그 이전 세대와 구별되는 특성으로 속도와 범위 그리고 시스템에서의 거대한 변화에 있다고 평가하였다. 4차 시대는 산술급수적이 아니라 기하급수적으로 변화가 일어난다는 점에서 속도의 변화를, 모바일 기기를 통해 세계 수십억 인구가 연결될 수 있게 되었고 이로써 변화의 범위가 크게 확장된다는 것, 그리고 소프트웨어, 알고리즘 등으로 인공지능 분야가 크게 발전하여 이제는 사람과 기계가 공생하는 방향으로 시스템의 큰 변화가 시작되었다는 것이다.[21]

한편 산업혁명 초기인 1737년 보캉송(Jacquew de Vaucanson, 1709-1782)은 당시 크게 인기를 얻었던 발명품 하나를 내놓았는데, 곧 기계 플루트 연주자였다. 기계 연주자는 오토마타(automata)라고 불렸는데, 이 기계 인형은 12곡을 능숙하게 연주할 수 있었다. 오늘날 시점에서 볼 때에 그 기계 인형은 단지 내부 기계 장치에 기록된 명령대로 움직이는 정도에 불과한 것이다. 그러나 그 당시 사람들이 보기에 이 인형은 마치 인간의 지능을 모방하는 것처럼 여겨졌다. 현대에는 다양한 오토마타가 등장하였는데, 퀴즈 프로그램에서 인간을 이기는 기계, 체스와 바둑에서 인간 기사를 이기는 인공지능이 등장할 정도가 되었다. 이처럼 18세기 이래 현재에 이르기까지 기계 분야에서 비약적 발전을 이루고 있는데, 이것은 인간의 정신과 육체를 모방하여 이 작업을 수행하게 만든다는 특징을 가진다.[22]

1) 인공지능의 의미

인공지능은 기본적으로 이성을 사용하는 인간의 생각하는 모습을 차용하여 인간과 유사하게 기능하게 설계된 기계를 말한다. 인공지능과 관련하여 여러 정의들이 시도되었는데, 지능적인 기계를 만들기 위한 공학과 과학 분야(McCarthy, et al., 1955),

---

21) Klaus Schwab, "4차 산업혁명의 도전과 기회," Klaus Schwab 외 26인, *The Fourth Industrial Revolution* (김진희 외 역. 『4차 산업혁명의 충격』. 서울: 흐름출판, 2017), 17-19.
22) Sean Gerrish, *How Smart Machines Think* (이수겸 역. 『기계는 어떻게 생각하는가: 알파고부터 자율 주행차까지 기계 학습 구현 사례와 작동 원리』. 서울: 이지퍼블리싱(주), 2020), 16-22.

계산모델을 이용하여 인간의 정신적 기능을 연구하는 분야(Charniak, et al., 1985), 인간에 의해 수행될 때 필요한 지능에 관한 기능을 제공하는 기계를 연구하는 분야(Kurzwell, et al., 1990), 컴퓨터가 사람보다 더 효율적으로 일을 할 수 있게 연구하는 분야(Rich et al., 1991), 지능적인 행동의 자동화에 관한 컴퓨터 과학의 한 분야(Lager, et al., 1993) 등이다.[23]

이런 인공지능에 대한 의미들은 공통적으로 기계가 인간의 기능을 어느 정도 대체한다는 뜻을 담고 있다. 이렇게 해서 인간과 기계의 관계가 형성되는데, 여기에 대해서는 두 가지 시각이 있다. 하나는 강한 인공지능이고, 또 하나는 약한 인공지능이다. 강한 인공지능은 인간처럼 생각하는 시스템으로 인간과 유사하게 생각도 하고 인간들이 하는 것처럼 결정도 내리는 것이다. 그러니까 인간들이 행동하는 것처럼 그렇게 행동할 수 있다는 것이다. 반면에 약한 인공지능은 인간이 합리적으로 생각한다고 보아서 그렇게 모방하여 일하는 시스템이다. 이를 테면 기계에게 계산 모델을 도입하여 지각하고 추론하는 등 정신적인 일정 부분의 능력을 발휘하게 만드는 것이다. 그러므로 강한 인공지능은 인간을 상당부분 대체할 수 있는 지능을 가지는 것으로, 약한 인공지능은 합리성을 토대로 인간들이 과거에 수행해 왔던 업무를 대신 처리하는 것으로 이해된다.[24]

2) 인공지능의 시작과 발전

생각하는 기계로서의 인공지능의 한 뚜렷한 사례는 앨런 튜링에게서 발견된다. 앨런 튜링(Alan Turing, 1912-1954)은 생각하는 기계를 만드는 것이 가능하다고 보았는데, 이때 기계는 인간의 뇌가 어떤 기능들을 가지는지 탐구하고, 그에 맞추어 기계를 기능하게 하는 것이 적절하다고 보았다. 만약 기계가 인간이 하는 것처럼 식사를 하고, 학교를 다니고, 여행을 다니면서 견문을 쌓고, 가정을 꾸리고 재생산을 하게 하는 등 인간처럼 생각하고 행동하는 법을 터득하게 하려고 한다면 이것은 불가능한 과제가 될 것이다. 그래서 튜링은 인간의 뇌에 착안하여 뇌가 하는 행동을 체스 같은 게임, 언어학습과 언어번역, 암호학과 수학 등으로 한정하고 그런 행위를 인간처럼 할 수 있는 기계를 만들어내려고 하였다.[25]

---

23) 백승익, 임규건, 여동승, "인공지능과 사회의 변화", 「정보화정책」 23-4(2016), 6.
24) 백승익, 임규건, 여동승, 7-8.
25) Alan M. Turing, *Seminal Writings on Artificial Intelligence* (노승영 역. 『지능에 관하여』. 서울: 에이치비프레스, 2020), 42-45.

1950년 당시의 과학을 감안할 때 튜링의 테스트 시도는 현실적이라 할 수 있다. 튜링은 엄밀하게 말하면 인간의 지능과 기계의 지능을 연결하려고 한 것은 아니었다. 만약 그렇게 하려면 복잡한 인간의 뇌에 대한 명확한 지도가 주어져야 하고, 그에 대응하는 역시나 복잡한 인간의 뇌를 닮은 기계를 만들어야 한다. 따라서 튜링은 기계의 지능 문제를 파고들지 않고 우회로를 택하였다. 곧 인간의 내면을 아는 것은 불가능하지만 인간이 외적으로 행동하는 것을 보고 평가하는 것과 마찬가지로 기계에 대해서도 기계 내부에 지능이 있는지 여부를 따지지 말고 기계가 행위하는 것을 보고 지능이 있다고 여기자는 제안이다. 그렇게 해서 기계가 인간의 행동과 분간되지 않을 정도로 능숙하게 행동한다면 기계도 지능이 있다고 간주해 보자고 한 것이다. 이것이 튜링 테스트 곧 모방게임(imitation game)이다.26)

러셀과 노빅은 인공지능의 태동을 1943-1955년으로 설정하였는데, 이 시기에 1943년 맥컬럭과 피츠(McCulloch and Pitts)가 기초 심리학과 뇌의 뉴런 기능, 러셀과 하이트헤드의 명제 논리 형식 분석, 그리고 튜링의 계산에 관한 이론을 토대로 최초의 인공지능 연구 결과가 나왔다. 1949년 헵은 이를 토대로 뉴런 사이 연결 강도를 수정하여 헵 학습(Hebbian learning)이라는 기초 모형을 만들었다. 1950-1960년대 인공지능은 대단한 약진을 거듭하였다. 이 당시 인공지능 연구자들에 관하여 존 매커시(John McCarthy)는 "엄마 나 이거 할 줄 알아!" 시대라고 표현하였다.27) 이 시기에 기계는 결코 이런 것을 할 수 없다는 고정적인 생각들을 허물면서 그런 것들을 기계도 할 수 있음을 증명하는 일들로 채워졌다. 이 시기에 뉴얼과 사이먼(Newell and Simon)에 의해 마치 인간처럼 문제를 푸는 존재(General Problem Solver, GPS)가 등장하였다.28)

그러나 1970년대 인공지능은 시련기에 들어간다. 이는 인간의 언어를 기계가 번역하는 과정에서 부딪힌 난관이었다. 이를 테면 마가복음 14:38 곧 마음에는 원이로되 육신은 약하다는 뜻의 영어 번역 'the spirit is willing but the flesh is weak'을 러시아어로 번역할 때 오류가 발생한 것이다. 기계는 "보드카는 좋은데 고기가 상했다"(the vodka is good but the meat is rotten)로 번역하였다. 그 당시 러시아어 문법과 영문법에 기초한 구문 변환과 전자사전을 이용하면 기계가 어느 정도 괜찮은

---

26) Henry A. Kissinger, Eric Schmidt, Daniel Huttenlocher, 93-94.
27) "Look, Ma, no hands!" 어린아이가 핸들에서 두 손을 떼고 자전거를 타는 것. Stuart Russell and Peter Norvig, 23.
28) Stuart Russell and Peter Norvig, 25.

번역을 할 것이라 여겼는데 이것이 장벽에 부딪힌 것이다.29)

인공지능은 기계가 인간처럼 생각할 수 있는가에 대한 튜링의 도전으로부터 가속화된 것인데, 인간과 기계가 동일하지 않으며 다르게 생각한다는 문제는 종종 발견되었다. 물론 기계가 과연 인간이란 존재가 지닌 고유한 특징이라 할 수 있는 사고하는 기능을 갖고 있느냐 자체는 또 다른 논점이 될 수 있다. 이것은 그간 인간에게 부여해 왔던 '만물의 영장'이란 인간 고유의 특성과 권리가 인간이 아닌 인공지능이란 기계에게도 부여할 수 있을지 논란을 일으키기 때문이다. 그러한 논의를 번외로 하더라도 기계는 마치 인간과 유사하게 또는 인간이 알 수는 없으나 인간보다 뛰어난 결과를 산출하는 방식으로 작동한다는 점은 사람이 사고하고 행동하는 것하고 기계가 그렇게 하는 것 사이에는 엄연한 차이가 있음을 시사한다.

이러한 차이는 기계와 인간이 습득하는 정보 자체에 대한 성격에서 기인한다. 정보에는 정량화된 것과 비정량화된 것이 있는데, 정량화된 정보에 관하여는 인간처럼 기계도 습득 가능하다. 그리고 인간보다 훨씬 단시간에 더 많은 것들을 습득할 수 있다. 문제는 비정량화된 정보이다. 인간은 직관의 작용으로 자연스럽게 이 문제를 풀어간다. 일례로 어린 아기라도 고양이 3~4마리만 접하면 세상의 모든 고양이를 어렵지 않게 인식할 수 있다. 그러나 기계는 이것을 제대로 수행하지 못한다. 아마도 기계에는 직관 기능이 없기 때문일 것이다. 따라서 기계가 인간처럼 능숙하게 이 문제를 풀기 위해서는 기계에게 수많은 상황적 정보를 보여주면서 하나하나 정답을 피드백하여 주입시켜야 한다. 그렇게 되면 기계에게도 인간에게 있는 직관과 같은 기능이 생겨난다는 것이다. 즉 기계가 마치 인간의 경우처럼 세포들 간 연결성을 강화하면서 유사 정보를 받아들일 때 활성화하는 신경망의 경우처럼 숱한 경험과 학습으로 직관을 얻을 수 있다는 것이다. 이를 딥러닝(deep learning)이라 한다.30)

인공지능이 인간의 활동을 완전하게 대체하지는 못하지만, 인간의 기능을 수행하도록 만드는 연구들은 계속해서 수행되어 왔다. 그 중 대표적인 것은 음성인식 기능이다. 1987년 애플(Apple)은 인간과 자유로운 대화를 통해 지적 활동을 수행하는 홍보용 비디오를 소개한 바 있다. 그런데 애플은 2011년에 이르러서야 이것을 상용화하여 시리(Siri)라는 음성인식 기기를 소개하게 되는데, 여기에는 무려 20년 이상이 소요되었다. 이 외에도 전문가 시스템(expert systems)을 통해 다양한 분야에서 기계가 인간 전문가처럼 행동하게 만들려는 노력이 이어져 왔다. 전문가 시스템은 인간 전문

---

29) Stuart Russell and Peter Norvig, 26.
30) 김대식, 『인간 vs 기계: 인공지능이란 무엇인가』 (서울: 도서출판 동아시아, 2022), 5-7.

가의 지식과 추론과정을 컴퓨터에 이식하려는 의도를 갖는다. 그런데 인간 전문가가 컴퓨터에 지식을 모델링하는 것에 한계가 발생하였다. 이에 대응하여 기계가 인간 전문가가 아니라 데이터로부터 지식을 얻는 기계 학습(machine learning)이 등장하였다. 여기에는 신경망시스템(Neural Network System)이 활용된다. 이처럼 데이터를 기반으로 하는 학습은 신경망 시스템을 넘어서 통계적 방법을 차용하여 유전자 알고리즘을 통해 패턴을 익히고 미래를 예측하는 데까지 나아간다. 그렇지만 데이터 자체에 대한 문제는 여전히 해결되지 않는다. 기계가 어떤 데이터를 사용하여 학습하고 응용하여 예측하느냐는 여전히 난관인 것이다.31)

기계가 데이터 자체를 구분하는 것에는 한계가 있다. 그래서 빅데이터를 기반으로 하는 인공지능 기술을 바탕으로 데이터 분별 문제를 어느 정도 해결하고자 하고 있다. 컴퓨터의 발전과 딥러닝의 방식으로 이 문제를 해결하고 있는 것이다.32) 결국 인공지능에 대해서는 이것이 인간의 뇌를 과연 모방하여 인간이 하는 방식으로 또는 인간이 할 수 없는 영역까지도 결과를 산출하게 만들 수 있느냐는 문제를 여전히 안고 있다. 따라서 인공지능이라는 기계의 발전이 가속화 되는 이 시대는 또 다른 방식으로 인간 자체에 대한 질문을 제기하게 하고 진정한 인간됨을 고민하게 만드는 상황이 되고 있다.

3. 기계와 인간의 관계에 대한 기독교교육적 성찰

3.1. 인간과 인공지능

인간은 과학기술의 혁신에 기초하여 인간이 해 오던 여러 가지 것들을 자동화 시켰다. 석탄, 전기, 그리고 컴퓨터를 활용하는 인간들로 인하여 이러한 일련의 산업혁명이 극대화 보편화 될 수 있었다. 그 덕분에 과거와는 비교할 수 없는 막대한 생산성을 확보할 수 있게 되었다. 이와 같은 고도의 산업화는 다양한 층의 사람들이 광범위하게 문명의 이기를 누릴 수 있는 방향으로 나아가게 만들었고, 이에 따라 자본주의, 신자유주의 등의 시장논리가 대세를 얻게 되었다. 이런 변화는 인간성에 대한 깊은 성찰을 요구하였다. 특별히 현시대는 인공지능의 등장으로 대부분의 인간이 하던 일들을 기계가 도맡게 되면서 노동 없는 시대를 예견하게 만들고 있다.

인간이 일을 하지 않는 또는 인간이 일을 할 수 없는 시대에 대한 상상은 이미 일

---

31) 백승익, 임규건, 여동승, 5-6.
32) 백승익, 임규건, 여동승, 6.

정 부분 진행되고 있었다고 볼 수 있다. 여기에는 자동화(automation)가 일반적인 현상으로 자리하기 때문에 발생한다. 기계의 발달은 자동화를 가져오고, 이렇게 되면 인간이 하는 일보다는 기계가 하는 일이 더 많아진다. 왜냐 하면 인간에게 맡기는 것보다는 기계를 사용하여 자동화에 맡기는 것이 생산성을 높이기 때문이다.

이처럼 인간보다 기계에 맡기는 이유는 기계의 생산성과 함께 보다 근원적인 이유가 있는데, 그것은 기계가 '특이점'(singularity)을 이룰 것으로 기대하기 때문이다. 특이점은 미래를 예견하는 이들에게서 사용된 말로 컴퓨터의 성능이 초인간적인 수준 곧 인간을 넘어서는 수준이 시작되는 지점을 일컫는다. 물론 컴퓨터와 인간의 뇌를 단순비교할 수는 없다. 예컨대 컴퓨터가 인간의 뇌와 동일한 지도 혹은 유사한 지도를 갖추고 인간이 지능적으로 처리하는 그것을 컴퓨터도 동일하게 수행하면서 인간을 넘어선다는 그런 뜻은 아니다. 무제한 용량을 가진 슈퍼 컴퓨터가 등장한다고 해도 그것이 인간의 뇌 수준과 동일한 양식의 지능을 달성할 수 있는지 문제는 여전히 풀리지 않고 있다.33)

러셀과 노빅은 컴퓨터와 인간 뇌를 대비하는 흥미로운 수치를 제시하는데, 여기에 비교 대상이 된 컴퓨터는 IBM Blue Gene 슈퍼컴퓨터와 2008년을 기준으로 한 일반적인 개인용 컴퓨터이다.34)

도표 1 컴퓨터와 인간의 뇌 비교(Stuart Russell and Peter Norvig, 2016, 15)

	슈퍼 컴퓨터	개인용 컴퓨터	인간의 뇌
계산 단위	CPU 10^4개 트랜지스터 10^{12}개	CPU 4개 트랜지스터 10^9개	뉴런 10^{11}개
저장 단위	RAM 10^{14}비트 디스크 10^{15}비트	RAM 10^{11}비트 디스크 10^{13}비트	뉴런 10^{11}개 시냅스 10^4개
주기 시간	10^{-9}초	10^{-9}초	10^{-3}초
초당 연산수	10^{15}	10^{10}	10^{17}
초당 기억 갱신	10^{14}	10^{10}	10^{14}

컴퓨터의 특이점을 논의할 수 있는 근거는 위 도표에서 슈퍼컴퓨터와 개인용 컴퓨터의 주기(cycle) 시간이 인간의 뇌에 비해 일백만배나 빠르기 때문이다. 인간의 뇌는 주기 시간이 10^{-3}초이지만, 슈퍼컴퓨터와 개인용 컴퓨터는 10^{-9}초만에 반응할 수 있다

---

33) Stuart Russell and Peter Norvig, 15.
34) Stuart Russell and Peter Norvig, 15.

는 것이다. 개인용 컴퓨터는 주기 시간을 빼면 나머지는 인간의 뇌에 비해 현저히 떨어진다. 그런데 슈퍼컴퓨터는 계속 진화를 거듭한다고 가정할 때 인간의 뇌와 비슷한 수준에 도달하여 장차 특이점을 보일 것으로 예상되는 것이다.

그렇다고 해도 인간과 같은 형태의 뇌로 기계가 작동할지는 알 수 없다. 그래서 인공지능을 인간과 유사한 혹은 인간을 넘어서는 지능에 도달하게 하기보다는 특정 영역에 한해서 제한적으로 인간보다 월등한 능력을 발휘하게 하는 기능 곧 '새번트'(savant)를 갖춘 기계로 발전시키는 쪽을 선택하게 된다. 또한 일각에서는 AI를 넘어서 AGI(Artificial General Intelligence) 곧 범용인공지능 개발을 시도한다. AGI는 AI가 제한적으로 협소한 상황에서 인간과 협업하며 더 나은 미래를 지향하는 수준을 뛰어넘어서 인간 지능으로 수행하는 대부분의 일들을 기계로 대체하여 수행하는 단계까지 나아가려는 의도로 실천되는 분야이다.35) 그러므로 변화의 속도가 급속히 빨라지는 현대에서 AI이든지 AGI이든지 지능의 기능을 발휘한다고 여겨지는 기계가 인간 사회에게 미치는 파급력은 크다. 그리고 그 파급력은 긍정적일 수도 또는 부정적일 수도 있으므로 이와 같은 이중성에 대해 주의 깊은 성찰과 대비가 필요하다.

3.2. 인공지능 시대 인간과 기계의 관계 변화

인간이 인공지능 영역에 도전하는 것은 인간이 할 수 없는 일들, 또는 인간이 하기에 여러 가지 사유로 곤란한 일들을 기계를 통해 처리하여 더 큰 유익을 얻기 위함일 것이다. 산업혁명을 통해 기계의 큰 혜택을 반복 확인한 인류는 20세기 중반을 지나면서 인간과 유사하게 생각하고 기능하는 인공지능의 활로를 탐색하였다. 그러나 이 일에는 긍정과 부정이 동시에 작용하고, 장점과 단점이 같이 내재하고 있다. 이를 '이중용도 연구에 대한 우려'(dual-use research of concern: DURC)라고 부른다.36)

이중용도 우려 문제는 생물학과 화학에서 이미 제기된 바 있다. 예를 들면 세균을 무기화할 경우 초래되는 심각한 부작용을 대비해야 하였기 때문이다. 이를 인공지능과 연결할 경우 유사한 우려가 제기될 수 있다. 그리고 이런 우려는 인간과 기계의 적절한 관계 맺음에 대한 필요를 불러 일으킨다. 과거에는 기계와의 문제가 그다지 부각되지 않았다. 물론 산업혁명을 거치면서 일자리 감소와 소멸에 대한 우려는 있어 왔다. 자동화는 불가피하게 인간 노동자가 설 자리를 잃게 만들었던 것이다.

던럽(Tim Dunlop)은 오토(David Author)가 왜 아직도 그렇게 일자리가 많은지

---

35) Henry A. Kissinger, Eric Schmidt, Daniel Huttenlocher, 126-130.
36) Laurie Garrett, "합성 생물학: 생물학의 거침없는 신세계." 클라우스 슈밥 외 26인, 91.

문제를 연구한 것을 분석하면서 기술 변화가 노동의 미래에 부정적인 몇 가지 이유를 정리한다. 첫째는 자동화 기계화가 사람들을 위한 대체적인 직업을 만들어내는 것은 아니란 점이다. 둘째는 자동화로 인해 보완적인 일자리들이 생긴다고 하더라도 그 일자리들을 얻는 사람들은 흔하지 않다는 점이다. 경쟁은 더욱 치열해 질 것이다. 셋째는 자동화로 인하여 생산성이 높아진다고 해도 그에 맞추어 수요가 늘어나는 것은 아니란 점이다. 농업 분야에서 자동화로 막대한 식량 산출이 가능해지는 반면 그 식량을 소비하는 수요는 더 줄어드는 경우가 여기에 해당한다.37)

인공지능으로 인하여 일자리 감소와 소멸에 대한 우려는 이제는 기계가 단조롭고 반복적인 그래서 인간이 하기 꺼려하는 일들을 대신 처리하는 정도가 아니라 인간 고유의 지적인 능력을 사용하여 일을 하는 데까지 진보하고 있기 때문에 발생한다. 과거에 인간과 기계의 관계란 인간이 좀 더 성능 좋은 기계를 만들고 그것을 활용하는 것으로 국한되었다. 물론 군사 무기 같은 경우에는 그릇된 사용으로 심각한 부정적 결과를 초래할 수 있으므로 일찍이 국제적인 협약을 통해 자제하는 길을 모색하였다. 그러나 인공지능 시대 인간과 기계의 관계는 단순히 인간이 기계를 어떻게 건설적으로 사용할 수 있는지의 문제를 넘어 인간이 기계라는 '존재'를 인정하면서 기계가 산출하는 결과들을 신뢰하고 선택하여 결정에 반영할 것인지 고민하는 데까지 나아간다. 심지어 장차 기계에 의해 만들어진 결과를 인간이 혹시 이해할 수 없다고 해도 그것의 긍정적인 면을 신뢰하면서 그 결과를 받아들일 것인가 문제가 제기된다.

인간의 관여 없이 기계 독자적으로 일처리를 하는 대표적인 예는 최근 급격하게 확산되고 있는 챗GPT에게서 볼 수 있다. 챗GPT는 사전에 훈련 받은 생성형 트랜스포머(chat Generative Pre-trained Transformer)를 말한다. 이것은 인식형 수준에 머물던 기존의 인공지능을 생성형으로 바꾸어 놓았다. 이것의 출시는 최근인데, 지난해인 2022년 12월 1일 오픈AI 대화형 인공지능 서비스가 등장한 것이다. 오픈 AI는 지금으로부터 8년여 전인 2015년 8월 올트먼과 머스크(Sam Altman and Elon Musk) 등 7인이 설립한 회사이다. 이들의 chatGPT는 5일만에 사용자 100만을, 그리고 2023년 1월 단 한 달에 1억 명 사용자를 확보하는데 까지 확대되었다.38)

chatGPT는 최단기간 최대의 확장세를 보이는 만큼 즉각적이고 광범위한 파급력을 보인다. 그런 까닭에 이것은 의료, 금융, 교육, 서비스, 소매업 등 전 분야에 걸쳐 산

---

37) Ti, Dunlop, *Why the future is workless* (엄성수 역, 『노동 없는 미래』, 서울: 비즈니스맵, 2016), 104-106.
38) 김수미, 백석화, 『챗GPT 거대한 전환』, (서울: ㈜알에이치코리아, 2023), 22-23.

업 재편을 예고하고 있다. 이것이 문제가 되는 이유는 단지 기능의 뛰어남에 있는 것이 아니라 이것이 생성형 AI라는 데 있다. chatGPT는 사람의 간섭이나 지시 없이 스스로 학습하여 모종의 결과들을 만들어낼 수 있는데, 이런 인공지능의 결과물을 인간이 제대로 알지 못하는 가운데 마주하게 된다는 데 문제가 있다. 심지어 인간에 의해 만들어지는 콘텐츠는 2025년이 되면 90퍼센트의 비중까지 인공지능의 작품으로 채워진다고까지 이야기한다.[39]

이런 상황에서 인간의 기계 의존도에 대한 문제가 제기된다. 컴퓨터가 상용화되지 않았던 시대에는 전원이 꺼진다고 해도 사업장이 문을 닫고 인간 노동자들이 업무를 중단하는 사태로 이어지지는 않았다. 그 시대에 인간은 기계를 이용했지만 여전히 많은 일들은 인간의 수작업으로 진행되었기 때문이다. 그러나 컴퓨터가 인간 노동의 많은 부분을 통제하고 대체하면서 인간은 컴퓨터가 없이는 더 이상 일을 수행하지 못하게 되었다. 그런데 앞으로 머지 않아 인간이 인공지능을 활용할 수 없다면 어떠한 일도 하지 못하는 지경에 이르게 되는 시대로 나아갈 수도 있다.

한편 기계를 통해 인간이 어떤 욕구를 달성하기 원하는지 성찰해 볼 필요가 있다. 인간의 욕구 한가지는 생존의 멈춤에 대한 공포를 떨어내는 것일 수 있다. 이에 대해 고도의 디지털시대로 들어선 현대 사회는 '디지털불멸'을 대안으로 제시한다. 빌 마리스(Bill Maris)는 초기 단계의 목표는 인간의 생명 연수를 500년으로 연장하는 것이라고 주장했고, 유발 하라리(Yuval Noah Harari)는 인간은 유전공학, 인공지능, 나노기술을 사용해서 천국도 지옥도 직접 만들 수 있다고 하면서 죽음의 문제는 기술적으로 해결 가능하다고 하였다.[40]

디지털불멸에서 의미하는 불멸은 영혼과 육체의 통합체인 인간이 그런 인간의 전인을 갖고서 죽지 않고 영원히 사는 개념은 아니다. 여기서 불멸은 인간이 생전에 가진 기억과 생각을 고스란히 디지털기기에 입력하여 그 디지털기기가 죽지 않고 영원히 산다는 뜻을 갖고 있다. 이렇게 하려면 해결해야 할 문제가 있는데 그 중 하나는 인간 뇌의 완벽한 복사본을 만들어야 한다는 것이다. 아직은 불가능하지만 미래에는 가능할 것으로 예상되는 이 방법은 인간의 뇌에 들어 있는 생각, 느낌, 기억, 의식 등을 완전하게 복사하여 인공의 뇌를 만들어 거기에 모든 데이터를 완전하게 전송하고 그로부터 그 인공의 뇌가 인간과 같은 몸을 갖고 죽지 않고 살게 하는 것이다.[41]

---

39) 김수민, 백석환, 44-45.
40) 이미솔, 신현주, 『4차 인간』 (서울: 한빛비즈, 2020), 20-22.
41) 이미솔, 신현주, 22-23.

그렇다면 기계의 몸으로 죽지 않고 살아가는 이것은 인간에게 궁극적이고 본질적인 행복을 보장해 줄 수 있는지 묻게 된다. 디지털불멸 기술이 가능해지는 시대, 그리고 그 기술을 보통의 사람들이 손쉽게 이용할 수 있는 시대가 도래한다면, 사람들은 과연 그 길을 선택할 것인지 문제가 따르는 것이다. 이 문제는 성경과 기독교의 전통을 이탈한다.

전술한 것처럼 계몽주의는 인간을 하나님으로부터 떼어내어 인간 독자적인 길을 가게 하는 쪽으로 몰아갔다. 그 전에는 신앙의 길과 이성의 길이 같이 있었으나 이제는 신앙의 길이 축소 내지 제거되었다. 이것 역시 신앙의 길인데, 하나님을 이탈하여 우상을 따르는 그릇된 신앙의 길이다. 물론 이에 대해서 세속화 인본주의는 인정하지 않을 것이다. 그런데 인공지능이 인간 사회에 큰 변화로 들어온 현시대는 인간은 하나님이 아니라 인공지능이란 기계를 더 의존하고 그것을 통해 심지어 죽음의 문제까지 해결하려고 드는 극단적인 세속화로 치달을 것이 우려된다. 이제 이런 변화를 목도하면서 기독교교육적 관점으로 인간과 인공지능의 관계 맺음에 대해 논의하고자 한다.

3.3. 인간과 인공지능 관계에 대한 기독교교육적 성찰

과거와는 다르게 인공지능이 확산되는 이 시대는 특이점에 대한 고민이 커지고 있다. 인간이 기계에 추월당하는 시대가 도래할 것으로 예상되기 때문이다. 아마도 이런 일은 현재까지 일어나지 않았으나 이제는 고민할 때가 된 것이라 여긴다. 울프(Martin Wolf)는 인간들의 지적 자손(intellectual progeny)이 인간보다 우월한 세상에서 인간은 기계의 보살핌을 받으면 행복할 수 있을 것인지 문제를 제기하였다. 원칙적으로 지능형 기계의 등장이 인간 사회의 풍요로움과 윤택함을 보장해 주어야 하지만, 그럼에도 낙관적 미래만을 내다볼 수는 없다는 것이다. 따라서 이 문제를 해결하려면 앞으로 창출될 막대한 이익을 놓고 이런 이익의 생성과 분배를 공정하게 해야 할 것이라 말한다. 그럼에도 지난 역사가 그러했던 것처럼 앞으로도 불평등 문제는 심각하게 예견된다고 부정적으로 보았다.[42]

이처럼 인간과 기계의 관계에 대한 부정적인 우려와 불확실한 미래에 대한 고민은 그 어떤 시대보다 인간의 정체성 문제에 대한 진지한 성찰을 하게 만든다. 현재까지는 인간이 역사의 주인공인 양 여겨왔으나, 앞으로는 인공지능의 존재를 받아드릴 것

---

[42] Martin Wolf (2017). "기술낙관론에 대한 반박: 미래는 과연 황홀하기만 할 것인가" 클라우스 슈밥 외 26인, 176-177.

인지 문제를 풀어야 할 처지에 있다. 기계의 존재가 당연시 되고 기계의 기능이 인간의 거의 모든 부분을 대체하는 곳까지 진행된다고 하면 인간 편에서는 기계와의 협업을 할 것인지, 그럼에도 불구하고 기계를 경계하면서 통제할 것인지, 또는 이와는 반대로 기계에게 거의 모든 것을 일임할 것인지 방향을 선택해야 한다.

인간이 기계에 대하여 협업인지, 통제인지, 일임인지 그 어느 하나를 선택하게 될 때, 이것은 기계에 대해 인간의 규정적인 성격을 가지면서 동시에 기계의 존재로 인하여 인간의 정체성을 어떻게 보느냐의 문제도 따라 온다. 먼저 협업이란 용어는 여전히 주도권은 인간이 가지고 있다는 점에서 과거 인간이 기계를 활용한다는 뜻도 있지만 그럼에도 과거와는 사뭇 달라진 인간과 기계의 정체성을 시사한다. 예컨대 기계가 이제는 인간의 지적인 파트너로 인정된다는 의미이기 때문이다. 특히 chatGPT의 등장과 급격한 확산으로 이러한 협업 관계가 두드러진다.

다음으로 경계와 통제는 어느 시대나 선택하는 방식이다. 그룹(Thomas Groome)은 1980년 미국 사회의 대중매체의 강력한 영향력을 우려하면서 긍정적인 인간의 사회화를 보장하기가 어렵다고 하였다. 이를 테면 그 당시로 미국 청소년은 17세가 될 때에 자그마치 텔레비전을 15,000시간 이상을 시청한다는 것과 같은 시기에 35만 건의 대중매체 광고에 청소년들이 노출된다는 것이다. 따라서 한 사회의 청소년을 사회화시키는 강력한 제도가 학교나 교회나 가정이 아니라 대중매체라는 것이다. 더군다나 광고는 분명히 교육적 의도를 갖고 고안된 것이 아니므로 그 안에 상업적 이데올로기가 들어 있고, 이런 세계관이 결국 학생들에게 지대한 영향력을 미칠 수밖에 없다는 것이다.[43] 그러므로 텔레비전 시청의 시간을 제한하는 것, 광고에 대한 노출을 할 수 있는 한 조절해 보는 것, 또한 텔레비전과 광고에 대한 비평적인 안목을 갖추도록 교육하는 것 등이 적절한 대안으로 떠오른다.

한편 또 하나의 극단은 기계에 일임하는 것이다. 이러한 극단은 인공지능이 인간의 기량에 필적하거나 능가하는 상황에서 기계를 배제하는 것 자체가 태만이요 고집이라고 여기기 때문이다. 따라서 인간은 기계를 인정하고 어떤 방식으로든지 기계와 공생하여 더 나은 사회를 창출해야 한다는 논리이다.[44] 인간이 기계에 일임한다는 것은 기계를 인정한다는 수준을 넘어 기계를 신뢰한다는 의미도 될 수 있어 조심스럽다.

사실상 인간은 기계가 일을 처리하는 과정을 완전하게 파악하지 못하며 통제하지

---

43) Thomas Groome, *Christian Religious Education: sharing our story and vision* (San Francisco: Harper & Row, 1999), 123-124.
44) Henry A. Kissinger, Eric Schmidt, Daniel Huttenlocher, 59.

못한다. 그런데 상당부분 인간이 알지 못하는 상황에서 처리되어 산출된 기계의 결과물은 인간이 노력해서 만들 수 있는 것보다 더 뛰어나고 훌륭하다. 이러므로 인간은 복잡한 많은 과정을 그저 기계에 위임하고 그 혜택만 누리게 된다. 그러나 이 방식은 편리한 것 같으면서도 위험을 담고 있다. 왜냐하면 기계는 인간보다 뛰어나다고 해도 도덕중립적이거나 비도덕적이기 때문이다. 그래서 인간에게 긍정적이고 바른 사회가 기계에도 동일하게 그렇다고 볼 수는 없다. 그런 까닭에 기계의 발전에 기대어 기계에 모든 것을 일임하는 방식은 부정적인 미래를 예상하게 한다.45)

4. 나오면서

인류의 역사 속에서 인간은 유일하게 생각하는 존재로 피조 세계에 대한 지배권을 언제나 보유할 것처럼 보였다. 그러나 인간의 손으로 만든 창작물인 기계의 발전 역사는 이러한 생각에 균열을 일으키고 있다. 인공지능 시대 기계는 더 이상 인간의 통제 속에서 인간이 프로그램화한 것만을 수행하지는 않는다. 오히려 기계는 스스로 생각하고 학습하여 역량을 강화하면서 인간이 할 수 없는 것까지 수행하는 수준으로 발전하고 있다. 이때 인간은 기계가 어떤 식으로 그런 결과를 도출하는지 제대로 알지 못한다. 그럼에도 산출하는 결과는 인간의 수준을 넘어서 월등하게 좋은 것이라면 이를 두고 인간이 기계를 어떻게 대할 것인지 문제가 제기된다.

본 글은 인간의 생각하는 특성에 초점을 두고 계몽주의와 현대에 이르기까지 신앙의 길과 이성의 길의 역학관계를 논의해 보았다. 이성을 중시하면서 과학기술의 발전에 힘입어 인공지능 시대로 변화와 발전을 심화시키는 현 시점에서 신앙과 이성에 더하여 또 하나의 길 곧 인간과 기계의 관계에서 인간이 기계를 어떻게 바라볼 것인지 문제를 논의하였다.

첫째로, 인간과 기계의 관계에 대해 생각할 때 기계의 이중용도 문제를 감안해야 한다. 아직은 기계에 인간이 해 오던 결정권을 주지는 않고 있다. 그러나 기계에 결정권을 넘기고 인간이 혜택만을 누리고자 한다면 문제가 생길 수 있다.

둘째로, 기계에 대한 과도한 의존성 문제를 경계해야 한다. 인류 역사가 계몽주의 이후 인간의 합리적 이성을 강조하면서 하나님으로부터 크게 이탈하였고 이는 극도의 세속화를 심화시켜 왔다. 이러므로 신앙의 길과 이성의 길에서 신앙의 길은 제거되거

---

45) Nayef Al-Rodhan (2017). "로봇의 도덕률: 어떻게 로봇에게 옳고 그름을 가르칠까". 클라우스 슈밥 외 26인, 256.

나 현저히 왜곡되었다. 그리하여 하나님이 주체가 되는 것이 아니라 인간이 주체가 되고 하나님을 판단하기까지 하는 역전된 모습을 보이기도 하였다. 그런데 인간이 만든 기계가 등장하고 그 기계가 인간보다 더 뛰어난 역량을 발휘한다면 이는 하나님을 떠난 인간이 자기들이 만든 기계를 신뢰하고 따르는 또 하나의 현대 우상숭배 문제를 일으킬 수 있다.

셋째로, 인간과 기계의 관계에 있어서 협업, 경계, 일임을 생각하기에 앞서서 무엇보다 하나님과의 관계에서 인간의 자리를 확인해야 한다. 고대로부터 인간이 참 하나님이 아닌 우상들을 만들고 그것을 숭배하였던 행태를 이제는 기계를 따르는 것으로 바꾸는 잘못을 범하지 않기 위해서 이 일은 필수적으로 실천되어야 한다. 그래서 인간이 신이 된다거나 또는 인간이 자신이 만든 기계를 신적인 위치로 끌어올리는 것이 아니라 하나님과의 관계 속에서 인간 본연의 위치를 찾고 그 자리를 지켜가는 청지기로 자리해야 할 것이다.

기계와 인간의 관계에 있어서 인간의 정체성 문제는 성경으로 돌아가 사명과 인간의 청지기적 위치를 재확인하므로 답을 찾아야 한다. 인간은 기계를 만들 수 있고, 긍정적으로 활용할 수 있다. 그러나 인간이 기계를 의지하고 신뢰하게 된다면 이는 또 하나의 우상숭배를 만드는 꼴이 된다. 인간은 칸트 이래 이성과 합리성을 바탕으로 고도의 기계화를 창출하였으나 여전히 한계에 직면하고 있다. 그런데 현 시점에서 인공지능의 등장으로 커다란 변화를 맞이하고 있다. 이런 때에 특이점에 기대어 인간이 해결하지 못하는 문제를 다 해결하고 하나님을 배제한 채 하나님인 양 행세하는 호모데우스의 길을 고집할 것인지,46) 아니면 다시 성경으로 돌아가 인간의 본래 위치를 재확인하고 계시의 말씀이 가르치는 인간으로 그 역할에 충실할 것인지 고민해야 한다. 이런 차원에서 기독교교육은 인공지능 시대에 인간과 기계의 올바른 관계를 성찰하고 성경에 합당한 인간의 위치와 역할을 풀어내고 이를 실천하는 방향으로 나아가야 하겠다.

---

46) Yuval Noah Harari, 38-39.

[참고문헌]

강영안. 『강교수의 철학이야기』. 서울: IVP, 2002.
김대식. 『인간 vs 기계: 인공지능이란 무엇인가』. 서울: 도서출판 동아시아, 2022.
김수민, 백석환. 『챗GPT 거대한 전환』. 서울: ㈜알에이치코리아, 2023.
백승익, 임규건, 여동승. "인공지능과 사회의 변화", 「정보화정책」 23-4(2016), 3-23.
이미솔, 신현주. 『4차 인간』. 서울: 한빛비즈, 2020.
Adorno, Theodor W. 『칸트의 순수이성비판』 (Kants, Kritik der reinen Vernunft). 박중목, 원당희 역, 서울: 세창출판사, 2021.
Al-Rodhan, Nayef. "로봇의 도덕률: 어떻게 로봇에게 옳고 그름을 가르칠까", Schwab, Klaus 외 26인, The Fourth Industrial Revolution. 김진희 외 역. 『4차 산업혁명의 충격』. 서울: 흐름출판, 2017, 248-256.
Cassirer, Ernst. The Philosophy of the Enlightment, Fritz C. Loelln and James P. Pettegrove trans., Boston: Becon Press, 1955.
Dunlop, Ti, Why the future is workless. 엄성수 역. 『노동 없는 미래』. 서울: 비즈니스맵, 2016.
Garrett, Laurie, "합성 생물학: 생물학의 서슴없는 신세계." Schwab, Klaus 외 26인, The Fourth Industrial Revolution. 김진희 외 역. 『4차 산업혁명의 충격』. 서울: 흐름출판, 2017, 85-118.
Gerrish, Sean, How Smart Machines Think. 이수겸 역. 『기계는 어떻게 생각하는가: 알파고부터 자율 주행차까지 기계 학습 구현 사례와 작동 원리』. 서울: 이지퍼블리싱(주), 2020.
Gibbon, Edward, The Decline and Fall of the Roman Empire, New York: the Modern Library, n.d.
Goheen, Michael W. and Bartholomew, Craig G., Living at the Crossroads. 윤종석 역. 『세계관은 이야기다』. 서울: IVP, 2011.
Groome, Thomas, Christian Religious Education: sharing our story and vision. San Francisco: Harper & Row, 1999.
Harari, Yuval Noah, Homo Deus: A Brief History of Tomorrow. 김명주 역. 『호모 데우스: 미래의 역사』. 파주: 김영사, 2017.
Kissinger, Henry A., Schmidt, Eric and Huttenlocher, Daniel, The Age of

AI and Our Human Future. 김고명 역. 『AI이후의 세계』. 파주: ㈜월북, 2023.

Küng, Hans, *Das Christentum: Wesen und Geschichte*. 이종한 역. 『그리스도교: 본질과 역사』. 왜관: 분도출판사, 1994.

Platon, *The Republic*. 이병길 역. 『국가론(후)』. 서울: 박영사, 1983.

Russell, Stuart and Norvig, Peter, *Artificial Intelligence: A Modern Approach*. 류광 역. 『인공지능: 현대적 접근방식』. 파주: 제이펍, 2016.

Schwab, Klaus, "4차 산업혁명의 도전과 기회," Schwab, Klaus 외 26인, *The Fourth Industrial Revolution*. 김진희 외 역. 『4차 산업혁명의 충격』. 서울: 흐름출판, 2017, 17-28.

Tarnas, Richard, *The Passion of the Western Mind: Understanding their Ideas that Have Shaped Our World View*, New York: Ballantine Books, 1993.

Turing, Alan M., *Seminal Writings on Artificial Intelligence*. 노승영 역. 『지능에 관하여』. 서울: 에이치비프레스, 2020.

Walker, Williston, *A History of the Christian Church*. 송인설 역. 『기독교회사』. 서울: 크리스천다이제스트, 2021.

Wolf, Martin, "기술낙관론에 대한 반박: 미래는 과연 황홀하기만 할 것인가" Schwab, Klaus 외 26인, *The Fourth Industrial Revolution*. 김진희 외 역. 『4차 산업혁명의 충격』. 서울: 흐름출판, 2017, 162-177.

[Abstract]

A Christian Educational Reflection about the relationship of human and machine in Artificial Intelligence Age

Prof. Dr. Sungsoo, Hong
(Faculty of Christian Education)

Human has been regarded as the lord of creation and the unique one who rules all the world of creation by one's rational reason. It has been

considered that thinking deed only belongs to human and this rational human rules all this world is reasonable. The Enlightment put human reason to the top. People think that they could make ideal society due to sustainable development of science and technology by rational reason. However artificial intelligence age is cause to a crack in this thought. Machine is to be possible to do like human such as thinking and working. Even more it is now anticipated that machine shows singularity which overcomes human. Therefore human is to be in a step of making new relationship about human and machine.
Until a recent date human has been in dynamics of two way such as faith and reason. Then the third way is now anticipated because of the machine which has singularity and overcomes human. The third way asks human to cooperate with machine or to look out and exclude with it or to entrust and leave all most things belong to human to machine. It asks to do a serious reflection about human identity in artificial intelligence age.
Human should now go back to the Scripture and check where their position is. Human should reflect that they made their reason absolutize and put it up the position of the Most High God. And human should watches out not to fall in machine idolatry by entrusting capable and excellent machine. Therefore Christian education should reflect the right relationship of human and machine in artificial intelligence age and should find the proper position and role of human
on the basis of the Scripture and should advance to practice it.

Keywords: the Enlightment, artificial intelligence, human and machine, faith way and reason way, Christian education

교부들의 성경 해석과 설교[1]

배정훈(고신대학교, 조교수, 교회사)

[초록]

본 논문은 초대교회 교부들의 성경 해석과 설교를 탐구한다. 기존 연구서들을 바탕으로 교부들의 성경 해석 방법과 설교를 전반적으로 정리한다. 교부 성경 해석의 기본적인 원리는 알레고리이다. 교부들에게 성경은 문자적, 영적 의미가 있고, 영적 의미가 더 깊은 의미이다. 영적 의미는 궁극적으로 그리스도 중심적 해석이다. 교부들은 특히 구약의 그리스도 중심적 해석에 있어서 탁월했다. 교부들은 또한 문맥에서 비교적 자유로운 해석을 추구했다. 비슷한 용어나 단어를 서로 연결했다. 이는 성경의 통일성에 대한 그들의 믿음 때문이었다. 마지막으로 교부들은 성경 해석과 해석자의 영성과 삶이 관련이 있다고 생각했다. 성경 해석은 교회 생활과 세상 속에서의 삶과 동떨어진 학문만의 영역이 아니었다. 초대 그리스도인들은 이러한 원리에 따라 성경을 읽고 설교했다. 물론 교부의 해석이 한계가 있지만 여전히 우리에게 유용하다.

키워드: 교부, 성경 해석과 설교, 알레고리, 그리스도 중심적 해석, 열린 해석, 영성과 도덕

---

[1] 본 논문은 2022년 고신대학교 교내 연구비 지원으로 수행되었다.

들어가면서: 초대 교부와 성경

로버트 루이스 윌켄(Robert L. Wilken)은 고대 기독교 작가들이 성경을 접했을 때 느꼈던 지적인 도전을 흥미롭게 설명한다. 그리스-로마 문학과 성경은 다른 이야기를 했다. 그리스 작품 중에 유명한 것은 호메로스의 『일리아드』, 『오디세이』, 신들의 족보를 말하는 헤시오도스의 『신통기』(theogony), 소포클레스와 유리피데스의 비극, 메난드로스의 희극 등이 있다. 라틴 세계에는 아이네이아스의 여행을 다룬 베르길리우스의 『아이네이스』, 오비디우스의 『변신 이야기』, 로마의 건국을 기술한 리비우스의 로마사 등이 있다. 로마의 지식인들은 이외에도 탈레스와 피타고라스와 같은 현자들의 어록, 플라톤의 『티마이오스』와 같은 대화록, 아리스토텔레스의 작품들, 스토아 학파의 저술, 투키디데스와 헤로도토스의 역사서, 키케로와 세네카의 연설문을 즐겨 읽었을 것이다.[2]

이런 책들은 델포이를 지키고 있던 거대한 용 파이톤을 죽인 아폴로, 트로이에서 돌아오는 오디세우스의 모험, 헤라클레스의 수고에 대해 말했다. 아리스토텔레스의 우정론, 키케로가 들려주는 스키피오의 미래에 대한 꿈, 세네카의 행복론, 클레안테스의 제우스 찬가 등이 고대인들의 정신과 마음을 채웠다.[3]

성경은 이러한 세상의 이야기와 동떨어지고 심지어 비현실적으로 보이는 이야기를 제공했다. 성경은 다음과 같은 내용이 기록되어 있다: 창세기에서 무로부터 세상의 창조에 대한 설명, 아담과 하와의 유혹과 타락 이야기, 자신의 독자 이삭을 제물로 바친 아브라함, 이집트에서 이스라엘 백성의 구원, 밧세바에 대한 다윗의 탐욕, 유대인들의 바벨론 포로기 생활, 이사야의 노래, 그리스도의 동정녀 탄생 이야기, 그의 공생애와 십자가의 죽음과 부활, 사도들의 초대교회 이야기. 고대 저자와 성경은 일치하는 용어들이 있었지만, 은혜, 믿음, 순종, 사랑, 진리, 인내, 소망, 하나님의 형상, 입양, 종, 하나님의 뜻, 예정, 성령과 같은 말은 생소한 것이었다.[4]

고전 전통에 의해 형성된 최초의 기독교 사상가들은 성경을 접하기 전에 이교 세계를 들었다. 그들은 학교에서 호메로스나 베르길리우스의 글을 암송했고 이소크라테스나 키케로의 고상한 문장을 모방했다. 창세기를 읽기 전 플라톤, 선지자 전에 에우리피데스, 사무엘서와 열왕기 전 헤로도토스와 투키디데스, 복음서 전 플루타르코스의

---

2) 로버트 루이스 윌켄, 『초기 기독교 사상의 정신』, 배덕만 역 (서울: 복 있는 사람, 2014), 79.
3) 윌켄, 『초기 기독교 사상의 정신』, 79-80.
4) 윌켄, 『초기 기독교 사상의 정신』, 80-81.

『영웅전』(Lives)을 읽었다. 하지만 교부들이 성경을 접하는 순간 그 세계에 압도당했다. 시리아의 한 그리스도인은 창세기를 읽고 감탄을 연발했다.5)

> 나는 이 책의 첫 장을 읽고 기쁨으로 충만했다. 그 문장들이 손을 뻗어 나를 환영했기 때문이다. 첫 장이 달려와 내게 입을 맞추었고 나를 자신의 벗들에게 인도했다. 그래서 내가 그 구절을 만났을 때, 낙원의 이야기가 적혀 있는 곳에서 그것은 나를 들어 올려서 그 책의 중심에서 낙원의 중심으로 데려갔다.6)

본 논문은 초대교회 교부들의 성경 해석과 설교를 탐구하고자 한다. 기존 연구서들을 바탕으로 교부들의 성경 해석 방법과 설교를 전반적으로 정리할 것이다.7) 먼저 시대적인 배경을 살펴보고 교부 성경 해석학의 특징과 설교를 다룰 것이다.

I. 배경

1. 이단의 활동

교부신학 이해의 좋은 출발점은 교부들이 성경에 어떻게 접근했는지를 이해하는 것이다. 이는 이단의 공격에 대한 교회의 대응과 관련 있다. 이단(heresy)은 헬라어 하이레시스(αἵρεσις)에서 파생된 단어로 헬레니즘 시대에는 중성적인 의미에서 '선택' 혹은 '철학 학파'를 의미했다. 이후 유대교를 거쳐 기독교에서는 정통교리와 실천에서 벗어난 무리를 지칭하는 부정적인 의미로 사용되었다.8) 기독교는 생성 초기부터 이단들이 등장했지만, 결과적으로 교회가 자기 정체성, 즉 정통성을 확립하는 발판이 되었다. 아이러니하게도 이단이 정통 기독교 형성에 큰 역할을 한 것이다.9)

374년경 살라미스의 에피파니우스(Epiphanius of Salamis, c. 310-403)가 저술한 『약상자』(panarion)에 따르면 그때까지 77개의 이단이 존재했다고 한다.10) 기록

---

5) 윌켄, 『초기 기독교 사상의 정신』, 81.
6) Ephrem the Syrian, *Hymns on Paradise* 5.3, 윌켄, 『초기 기독교 사상의 정신』, 81-82에서 재인용.
7) 대표적인 연구는 다음과 같다. 크리스토퍼 홀, 『교부들과 성경 읽기』, 우병훈 역 (서울: 터치북스, 2022); Paul M. Blowers and Peter W. Martens(eds.), *The Oxford Handbook of Early Christian Biblical Interpretation* (Oxford: Oxford University Press, 2019).
8) V. Grossi, "Heresy-Heretic," in *Encyclopedia of Ancient Christianity*, ed. Angelo Di Berardino, vol. 2 (Downers Grove: IVP, 2014), 216-17.
9) 유스토 곤잘레스, 『초대교회사』, 2판, 엄성옥 역 (서울: 은성출판사, 2012), 103-104.

되지 않은 다른 이단들도 더 있었을지도 모른다. 교회 초기 대표적인 이단은 3가지이다.[11] 첫째는 영지주의로 주후 약 50-250년 사이에 활동했다. 바울 서신과 요한 1서, 그리고 이그나티우스 서신들은 영지주의적 이단들이 교회 안에 침투했음을 알려 준다. 1945년 이집트의 나그함마디(Nag Hammadi)에서 발견된 『도마 복음』과 『진리의 복음』과 같은 영지주의 문서들(51개)로 인해 이 사상체계를 좀 더 분명하게 알게 되었다. 일반적으로 영지주의는 인도, 바벨론, 페르시아 등 동양의 이원론 사상과 그리스 철학, 유대교의 필로와 기독교 사상이 결합된 혼합주의 체계이다. 대표적인 영지주의 교사들은 안디옥의 바실리데스(Basilides), 로마의 발렌티누스(Valentinus) 등이다.[12]

영지주의라는 용어는 "지식"을 의미하는 헬라어 그노시스(γνῶσις)에서 파생되었다. 영지주의자들은 그들이 세계와 인간에 대한 특별하고 비밀스러운 지식을 가지고 있다고 주장한다. 이는 그리스도를 통해 얻으며 이것이 구원이다.[13] 2세기 영지주의 교사 데오도투스(Theodotus)는 다음과 같이 말한다: "만일 우리가 지식(gnosis)을 가진다

---

10) H. R. 드롭너, 『교부학』, 하성수 역 (서울: 분도출판사, 2001), 425.
11) 발터 바우어(Walter Bauer)와 그의 논제를 따르는 학자들은 기존의 정통-이단 간의 구분을 비판하면서 초대교회는 다양한 기독교 집단으로 구성되었다고 주장했다. 마르시온주의, 영지주의, 몬타니즘과 같은 집단들은 이단이 아니라 기독교였다는 것이다. 학자들은 초기의 주도권 싸움에서 원시 정통교회(proto-orthodoxy)가 승리하였고 그 후에 기독교는 획일화되었다고 지적한다. 교회가 초기의 다양성과 역동성을 상실한 채 교조주의화 되었다고 주장한다. 바우어의 논제를 알레인 페이절스(Elaine Pagels)와 바트 어만(Bart D. Ehrman)이 대중화시켰다: Walter Bauer, *Orthodoxy and Heresy in Earliest Christianity*, trans. Robert A. Kraft and Gerhard Krodel, suppl. Georg Strecker (Philadelphia: Fortress Press, 1979); 일레인 페이절스, 『믿음을 넘어서: 도마의 비밀 복음서』, 권영주 역 (서울: 루비박스, 2006); 일레인 페이절스, 『영지주의: 숨겨진 복음서』, 하연희 역 (서울: 루비박스, 2006); 바트 어만, 『잃어버린 기독교의 비밀: 그동안 알려지지 않았던 성경과 교리를 둘러싼 숨 막히는 전투』, 박철현 역 (서울: 이제, 2008). 최근에 안드레아스 쾨스텐버그(Andreas J. Köstenberger)와 마이클 크루거(Michael J. Kruger)은 바우어 논제에 의문을 제기하면서 이들의 해석은 현대 상대주의의 영향을 받은 것으로 초기 교회의 형태를 오해했다고 주장한다. 교회는 초기부터 이단과 정통의 구분이 분명하였다는 것이다. Andreas J. Köstenberger and Michael J. Kruger, *The Heresy of Orthodoxy: How Contemporary Culture's Fascination with Diversity Has Reshaped Our Understanding of Early Christianity* (Wheaton: Crossway, 2010). 초대교회 이단의 역사에 대해서는 다음의 책을 참고하라: 알리스터 맥그라스, 『그들은 어떻게 이단이 되었는가: 교회가 신앙을 지켜온 치열한 역사』, 홍병룡 역 (서울: 포이에마, 2011).
12) Joseph H. Lynch, *Early Christianity: A Brief History* (Oxford: Oxford University Press, 2010), 54, 58-59; 이상규, 『초기 기독교와 로마사회: 로마 제국 하에서의 기독교』 (서울: SFC, 2016), 160, 162.
13) Lynch, *Early Christianity*, 54-55; 이상규, 『초기 기독교와 로마사회』, 162.

면 우리는 우리가 누구이며 우리가 어떤 존재가 되었는지 어디에 있었는지. . . 어디로 향하고 있는지, 어디로부터 해방되어야 하는지, 출생은 무엇이며 재탄생은 무엇인지 알 수 있다."[14] 영지주의자들은 기독교에 심각한 위협을 주었다. 그들은 모든 물질을 악한 것으로 보았기 때문에 그리스도의 성육신을 부정했다. 그리스도는 진짜 몸처럼 보였거나 혹은 우리와 다른 몸이었다고 가르쳤다. 이것은 가현설(Docetism)로 '~처럼 보인다'라는 헬라어 도케오(δοκέω)에서 유래되었다. 더 나아가 하나님의 창조, 성육신, 부활 등의 기독교의 핵심 교리들을 모두 부정하였다. 실제 삶에서는 극단적인 금욕주의자가 되거나 아니면 극단적인 쾌락주의, 방종 주의자가 되었다.[15]

영지주의와 더불어 초대교회에 큰 어려움을 준 또 다른 이단은 마르시온(Marcion of Sinope, c.85-164)이다. 그는 85년경 터키의 흑해 해안에 위치한 본도의 해변도시 시노페(Sinope)에서 태어났다. 로마의 히폴리투스(Hippolytus of Rome, c.170-235)는 그가 시노페의 감독의 아들이었다고 말한다. 140년경 로마로 건너간 마르시온은 처음에는 정통 기독교회에 속해 있었지만, 영지주의 사상을 접하게 되면서 구약성경의 하나님을 부정하는 시몬 마구스와 케르도의 제자가 되었다.[16]

마르시온은 『대립 명제』(Antitheses)에서 구약의 하나님 여호와와 신약의 예수 그리스도의 아버지는 별개의 존재라고 주장한다. 구약의 여호와는 악한 신으로 이 세상과 사람을 만들었다. 여호와는 특별한 민족만 선택한 독선적인 신이며, 자기에게 불순종하는 자를 심판하는 신이다. 또한 율법주의적이다. 이와 다르게 신약의 신, 즉 기독교인들의 하나님인 성부 하나님은 은혜와 사랑이 많으시고 구원을 값없이 주신다. 이 사랑의 하나님이 인류를 구원하기 위해 아들을 보냈다. 하지만 예수는 마리아에게서 태어난 것이 아니라 티베리우스 황제 때 성인으로 등장했다.[17]

신론에 대한 마르시온의 개념은 그의 성경론에도 영향을 주었다. 구약의 하나님을 열등한 존재로 본 그는 히브리 경전들의 정경성을 부인했다. 신약성경에서도 바울의 10개 서신과 누가복음만을 인정했다. 다른 복음서들은 유대적인 관점에 의해 오염되고 왜곡되었지만 누가는 바울의 동료였기 때문에 이러한 오류들에서 벗어났다고 생각했다. 하지만 누가복음에서도 유대적인 유산들, 즉 예수의 유대 족보와 예수의 부모가

---

14) Theodotus, Clement of Alexandria, *Excerpta ex Theodoto*, 78.2, Lynch, *Early Christianity*, 56에서 재인용.
15) 이상규, 『초기 기독교와 로마사회』, 163-64.
16) 이상규, 『초기 기독교와 로마사회』, 164-65; Lynch, *Early Christianity*, 60.
17) 곤잘레스, 『초대교회사』, 110-11; Lynch, *Early Christianity*, 60.

모세의 법을 지키는 장면이 등장하는 예수의 유아 기사 등은 삭제되었다. 심지어 바울 서신 안에서도 유대적인 요소는 제거하였다. 결국 마르시온은 144년 로마교회로부터 출교 되었다. 마르시온주의는 교회에 심각한 위협을 주었다. 그 이유는 영지주의자들처럼 창조, 성육신, 부활 등을 부정하면서도 그들과는 달리 감독들과 성경을 갖춘 교회를 조직했기 때문이다.18)

마지막 이단은 몬타누스주의이다. 몬타니즘(Montanism)은 예언 활동과 관련이 있다. 이 이단의 창시자 몬타누스(Montanus)에 대한 정보는 많이 남아있지 않다. 출생지는 분명치 않고 소아시아의 프리기아(phrygia) 지방에서 활동한 것으로 알려져 있다. 그는 기독교로 개종하기 전 신비종교 키벨레 신전의 사제였다고 한다. 약 170년부터 그는 예언하기 시작했고 막시밀라(Maximilla)와 프리실라(Priscilla)라는 두 여예언자가 가담했다.19) 몬타누스주의의 가장 큰 특징은 새로운 계시를 주장한 것이다. 그는 황홀경 속에서 자신이 성령의 대변자, 심지어 요한복음 14장 25-26절이 말한 보혜사 자체라고 주장했다. 이 계시는 구약과 복음서의 말씀을 완전하게 만들며 예수 역시 자신의 계시를 전하기 위한 수금에 불과했다고 주장했다. 유세비우스의 기록에 따르면 몬타누스는 "영에 사로잡혀 황홀경에서 이상한 소리로 중얼거리며 지금까지 교회에서 통상적으로 해 온 것과는 다른 모양으로 예언했으며 두 여자를 세워 그들에게도 거짓 영을 부어 줌으로써 자기와 같이 열광적으로 지껄이게 했다."20)

또한 몬타누스는 임박한 종말을 강조했다. 종말이 곧 도래할 것이라고 선언하며 프리기아의 작은 도시 페푸자(Pepouza)에 새 예루살렘이 세워질 것이라고 예언했다. 페푸자가 마지막 시대의 피난처가 될 것이라는 소문이 퍼지자 많은 사람이 몰려들었다. 사람들은 종말을 대비하기 위해 극단적인 금욕주의를 실천했다. 직업과 가족을 버리고 엄격한 금식과 금욕을 강조했고 결혼을 부정했다. 순교를 갈망하고 순교자들을 크게 존경하였다. 이와 더불어 몬타누스는 기존 교회의 제도화와 교권화를 반대하며 감독과 교사는 교회나 사람에 의해 임명되는 것이 아니라 성령이 직접 맡기는 것이라고 주장했다.21)

소아시아의 작은 도시에서 발생한 몬타누스주의는 여러 지역으로 전파되어 2세기 말에는 로마와 북아프리카까지 퍼졌다. 주교들은 공의회를 열어 새 계시 운동을 거부

---

18) 곤잘레스, 『초대교회사』, 111-12; Lynch, *Early Christianity*, 60-61.
19) Lynch, *Early Christianity*, 76
20) Eusebius, *Church History*, 5.16.7, 9, 이상규, 『초기 기독교와 로마사회』, 308에서 재인용.
21) Lynch, *Early Christianity*, 77; 이상규, 『초기 기독교와 로마사회』, 307-308.

하고 그 추종자들을 정죄하였다. 몬타누스와 여 선지자들이 죽은 후 페푸자에 묻혔고 그 무덤은 6세기 유스티니안(Justinian) 황제에 의해 파괴되기까지 이 그룹의 중심지가 되었다.22)

2. 정경 형성

이단의 공격 앞에서 교회는 권위 있는 성경의 목록을 만들기 시작했다. 이를 '정경화'(canonization)라고 부른다. 이단들은 그들만의 정경 목록을 만들어 교회를 공격했기 때문에 예수와 그의 제자들의 글 중에 어떤 것을 권위 있는 것으로 받아들일지에 대한 문제가 발생했다. 정경은 헬라어로 카논(κανών) '척도,' '기준'을 의미한다. 이것이 정통과 이단과의 경계를 정하는 기준이라는 뜻이다.23) 초기 기독교에는 우리가 아는 성경 외에도 여러 글이 있었다. 그중에서 우리의 신앙과 삶의 기준이 될 책들이 하나님의 말씀으로 선택되었다. 교회가 이를 결정했으나 하나님의 섭리 가운데 이루어졌다.

우선 교회는 구약의 이스라엘 백성의 역사와 연결되므로 구약성경이 기독교 정경에 포함되었다. 신약성경의 정경화는 더 긴 시간이 걸렸다. 이는 몇 가지 원리가 있었다. 첫째는 사도의 저작 여부였다. 둘째는 정통 기독교의 가르침과의 일치가 중요한 기준으로 작용했다. 셋째는 교부와 교회의 승인이었다. 신약의 정경화 작업은 수 세기에 걸쳐 이루어지다가 4세기 후반에 27권으로 결정되었다: 사복음서, 사도행전, 21개의 서신, 요한의 묵시록. 367년 이집트의 주교들에게 보낸 아타나시우스(Athanasius, 295-373)의 편지에서 처음으로 27권의 완벽한 목록이 등장한다. 이 편지에는 또한 27권의 구약성경 목록이 나타난다. 히포 종교회의(393년)와 두 번의 카르타고 회의(397, 419년)에서 히포의 주교 어거스틴(Augustine of Hippo, 354-430)은 27권의 신약 정경을 다시 확증했다.24)

3. 성경: 교부 세계의 중심(Key Core)

초대교회에서 성경은 매우 중요했다. 고대 세계에서 기독교는 '책의 종교'로 불릴 만큼 기독교 문헌을 봉독하고, 쓰고, 필사하고 전파하는 활동을 두드러지게 했다. 그 중심에는 경전인 성경이 있었다.25) 초대 기독교 사상을 연구한 윌켄은 교부들이 성경

---

22) Lynch, *Early Christianity*, 77-78; 이상규, 『초기 기독교와 로마사회』, 309.
23) Lynch, *Early Christianity*, 71-72.
24) 곤잘레스, 『초대교회사』, 115; Lynch, *Early Christianity*, 72-75.

의 세계에 살고 있었고, 성경이 그들의 생각과 사고를 지배하고 있었다고 주장했다.26) 교부 저술은 성경 인용과 암시로 가득 차 있고 그들의 저작 활동의 상당 부분이 성경 주해이다. 성경을 통해 대안적인 세계관을 제시하고 이에 따른 독특한 삶과 문화를 형성했다. 교부는 플라톤주의, 스토아주의, 피타고라스주의 등 철학의 영향을 받았지만 그들의 가장 위대한 교과서는 성경이었고 모든 철학과 인간 사상을 성경의 척도로 판단하였다.27)

교부는 성경의 고대성을 주장했다. 이는 고대 세계에서 권위를 의미했다. 교부는 이교 철학자들의 사상이 성경에서 나왔다고 생각했다. 2세기 중엽 순교자 저스틴(Justin Martyr, 100-165)은 플라톤의 창조론이 창세기의 창조 기사에서 빌어온 것으로 기록한다. 어거스틴 역시 후에 자신의 주장을 철회했지만, 플라톤이 이집트를 여행했을 때 예레미야를 만나 많은 사상을 배웠다고 믿었다.28) 터툴리안(Tertullian, c.160-220)은 이런 입장을 잘 대변했다.

> 그들(예언자들)의 고대성이 이 글(성경)에 큰 권위를 부여한다. 그대들 가운데서도 연대를 이유로 믿음을 요구하는 것이 일종의 신조처럼 되어 있다. 전 유대인의 풍부한 신비(이제는 우리의 신비이기도 한데)가 담긴 한 예언자의 작품이 그대들의 고문서에 담긴 재료, 요소, 기원, 종류, 내용보다도, 역사나 연대기에 나오는 대부분의 민족과 유명한 도시보다도, 그리고 마지막으로, 모든 것의 척도와 기본이 되는 문자 그 자체보다도, 또한 그대들의 신들(우리가 과장하고 있다고 생각하지 않는다)과 신전과 신탁과 예식보다도 더 오래되었다. 만일 그대들이 모세라는 사람에 대해 들어본 적이 있다면, 그는 아르고스(Argos)의 이나쿠스(Inachus)와 같은 시대의 사람이다. 그는 또한 그대들 가운데서 가장 고대적인 인물로 다나우스(Danaus) 보다 약 400년(정확히 말하면 7년이 빠진다)을 앞서고, 프리암(Priam)의 몰락을 1,000년 앞선다. 나는 심지어 그가 호머보다 500년 앞선다는 것을 말할 수 있고, 그 밖에 다른 예도 댈 수 있다. 가장 후기의 예언자들도, 비록 모세보다는 훨씬 나중 사람들이지만, 그대들의 최초의 현자나 입법자, 역사가에 전혀 뒤지지 않는다.29)

---

25) 래리 허타도, 『처음으로 기독교인이라 불렸던 사람들』, 이주만 역 (서울: 이와우, 2017), 133-82.
26) 윌켄, 『초기 기독교 사상의 정신』, 21-23.
27) 보니페이스 램지, 『초대교부들의 세계』, 이후정, 홍삼열 역 (서울: 대한기독교서회, 1999), 31-32.
28) 램지, 『초대교부들의 세계』, 32.

교부들에 따르면 성경은 또한 가장 보편적인 책이다. 성경은 구원에 이르는 지식뿐만 아니라 세상의 모든 학문 분야를 아우른다. 제롬(Jerome, c.346-420)은 『이사야서 주석』 서문에서 이사야서는 구세주의 탄생, 죽음과 부활을 선포하는 것 이외에도 물리학과 윤리학과 논리학을 가르친다고 밝힌다. 오리겐(Origen, c.185-c.254)은 솔로몬이 지었다고 생각하는 세 권의 책, 즉 잠언과 전도서와 아가서에서 그리스 학문의 세 줄기, 즉 도덕과 자연학, 관조의 학문을 발견했다. 이런 점에서 교부는 성경을 모든 지식을 보관하고 있는 무한한 영적 보고(spiritual treasury)로 여겼다. 4세기 시리아인 에프렘(Ephrem the Syrian, c.306-373)의 『디아테사론 주석』(diatessaron)에 따르면 성경은 모든 목마른 사람의 갈증을 풀어주는 샘물이다.30)

교부들은 성경으로부터 모든 것에 관해 이야기를 했다. 성경은 한 편의 원대한 스토리(great story)를 말한다. 세계와 인간의 창조에서부터 마지막까지의 거대한 대안적인 서사를 이야기했고 그 중심에는 하나님과 그의 아들 예수 그리스도를 통한 유일한 구원이 있다. 그를 통해 인류와 세계는 새로운 존재가 되었다는 것이다. 특히 이러한 절대적인 신이 가장 미천한 인간을 향해 태초부터 뜻이 있었고 그를 사랑하여 목숨을 버렸다는 가르침은 이교에는 없었다. 여기서 그리스도인(그리스도를 따르는 자들)이라는 독특한 정체성(identity)이 만들어졌다.31) 에이브릴 카메론(Averil Cameron)은 초대교회 사상가와 신학자들이 성경에 근거하여 기존의 그레코-로만 담론을 흡수, 변혁하여 사람들에게 세계를 이해하기 위한 새로운 인식의 틀을 제공했다고 주장한다. 말의 전쟁(war of words) 시대에서 기독교의 세계관이 또 하나의 관점이 아니라 기존에 존재한 세계관을 전체적으로 대체하는 것이다(totalizing discourse). 성경적인 관점에서 대안적인 세계관을 제시하고 이에 따른 독특한 삶과 문화를 형성했다.32)

---

29) Tertullian, *Apology*, 19.2-4, 램지, 『초대교부들의 세계』, 32-33에서 재인용.
30) 램지, 『초대교부들의 세계』, 33-35.
31) C. Kavin Rowe, *Christianity's Surprise: A Sure and Certain Hope* (Nashville: Abingdon Press, 2020), 11-13; 허타도, 『처음으로 기독교인이라 불렸던 사람들』, 99-129.
32) Averil Cameron, *Christianity and the Rhetoric of Empire: The Development of Christian Discourse* (Berkeley: University of California Press, 1991), 19-21; Frances M. Young, *Biblical Exegesis and The Formation of Christian Culture* (Grand Rapids: Baker Academic, 1997)

II. 교부 성경해석학과 설교[33]

1. 알레고리적 해석: 고대 성경 해석학의 기본

성경의 두 가지 의미

교부는 성경을 어떻게 읽었을까? 교부의 성경 해석에서 가장 중요한 점은 그들은 성경이 다층적인 의미, 즉 문자적, 영적 의미(literal and spiritual meaning)를 확신한 것이다. 성경의 문자 뒤에는 더 심오한 신비한 뜻이 담겨있다. 이는 우리가 잘 알고 있듯이 알레고리(Allegory)이다. 알레고리는 본래 "다른 무언가를 말함," 즉 모든 사람에 의해 파악될 수 있는 의미 너머의 다른 의미를 추구하는 것을 뜻한다. 알레고리라는 명칭은 3세기의 교부 유세비우스(Eusebius of Caesarea)에 의해 유래되었다.[34]

교부마다 정도의 차이가 있지만 알레고리를 사용하지 않는 교부는 거의 없다. 왜냐하면 이는 초대교회 성경 해석학이 당연하게 여기는 것이기 때문이다. 알레고리 해석의 정립과 확장에 결정적인 공헌은 오리겐에게 있다. 오리겐의 『원리론』은 다음과 같이 말한다.

> 성경은 하나님의 영으로 기록되었고, 명백한 의미뿐 아니라 대부분의 사람에 관한 한, 감추어진 또 하나의 의미를 가지고 있다. 왜냐하면 기록된 글은 신비의 외형이고 신적인 것의 형상이기 때문이다. 모든 교회가 이 점에 대해, 즉 모든 율법이 영적이라는 데 일치하고 있다. 그러나 율법 속에 담겨있는 의미는 만인에게 알려지는 것이 아니라, 오직 성령의 은총을 통한 지혜와 지식의 말로 가르침을 받는 사람에게만 알려진다.[35]

오리겐은 글은 흥미롭게도 알레고리에 관한 몇 가지 특징을 보여준다. 첫째, 성경은 두 가지 의미(문자적, 영적)가 있다. 둘째, 영적인 의미는 소수만 알 수 있다(영성과 성경 해석에 있어서 위계화). 셋째, 감춰진 영적 의미는 오직 성령을 통해서만 알 수 있다. 마지막으로 이러한 성령의 역사는 특정한 해석 방법론 안에서 일어난다. 여

---

33) 이하의 내용은 주로 다음의 책을 참고했다. 램지, 『초대교부들의 세계』, 35-56.
34) Eusebius, *Church History*, 2.18.1; 조재천, "알렉산드리아의 필로의 성경 주해 저술들과 알레고리의 성격," 「Canon & Culture」 8 (2014): 89, 96.
35) Origen, 『원리론』 1.8, 램지, 『초대교부들의 세계』, 35-36에서 재인용.

기서는 다음과 같은 질문을 생각하면서 네 번째에 주목하고자 한다. 알레고리 해석은 어떻게 할 수 있는가? 우리는 이를 사용할 수 없는가? 위험한 해석 방법으로 우리가 배척해야 하는 대상인가?

고대 성경 주석가는 일반적으로 처음에 문자적 또는 역사적 의미를 간단히 설명하고 난 후, 그들에게 훨씬 더 중요하게 생각되는 영적 해석으로 넘어간다.36) 알레고리적인 해석을 한다고 해서 결코 문자적 의미를 무시하지 않았다. 제롬의 이사야 3장 7절 주석은 이러한 과정을 잘 보여준다.37) 그는 먼저 히브리어 원문과 세 가지 헬라어 번역본을 비교한 후 문자적 주석을 시작한다.

> 백성의 지도자로 선발된 사람은 외칠 것이다. 백성이 자기들보다 더 부유하게 보이는 사람을 군주로 세우기를 바랐을 때, 왕으로 선발된 그 사람은 자신의 가난과 연약함을 돌아보며 자기는 그런 영예를 받을 자격도 없고 악덕을 치료할 수도 없다고 증언한다. 다시 말해서 자신의 일도 제대로 돌보지 못하는 사람이 어떻게 병자를 고치거나 주린 자를 먹이거나 벗은 자를 입힐 수 있단 말인가?

문자적 해석은 곧바로 영적인 독해로 이어진다.

> 따라서 군중의 판단에 즉각적으로 동의하지 말자. 우리가 남들을 인도하는 일에 선택될 때, 우리는 우리의 진정한 가치를 알게 되고 하나님의 강한 팔 아래서 겸손해진다. 왜냐하면 하나님은 교만한 자를 물리치고 겸손한 자에게 은혜를 주시기 때문이다. 얼마나 많은 사람이 스스로 빵과 옷이 없어서 굶주리고 벗고 있으면서도 남에게는 음식과 옷을 약속하는가? 그들은 영적인 양식을 가지고 있지 못하고, 그리스도의 옷을 온전히 보존하고 있지 못하다! 그들은 상처투성이면서도 치료자라고 자랑한다. 그들은 모세가 말했듯이 다른 사람을 보내소서라는 말을 지키지 않는다. 또한 그들은 다른 계명, 즉 "재판장이 되고자 노력하지 말라. 왜냐하면 네가 악한 것을 없애지 못할지도 모른다"라는 계명도 지키지 않는다. 예수 홀로 모든 병과 연약함을 치료할 수 있다. 그에 대해서는 이렇게 기록되어 있다: 그는 마음이 상한 사람들을 고치고 그들의 상처를 싸매신다.38)

---

36) 문자적인 해석만으로 끝나는 때도 있다. 오리겐은 본문이 이성에 맞고 하나님의 위엄에 손상이 없다면 문자적으로 해석해도 된다고 보았다. 어거스틴에게는 어떤 구절을 해석했을 때 하나님과 이웃사랑을 증진한다면 영적 해석이 필요 없었다.

37) 이사야 3장 7절: "그날에 그가 소리를 높여 이르기를 나는 고치는 자가 되지 아니하겠노라. 내 집에는 양식도 없고 의복도 없으니 너희는 나를 백성의 통치자로 삼지 말라 하리라."

제롬은 원문과 번역본의 차이점을 다루면서 기초적인 학문적인 작업을 마친 후 문자적인 해석을 하고 그다음에 영적 해석을 한다. 그 내용은 주로 도덕적이고 절정에 이르러 기독론적이다. 때때로 이해하지 못할 정도의 알레고리가 나다나기도 하시만 많은 경우에 이런 형태가 전형적이다. 제롬의 해석은 다음과 같이 정리할 수 있다.

| 문자적 의미 | 지도자의 무능함과 가치 없음을 인정: 겸손 |
| 영적인 의미 | 오직 그리스도만이 참된 영적인 목자 |

초대교회에서 가장 영향력 있는 성경 해석가인 오리겐과 어거스틴은 그리스도가 신구약의 가장 심오한 의미라고 주장했다. 특히 교부들은 구약의 기독론적 해석에 있어서 탁월하다. 오리겐은 "우리는 율법의 상당 부분이 수수께끼같이 또는 모형론적으로 그리스도와 관련되어 있는 것을 발견한다"라고 기록한다.39) 어거스틴에 따르면 구약은 주님의 강림을 축하하고 그의 몸인 장래의 교회를 예시한다. 오리겐의 영적 해석을 탐구한 장 다니엘루(Jean Danielou)는 교부들의 성경 해석의 특징을 기독론적-교회론 적-성례론적-종말론적으로 규정한다.

> 본질적으로 성경에는 두 가지 의미, 즉 문자적 의미와 기독론적 의미만이 존재한다. 그리스도 자신 안에 여러 측면이 있는 것과 마찬가지로, 기독론적 의미는 여러 부분으로 나누어질 수 있다. 그리스도는 복음서에 기록된 사건을 통해 드러난 대로의 역사적 인물이거나, 아니면 그의 몸 된 교회의 "성례전" 속에서 숨겨진 삶을 사는 존재이거나, 아니면 세상 끝 날에 재림하셔서 영광중에 통치하게 되실 분이다.

알레고리적인 성경 해석 안에서 기독론, 교회론, 종말론은 하나가 된다. 또한 예배, 성경 해석, 세상에서의 삶과 종말 소망이 동시에 선포되고 몸으로 구현된다. 성경은 그리스도 안에서 참된 의미가 있으며 신구약 성경의 통일성이 유지된다. 고대교회의 예배는 말씀 예배와 성찬 예배로 구성되어 있었다. 이미 말씀을 통해 그리스도(복음서의 예수, 성례에서의 예수, 재림의 주님)를 듣고 만나고 체험한다. 그리고 이를 성찬

---

38) Jerome, 『이사야서 주석』, 2.3.7, 램지, 『초대교부들의 세계』, 51-52에서 재인용.
39) Origen, 『요한복음 설교』. 13.26, 램지, 『초대교부들의 세계』, 53에서 재인용.

을 통해 실제로 먹고 마시고 본다. 교부들은 자신들을 영혼의 의사로 간주했고 모든 교회의 행위는 영혼의 치료제이다. 말씀과 성례로 드러난 그리스도는 최고의, 완결된, 총체적인 영적 만병 치료제 (panacea)이다.40) 이를 따라올 수 있는 것은 아무것도 없다.

문자 넘어 의미를 찾아서: 알레고리의 배경

성경의 감추어진 뜻을 찾는 행위는 당시의 배경 속에서 이해할 수 있다. 고대인들은 자기들의 세계가 두 차원으로, 즉 보이는 것과 보이지 않는 것으로 이루어져 있으며 이 둘 중 보이지 않는 것이 참으로 실재한다고 믿었다. 이교도들에게 숲과 들과 개울, 도시와 집은 신들과 마귀, 요정과 유령으로 가득 차 있다. 플라톤은 이러한 사람들의 관념을 철학적으로 표현하여 이데아의 세계를 만들었다. 현실 세계는 이데아의 그림자에 불과하다.

이런 배경에서 고대 철학자와 사상가들은 그들의 신성한 문서 속에서 좀 더 깊은 의미를 찾았다. 특히 신화를 해석할 때 이것이 적용되었는데 만일 신화를 문자적으로 접근할 때 신들에게 적합하지 않은 일이 많기 때문이다. 신들 이야기에 등장하는 근친상간, 살인과 이와 유사한 비도덕적인 사건들은 자연 현상의 알레고리로 이해되었다. 예를 들어 주 피터가 그의 어머니인 세레스와 근친상간을 하는 것은 비(주피터의 상징)가 땅(세레스의 상징)에 내려서 땅을 풍족하게 한다고 해석되었다.

교부의 알레고리적 해석과 직접적으로 관련이 있는 전통은 유대교이다. 랍비들은 그리스도의 강림 이전에 벌써 구약에 대한 알레고리를 시행했다. 바울도 고린도전서 10장 1-5절에서 출애굽과 이를 뒤따르는 사건들의 깊은 의미에 관해 언급했고 갈라디아서 4장22-27절에서는 사라와 하갈을 두 언약을 대표하는 것으로 설명했다. 이러한 유대교의 해석적 경향의 가장 대표적인 사람은 알렉산드리아의 필로(Philo)이다. 필로의 알레고리적 주석'은 20권의 저작이 있으며 창세기 2장 1절부터 17장 22절까지를 다룬다. 여기서 필로는 성경으로 성경을 푸는 방식을 사용한다. 주해하고자 하는 일차 렘마(lemma)가 제시되어 설명되고 필요하다면 이차, 삼차 렘마들을 통해서 본문의 의미를 더욱 명확하게 밝힌다. 이 렘마들은 단어 유희나 일정한 주제로 연결된다.41) 필로의 성경 해석 방법론은 알렉산드리아의 클레멘트와 오리겐에게 영향을 주

---

40) 김정, 『초대교회 예배사』 (서울: CLC, 2014), 36; 배정훈, "구제와 영혼의 치유에 대한 요한 크리소스톰의 사상 연구: 그의 마태복음 설교를 중심으로," 「성경과 신학」 88 (2018): 121-49.
41) 조재천, "알렉산드리아의 필로의 싱경 주해 저술들과 알레고리의 성격," 86-96.

었고, 오리겐을 통해 암브로스와 그 밖의 많은 서방 교부에게 퍼졌다.

구약성경 자체도 영적 해석을 요구했다. 구약은 초기 교회부터 많은 사람에게 걸림돌이 되었다. 2세기 중엽의 마르시온은 앞서 언급했듯이 신구약의 하나님을 대립적으로 판단하였다. 구약의 하나님은 악하고 호전적이며 독단적이기에 인정하지 않았고 이는 구약성경의 부정으로 연결되었다. 한 세기 후 마니교도 거의 같은 주장을 했다. 그들에게 구약의 율법은 우스꽝스럽고 야만적이어서 복음을 믿는 사람에게는 아무런 의미가 없었다. 교부 들 역시 구약성경을 문자적으로 해석할 때 자주 문제에 부딪혔다. 비도덕적이며 잔인한 이야기들이 많았고 신약의 백성들과 상관없어 보이는 이스라엘의 율법들이 있었기 때문이다. 이때 교회는 구약성경을 기독교적으로 이해하는 방법으로 알레고리를 사용했다. 알레고리 (allegory)는 영적 해석으로 현대 성경학자들에게 많은 비판을 받지만, 그 목적은 성경의 더 깊은 목적과 의미, 곧 그리스도를 찾는 것이다.42)

영적 의미의 다양성

알레고리적 의미는 두 가지 혹은 세 가지로 세분되기도 했다. 오리겐은 성경에서 삼중적인 의미를 찾으려고 했다: 문자적, 도덕적, 신비적 의미. 그의 원리론 4권 2장은 이러한 성경 해석의 원리를 분명하게 보여준다.

> 성경의 의미들은 세 가지 방법으로 영혼 안에 기록되어야 한다. 단순한 것은 문자의 육체로 세워져야 한다. 따라서 우리는 이를 명백한 의미라고 부른다. 문자의 영혼에서 약간 더 나아간 것과 완전한 것은. . . '장차 있을 좋을 것들의 그림자'(골 2:17;히 10:1)인 영적 율법으로 세워진다. 인간이 육체, 영혼, 정신으로 이루어지듯이 성경도. . . . 그러나 육체적인 내용을 전혀 담지 않은 성경 본문들도 있기 때문에 사람들은 성경의 많은 부분에서 영혼과 정신만을 찾아야 한다.43)

성경의 삼중적 의미는 오리겐의 인간론에 기초하고 있다. 인간이 육체, 영혼, 정신으로 구성되어 있듯이 성경의 의미도 육체적, 영혼적(도덕적), 정신적(신비적) 차원이 있다는 것이다. 문자적 의미는 구절의 직접적이고 명백한 의미를, 도덕적 의미는 성경

---

42) 윌켄,『초기 기독교 사상의 정신』, 97-99.
43) Origen,『원리론』4.2, 드롭너,『교부학』, 223-24에서 재인용.

의 계명과 문자적인 규정을 넘은 행동 지침을, 신비적 의미는 모형론적, 미래지향적 의미를 지칭한다.44)

오리겐의 성경 해석은 성경의 역사적, 문법적 의미를 찾는 것으로부터 시작된다. 실제로 그는 이를 위해 230년경에 『헥사플라』를 만들었다. 이 책은 구약성경의 본문을 여섯 개의 칼럼, 히브리 원문, 그 원문의 그리스어 음역, 아퀼라, 심마쿠스, 70인역, 데오도치온 그리스어 번역본으로 만들어 서로 비교하여 본문의 의미를 찾아가도록 하였다.45) 오리겐의 여호수아 강해를 보자.

> 여리고가 제사장들의 나팔 소리에 무너져 내렸다. 제사장들의 트럼펫 소리에 무너져 내린 여리고는 이 세상의 권력과 요새의 모습이라고 나는 앞에서 말했다. 그들이 의지했던 이 세상의 권력과 요새와 담벼락이 바로 우상 숭배였다. 눈의 아들 여호수아는 그리스도께서 곧 오신다고 예고했다. 그리스도께서 오셨을 때, 여호수아가 제사장들을 파견한 것처럼 우리 주 예수 그리스도께서도 자신의 사제들을 파견했다. 그리고 여호수아의 제사장들처럼 사제들도 소리 나는 나팔, 즉 복음을 지니고 다녔다. . . . 그리고 우상 숭배의 모든 수단과 철학자들의 사상이 이 땅에서 사라졌다(『여호수아 강해』, 7).46)

여리고 사건의 세 가지 의미는 다음과 같이 정리될 수 있다. 이를 본문 해석과 설교에서 다음과 같이 적용해 볼 수 있다. 본문의 본래 의미는 무엇인가? 우리의 삶에 어떤 도덕적인 교훈을 주는가? 본문은 그리스도의 말씀과 사역을 어떻게 드러내는가?

문자적 의미	여리고 성의 무너짐
도덕적 의미	세상의 권력과 부의 우상이 파괴되어야 함
신비적 의미	그리스도의 도래와 복음의 승리

이후에 요한 카시안(John Cassian, c.360-c.435)은 성경의 사중적 의미를 제안했다: littera gesta docet, quid credas allegoria, moralis quid agas, quo

---
44) 드롭너, 『교부학』, 224.
45) 드롭너, 『교부학』, 225.
46) Origen, 『여호수아 강해』, 7, 장 콩비, 『세계교회사 여행: 1. 고대·중세 편』, 노성기, 이종혁 역 (서울: 가톨릭 출판사, 2010), 218에서 재인용.

tendas anagogia(문자는 사실들을, 알레고리는 네가 믿어야 하는 것을 가르친다. 도덕적 의미는 네가 행해야 하는 것을, 아나고기아(신비적 의미)는 네가 어디를 지향해야 하는지를 가르친다). 도덕적 의미는 삶의 향상과 실천적 교훈에 관한 것이고, 알레고리적 의미는 역사적 사건 속에 숨겨진 새 언약의 신비를 밝히는 것을 말하며, 신비적 의미는 영적인 신비로부터 더욱 고상하고 더욱 신성한 하늘의 비밀로 올라가는 것을 말한다.47) 이 네 가지 의미를 이해하기 위한 좋은 예가 예루살렘 성이다.

> 역사적으로 그것은 유대인의 성이고, 알레고리적으로 그것은 그리스도의 교회이다. 신비적으로 그것은 우리 모두의 어머니인, 하늘에 있는 하나님의 도성이며, 도덕적으로 그것은 인간의 영혼이다. 왜냐하면 영혼은 자주 이 예루살렘의 이름으로 주님의 책망이나 칭찬을 듣기 때문이다.48)

알레고리 해석에서 흥미로운 것은 숫자에 대한 접근이다. 교부들은 성경에 등장하는 숫자를 예사롭게 보지 않았다. 그들은 노아의 방주의 크기와 구원받은 동물과 사람의 숫자에 대해 신비로운 해석을 제시했다. 숫자 해석의 극치는 어거스틴의 유명한 요한복음 21장 11절, 즉 사도들이 153마리의 물고기를 잡은 해석이다. 그는 여기서 십계명, 성령, 성도의 수, 삼위일체 하나님을 도출해낸다.

영적 해석을 정확히 이해하기 위해서 모형론(typology)과 알레고리(allegory)를 구별할 필요가 있다. 모형은 구약에 나오는 사실을 지칭하는데 모형론은 계시의 역사적인 틀 안에서 사건과 인물과 사물들 사이의 유사성을 찾는다. 구약성경에 나오는 인물, 사건, 물건 등과 그에 상응하는 신약성경의 인물, 사건, 교리들을 연결한다. 모형은 역사적인 의미와 함께 그 이상의 심오한 의미를 동시에 가진다. 구약의 많은 인물과 사건이 그리스도, 교회, 성례전의 모형으로 간주되었다. 예를 들어 유월절 양이나 큰 물고기 배 속에 있는 요나는 그리스도의 모형이고, 아브라함에 의해 희생제물이 되기 위해 길을 떠났던 이삭도 그리스도의 모형이다. 홍해와 만나는 각각 세례와 성찬의 유형이다. 이런 모형론에서 원형(archetype)의 역사성은 전혀 의심받지 않았다.

하지만 알레고리의 가장 큰 약점은 때때로 역사성을 완전히 부인하거나 아니면 더 깊은 의미를 위해 역사성을 무시한다는 것이다. 오리겐은 에덴동산의 존재 가능성을

---

47) John Cassian, 『제도집』 14.8, 드롭너, 『교부학』, 224에서 재인용.
48) *Conlat.* 14.8, 램지, 『초대교부들의 세계』, 44에서 재인용.

완전히 부정하면서 창세기 기사는 오직 어떤 신비를 지시하기 위해 쓰인 것이라고 주장한다. 모형론과 달리 알레고리는 대체로 해석이 자유롭다. 교부들 간의 해석이 맞지 않는 경우가 있고 같은 교부가 똑같은 구절을 상황에 따라 다른 방법으로 알레고리화 할 수도 있다. 주관주의로 흐를 수 있는 위험이 있는 것이다.

알렉산드리아와 안디옥 학파

초대교회에는 성경의 두 가지 의미와 관련하여 구분되는 두 학파가 있었다.[49] 그것은 바로 알렉산드리아와 안디옥 학파이다. 헬라 철학과 기독교와의 조화를 추구했던 알렉산드리아는 알레고리적 해석을 강조했고 반면 안디옥은 이러한 경향에 맞서 성경의 문자적, 역사적 의미를 고수했다. 물론 그렇다고 해서 각 전통이 완전히 대립되지는 않는다. 알렉산드리아 학파도 문자적 해석을 중요시했고 안디옥도 영적 해석을 시도했다.[50] 전자의 중요한 성경학자는 오리겐과 클레멘트이다. 오리겐은 성경에 문자적인 의미는 없을 수 있지만 영적인 의미는 항상 가지고 있다고 주장한다.

안디옥의 대표적인 신학자인 몹수에스티아의 테오도르(Theodore of Mopsuestia, c.350-428)와 타르수스의 디오도르(Diodore of Tarsus, c.390)는 알레고리적 해석을 거부하며 역사적 의미를 강조했다. 하지만 그들은 "테오리아"(theoria), 즉 역사적 의미에 바탕을 둔 영적 의미를 인정했다. 이는 모형론과 상당히 유사하다. 디오도르의 『시편 주석』은 안디옥 학파의 주석적 방향성을 설명한다.

> 우리의 주석은 역사적이고 엄격히 문자적이다. 그러나 우리는 좀 더 높은 의미, 즉 theoria를 배제하지 않는다. 왜냐하면 역사는 theoria와 반대되지 않기 때문이다. 역사는 고매한 theoria의 기초와 하부 구조가 된다. 그러나 우리는 theoria로 인해 주체가 없어져 버리는 일이 없도록 조심해야 한다. 그러면 그

---

[49] 최근에 기독교 학파에 대한 의문이 제기되었다. 이 학파들이 고대 세계의 기준에서 학파라고 보기 힘들다는 것이다. 따라서 학파보다는 '전통'이라는 범주가 선호되었다.

[50] 성경 해석에 있어서 안디옥-알렉산드리아, 문자적-풍유적 해석의 도식적인 이분법에 대한 교부학계의 비판은 다음의 연구서들을 보라: Bradley Nassif, "The 'Spiritual Exegesis' of Scripture: The School of Antioch Revisited," *Anglican Theological Review* 75 (1993): 437-70; John J. O'Keefe, "A Letter that Killeth: Toward a Reassessment of Antiochene Exegesis, or Diodore, Theodore, and Theodoret on the Psalms," *Journal of Early Christian Studies* 8 (2000): 83-104; Donald Fairbairn, "Patristic Exegesis and Theology: the Cart and the Horse," *The Westminster Theological Journal* 69 (2007): 1-19.

것은 더 이상 theoria가 아니라 알레고리가 되어 버리는 것이다. 왜냐하면 본문 이외의 다른 의미를 찾는 것이 필요하게 될 때, theoria는 없어지고 알레고리가 생겨나게 되기 때문이다. 사실 사도 바울도 theoria의 개념을 도입하면서 그것을 알레고리라고 불렀지만, 그것으로 역사를 제거하지는 않았다(갈 4:22-27). 그는 그 용어에 대해 무지하지 않았지만, theoria의 법칙에 따라 역사에 어떤 해도 가하지 않으면서 "알레고리"라는 용어 자체도 이해할 필요가 있다고 우리에게 가르치고자 했다.51)

각 전통의 해석 방법은 마태복음 19장 16-30절 해석을 통해 이해할 수 있다. 부자 청년 이야기인 이 말씀은 초대교회에서 계속 논쟁을 일으켰다. 한 부자 청년이 영생을 얻기 위해 예수에게 찾아온다. 예수는 이 청년에게 모든 소유를 버리고 자기를 따를 것을 명령했고 청년은 슬픈 기색을 띠며 떠났다. 이 말씀은 특히 부자들의 구원에 관한 말씀이다.

알렉산드리아 학파의 유명한 신학자인 클레멘트(Clement of Alexandria, c.150-c.215)는 『어떤 부자가 구원받을 것인가?』에서 이 문제를 다룬다. 그에 따르면 예수는 여기서 인간적인 방식이 아닌 신비하고 신령한 지혜로 교훈을 주기 때문에 본문에는 숨겨진 의미가 들어있다. 본문의 숨겨진 의미는 부가 아닌 부에 대한 욕망, 탐심을 버리라는 것이다. 예수가 경고한 부자는 물질적으로 가난하든 부하든 상관없이 탐심에 빠진 사람이다. 어거스틴은 좀 더 신비한 해석을 제공한다. 여기서 문제가 되는 것은 부가 아닌 교만이라는 것이다. 낙타는 짐을 지는 동물이기 때문에 스스로 자신을 겸손하게 낮춘 그리스도를 상징한다. 바늘은 찔러서 고통을 주기에 그리스도의 수난을 나타낸다. 낙타가 상징하는 그리스도가 이미 바늘귀를 통과했기 때문에 부자는 그리스도를 믿는다면 안전하게 하늘나라에 들어갈 수 있다. 이에 반해 문자적인 해석을 하는 5세기의 펠라기우스나 그의 제자 파스티디어스는 이 본문을 있는 그대로 받아들인다. 부자가 천국에 가기 위해서는 실제로 모든 재산을 버려야 한다. 그렇지 않으면 지옥의 형벌만이 그를 기다리고 있다.

2. 문맥에서 자유로운 해석

영적 의미와 함께 교부들의 성경 해석의 또 다른 중요한 특징은 성경의 문맥에 크게 구애받지 않았다는 것이다. 각 구절은 독립 단위로 보았고 아무리 사소해 보이는

---

51) Diodore of Tarsus, 『시편 주석』, 서문, 램지, 『초대교부들의 세계』, 46-47에서 재인용.

구절도 그 자체로 지혜와 은총이 가득하다고 믿었다. 왜냐하면 모든 성경 구절은 성령에 의해 영감 되었기 때문이다. 요한 크리소스톰(John Chrysostom, c.349-407)은 디모데전서 5장 23절("이제부터는 물만 마시지 말고 네 위장과 자주 나는 병을 위하여는 포도주를 조금씩 쓰라")을 주석하면서 성경의 무한한 가치를 언급한다.

> 만일 많은 사람에게 별로 가치 있게 생각되지 않는 이 간단하고도 단순한 말이 우리에게 보화가 되고 숭고한 철학이 된다면, 즉각적으로 풍족함을 드러내 보이는 그런 구절은 주의 깊은 자에게 얼마나 한량없는 보화를 선사하게 될 것인가! 따라서 우리는 단순하게 보이는 성경 구절이라도 그냥 지나쳐서는 안 된다. 왜냐하면 그것 역시 성령의 은혜로 쓰여진 것이기 때문이다. 성령의 은혜는 결코 사소하거나 하찮은 것이 아니라 크고 놀라운 것이며, 넘치는 선물을 주기에 합당한 것이다.52)

교부들은 상관없어 보이는 구절 간에도 같은 용어나 단어가 사용된다면 서로 연결하여 이해하였다. 오리겐은 『아가서 주석』에서 아가서 2장 15절을 해석하면서 본문에 등장하는 여우에 주목한다. 성경 전체에 이와 관련된 구절들을 찾고 서로 연결하려고 노력한다. 이러한 교부들의 전통은 성경의 통일성에 대한 믿음에 근거한다. 제롬에 따르면 "성경 전체는 서로 연결되어 있고, 한 성령으로 묶여 있다. 그것은 마치 단일한 사슬과 같다. 하나하나가 서로 연결되어 있어서 하나를 들어 올리면 다른 것도 따라 올라온다."53)

3. 영성, 도덕, 성경 해석의 연결성

마지막으로 교부는 성경 해석이 해석자의 영혼의 상태와 덕과 별개의 것이 아니라고 주장했다. 얼마나 성경을 이해하느냐는 기도와 정결한 마음, 덕스러운 삶과 본질적으로 연결되어 있다. 또한 중요한 것은 개인의 신앙 체험과 간증이다. 이러한 경험으로 본문을 재구성할 수 있다. 아타나시우스(Athanasius, 295-373)는 『말씀의 성육신에 관하여』의 마지막 부분에서 이러한 점을 강조한다. 성경 해석은 학문적인 작업 이상의 전인격적인 종합예술이다.

---

52) John Chrysostom, 『조각상에 대하여』. 1.1, 램지, 『초대교부들의 세계』, 54에서 재인용.
53) Jerome, Tract. in Marc. 1.13-31, 램지, 『초대교부들의 세계』, 54-55에서 재인용.

성경을 연구하기 위하여 그리고 성경에 대한 참된 지식을 위하여 선한 삶의 변화가 필요하며, 순수한 영혼과 그리스도에 합당한 덕행이 요구된다. . . . 왜냐하면 순수한 마음이 없이, 그리고 성인들의 삶을 본받음 없이, 누구라도 성인들의 말씀을 이해하는 것은 불가능하기 때문이다. . . . 그러므로 하나님에 대해서 말하는 사람들의 마음을 이해하는 사람은 자신의 삶의 방식으로 자기 영혼을 닦고 청결하게 하는 것을 시작할 필요가 있으며, 성인들의 행동들을 모방함으로써 그들에게 다가가야 할 필요가 있다. 그래서 공통된 삶의 행위에서 그들과 교제하면서 하나님에 의해서 성인들에게 계시되었던 것도 역시 이해할 것이다.54)

나가면서

교부 세계의 중심에는 성경이 있었다. 그들은 성경의 가르침에 깊이 잠겨 있었으며 거기서 언어와 이미지, 사상을 만들어냈다. 교부 성경 해석의 기본적인 원리는 알레고리이다. 교부들에게 성경은 문자적, 영적 의미가 있고, 영적 의미가 더 깊은 의미이다. 영적 의미는 궁극적으로 그리스도 중심적 해석이다. 교부들은 특히 구약의 그리스도 중심적 해석에 있어서 탁월했다. 교부들은 또한 문맥에서 비교적 자유로운 해석을 추구했다. 비슷한 용어나 단어를 서로 연결했다. 이는 성경의 통일성에 대한 그들의 믿음 때문이었다. 마지막으로 교부들은 성경 해석과 해석자의 영성과 삶이 관련이 있다고 생각했다. 성경 해석은 교회 생활과 세상 속에서의 삶과 동떨어진 학문만의 영역이 아니었다. 성경을 바르게 해석하기 위해서는 성경 저자, 더 나아가 하나님의 거룩함을 닮아야 한다. 초대 그리스도인들은 이러한 원리에 따라 성경을 읽고 설교했다. 물론 교부의 해석이 한계가 있지만 현대 해석학 역시 시대의 산물이다. 현대 통찰력과 지식을 잘 보완한다면 교부의 해석학은 우리에게 큰 유익이 될 수 있을 것이다.

---

54) Athanasius, 『말씀의 성육신에 대하여』, 57.

[참고문헌]

김정. 『초대교회 예배사』. 서울: CLC, 2014.
래리 허타도. 『처음으로 기독교인이라 불렸던 사람들』. 이주만 역. 서울: 이와우, 2017.
로버트 루이스 윌켄. 『초기 기독교 사상의 정신』. 배덕만 역. 서울: 복 있는 사람, 2014.
바트 어만. 『잃어버린 기독교의 비밀: 그동안 알려지지 않았던 성경과 교리를 둘러싼 숨 막히는 전투』. 박철현 역. 서울: 이제, 2008.
배정훈. "구제와 영혼의 치유에 대한 요한 크리소스톰의 사상 연구: 그의 마태복음 설교를 중심으로."「성경과 신학」 88 (2018): 121-49.
보니페이스 램지. 『초대교부들의 세계』. 이후정, 홍삼열 역. 서울: 대한기독교서회, 1999.
유스토 곤잘레스. 『초대교회사』. 2판. 엄성옥 역. 서울: 은성출판사, 2012.
일레인 페이절스. 『믿음을 넘어서: 도마의 비밀 복음서』. 권영주 역. 서울: 루비박스, 2006.
_____. 『영지주의: 숨겨진 복음서』. 하연희 역. 서울: 루비박스, 2006.
장 콩비. 『세계교회사 여행: 1. 고대·중세 편』. 노성기, 이종혁 역. 서울: 가톨릭출판사, 2010.
조재천. "알렉산드리아의 필로의 성경 주해 저술들과 알레고리의 성격."「Canon & Culture」 8 (2014): 86-96.
Bauer, Walter. *Orthodoxy and Heresy in Earliest Christianity*. Trans. Robert A. Kraft and Gerhard Krodel, suppl. Georg Strecker. Philadelphia: Fortress Press, 1979.
Cameron, Averil. *Christianity and the Rhetoric of Empire: The Development of Christian Discourse*. Berkeley: University of California Press, 1991.
Grossi, V. "Heresy-Heretic." In *Encyclopedia of Ancient Christianity*. Ed. Angelo Di Berardino. Vol. 2. Downers Grove: IVP, 2014. 216-19.
Köstenberger, Andreas J. and Michael J. Kruger. *The Heresy of Orthdoxy: How Contemporary Culture's Fascination with Diversity Has*

Reshaped Our Understanding of Early Christianity. Wheaton: Crossway, 2010.

Lynch, Joseph H. *Early Christianity: A Brief History.* Oxford: Oxford University Press, 2010.

Rowe, C. Kavin. *Christianity's Surprise: A Sure and Certain Hope.* Nashville: Abingdon Press, 2020.

Young, Frances M. *Biblical Exegesis and The Formation of Christian Culture.* Grand Rapids: Baker Academic, 1997.

[Abstract]
Biblical Interpretation and Homilies in the Church Fathers

Prof. Dr. Junghoon Bae
(Faculty of Theology)

This article explores the biblical interpretation and preaching of the early church fathers. Based on previous studies, biblical interpretation and homilies in the early Church are generally treated. The basic principle of patristic interpretation of Scripture is allegory. For the church fathers, the Scripture has a literal and spiritual meaning, and the latter is its deeper meaning. The spiritual meaning is ultimately a Christocentric interpretation. The Church Fathers were particularly outstanding in their Christ-centered interpretation of the Old Testament. The Church Fathers also sought to deal with biblical passages relatively out of context. Similar terms or words are linked together. This was because of their belief in the unity of the Bible. Lastly, the Church Fathers thought that the interpretation of the Bible and the interpreter's spirituality and life are related. Biblical interpretation was not an exclusive area of study apart from church life and life in the world. The early Christians read the Bible and preached according to these principles. Although the Church Father's interpretation has limitations, but it is still useful to us.

Keywords: Church Fathers, Biblical Interpretation and Homilies, Allegory, Christ-Centered Interpretation, Open Interpretation, Spirituality and Morality